선비, 인을 품고 의를 걷다

한국철학총서 40

선비, 인을 품고 의를 걷다

엮은이   한국국학진흥원 연구부
펴낸이   오정혜
펴낸곳   예문서원

편 집   송경아
인 쇄   주) 상지사 P&B
제 본   주) 상지사 P&B

초판 1쇄   2016년 12월 20일

주   소   서울시 성북구 안암로 9길 13
출판등록   1993년 1월 7일 (제307-2010-51호)
전화번호   02-925-5913~4 / 팩시밀리 02-929-2285
Homepage   http://www.yemoon.com
E-mail   yemoonsw@empas.com

ISBN 978-89-7646-360-9   03150

© 한국국학진흥원 *2016 Printed in Seoul, Korea*

YEMOONSEOWON 13, Anam-ro 9-gil, Seongbuk-Gu Seoul KOREA 136-074
Tel) 02-925-5913~4, Fax) 02-929-2285

값 27,000원

한국철학총서 40

선비, 인을 품고 의를 걷다

한국국학진흥원 연구부 엮음

예문서원

선비정신을 찾아나섰습니다.

유학에서 그 정신의 기원을 찾고 우리 역사 속에 드러난 생생한 모습들을 찾아보려고 했습니다.

'선비, 인을 품고 의를 걷다'는 제목의 이 책은 그러한 탐색의 작은 결실입니다.

흔히 '유교조선'이라는 말에서 알 수 있듯, 조선시대 전국 어느 곳 유학의 영향이 미치지 않은 데가 있었겠습니까? 그 중에서도 경북은 퇴계 이황이라는 큰 학자가 있어 제자들을 가르쳐 선비로 기르며 그들과 함께 유교적 공동체의 이상을 구현하려 했던 곳입니다. 그 후예들은 하회, 양동, 무섬 등 곳곳에 자리잡은 동성마을에서 가학을 통해 이를 서로 전했으며, 학맥과 혼맥의 중첩접인 관계망은 그것을 확산시키는 든든한 토대였습니다. 해서 경북은 조선시대 어느 지역보다 유학의 영향이 깊고 넓었습니다. 더구나 당시 이곳에서 유학적 가치 아래 살아갔던 이들의 자취는 오늘날 지역에 정신적 유산으로 혹은 기록자료라는 물질적 유산으로 전해져 오고 있습니다.

이러한 지역의 문화적 특징에 주목한 경상북도와 한국국학진흥원은 2012년부터 21개 시군에서 '경북선비아카데미' 강좌를 운영하고 있습니다. 교양·전문·리더 3개 과정을 통해 옛 사람들의 지혜를 배우고 이를 일상의 삶에서 실천하자는 취지에서 시작되었습니다. 매년 5천명 내외의 시민들이 각자의 수준에 따라 선택한 강좌에 참여하고 있습니다.

지역별로 흩어져 배우는 선비아카데미 수강생들이 1년에 하루 한자리에 모여 배우고 실천의 의지를 나누는 행사가 '선비아카데미포럼'입니다. 2013년 시작해 2회까지는 유학과 선비정신 일반에 관한 주제로, 2015년에는 '선비의 배려정신', 금년에는 '우리 역사속 선비들의 절의정신과 실천'을 주제로 개최되었습니다. 매회 관련 주제에 관한 전문가들의 강연을 듣고 질의와 토론으로 진행되었습니다.

이 책의 원고는 선비아카데미에서 발표된 원고를 모아서 엮은 것입니다. 많은 글들이 발표 이후 다듬어져 전문 학술지에 게재되었지만, 그렇게 연구자들에게만 선보인 채 흩어놓기에는 아쉬운 글들이었습니다. 무엇보다 선비아카데미 강좌에서 유학과 선비정신의 이해를 위한 참고 교재로 유용할 것이라고 생각했습니다. 그래서 발표자들의 승낙과 단행본에 적절한 형식으로 손보는 수고로움 덕에 이렇게 책으로 내놓게 되었습니다.

처음부터 출간을 전제로 기획하고 집필을 의뢰한 글들이 아니라 짜임새나 통일성에서 미비한 점이 적지 않을 것입니다. 그래도 선비들의 뜻과 삶을 이해하는 데 일정한 기여를 할 것이라는 기대로 용기를 내서 책으로 엮었습니다.

바람대로 이루어졌으면 좋겠습니다.

박경환

목차

제1장

선비를 찾아서

선비의 인간상과 선비정신의 한국적 구현

윤사순

(고려대 명예교수, 학술원 회원)

1. 선비에 대한 관심

인간은 죽을 때까지 새로운 지식을 쌓는다든가 자신의 인격을 다듬어가는 등, 신체의 변화 못지않게 정신적으로도 '변해가는 과정' 속에서 산다. 자각自覺하고 자성自省하는 능력으로 인해 인간들은 자신을 보다 더 '바람직하게 형성'하려는 노력을 기울인다. 바람직한 '이상적 인간'의 추구는 동서고금의 공통된 현상이다.

한국인들은 동아시아의 전통사상에 입각한 몇 가지 이상적 인간상을 익혀왔다. 특히 불교 도교 유학 등에서 추구한 인간상들이 그런 것이다.

이 가운데 '유학儒學에서 추구한 이상적 인간상'은 근대까지 '한국인의 가치관'의 일부로 존속되었던 만큼, 현대 한국인의 사유와도 밀접히 관련된다. 한국인에게 현대에도 영향을 끼친다는 점에서 이는 결코 소홀히 할 수 없다. 그 유학에서 이상시理想視 된 인간은 성인聖人 군자君子 현인賢人 인인仁人 선비 등이다. 이 가운데 '사士 사인士人 사대부士大夫로 표현되는 '선비'는 조선시대에 사림士林 또는 사림파士林派라는 집단을 이루기까지 하고서 역사에 큰 자취를 남겼다.

그 영향으로 선비의 인간상은 오늘날에도 많은 사람들의 '관심의 대상'으로 되고 있다. 유학을 지난날의 흘러간 사상일 뿐이라고 여기는 사람들 중 상당수마저 선비에 대해서는 관심을 갖는다. 관심의 대상으로 되는 것 자체가 어느 정도 '그 인간상의 장점'에 대한 인지일 수 있겠는데, 그렇다고 '이상인理想人으로 여겨진 선비' 자체를 현대인들이 얼마나 정확히 숙지하는지는 의문이다. 이에 필자는 '선비의 인간상'과 '선비정신' 및, 이것들의 지난날 '한국에서의 구현'을 다각도로 조명하려 한다. 그리고 가능하면 이러한 파악을 통해 '한국 유학의 이해'와 현재의 우리에 대한 '선비사상의 함의'를 성찰할 것이다.

2. 선비의 바탕, 군자의 인간상

유학의 이상인理想人 가운데 최고의 위치에 있는 '성인聖人'은 때로 요堯와 순舜 같은 모범적 실재인을 가리키지만, 어느 모로나 '완전무결한 이상인'으로 상정'될 때도 있다. 그 완전무결한 성인은 현실에서는 구현할 수 없는 가상인假想人이다. 그러므로 여기서는 논외로 해야 한다. 나머지 선비 군자 인인 현인 등이야 물론 현실에서 이루어낼 수 있다고 상정된 이상인이다.

군자 등의 이상인들은 약간씩 다른 특색으로 서로 분별되지만, 큰 범위로 보아서는 다른 점보다 오히려 '같은 점'들을 더 많이 공유한다. 그 같은 점을 가장 많이 지닌 공통분모로 해서 '이들 인간상을 대표'하는 것이 바로 군자君子다. 군자 외의 선비士人와 인인仁人 현인賢人 등은 모두 '군자의 조건을 바탕에 공유共有'하면서 조금씩 서로 다르게 '특화特化된 인물'들이다. 따라서 선비의 인간상을 파악하려면 그 토대가 되는 '군자의 인간상'부터 알아야 한다.

군자로 인정받을 충족 조건은 대체로 다음과 같다. 먼저 학문을 익혀야 한다. '학식學識의 구비'가 군자의 첫째 요건이다. 『논어』에 「학이學而」편이 제일 앞에 놓인 것이 이를 뒷받침한다. 그 학식의 내용은 주로 일상생활을 위한 '예절과 도덕 중심의 상식'이지만, 때에 따라서는 그 도덕의 근거에 해당하는 심성心性 또는 천명天命 등에 대한 심오한 철학 이론까지 포함한다. 학문의 내용이 이렇게 복잡 다양하게 복합되었는데도, '길 또는 궁극적 진리 의미의 도道'라는 한 단어가 이 학문 전체를 상징하기도 한다. 흔히 "도를 닦는다"(善道)는 표현이 그것이다.

중국 고대의 유자儒者가 '예교육자禮敎育者'로 출발한 만큼, 군자의 요건에는 반드시 '예禮'가 든다. "학문을 두루 익힌(博學於文) 다음에는 예로 절제(約之以禮)"해야 군자이다. 예는 인간이 자립하는 바탕(立於禮)이라 여

거졌다. 예는 결코 형식 갖춤만이 아닌 데에 주의할 점이 있다. 수양에 의해 마음에서 우러나는 '공경과 공손'의 태도로 하는 행동방식이 참다운 예이다. 공경과 공손의 태도로 해서 예의 효과는 인류를 모두 "형제兄弟로 만들게 된다"고 한다. 이로 인해 군자는 '덕德 있는 인간'으로 인정받는다. 예가 덕 있는 인간, 군자로 되는 조건이다.

사실 공자는 "덕 있는 사람은 외롭지 않다"(德不孤)고 가르쳤는데, 덕의 의미는 흔히 은혜를 베푸는(施惠) 것으로 쓰이고, 그런 점에서 덕 있으면 실제로 외롭지 않게 된다. 하지만 덕의 원래 의미는 득得으로서 '타고난 착한 본성'을 가리킨다. 인仁과 같은 본성이 덕이다. 실제로 공자는 "이기적 욕망을 극복하고 예를 따르는 데서(克己復禮) 인이 이루어진다(爲仁)"고도 했다. 인과 같은 '덕의 품격'을 지니기 때문에, 군자는 곧 마음씨가 '관후한 덕인德人'처럼 인식되어 왔다. 그런 구체적 사례가 곧 "남과 다투지 않고"(不爭), "무리를 짓되 편당을 만들지 않는다"(群而不黨)는 것이다. 이 내용의 다른 표현이 "화이부동和而不同"이고 "주이불비周而不比"이다.

군자의 주요 요건에는 또 '의義'가 필수로 꼽힌다. 의가 군자로 되게 하는 필수요건임은 "군자는 의로 본바탕을 삼는다"(君子義以爲質)는 공자의 가르침으로 뒷받침된다. '의義'의 의미는 본래 '당연' '올바름'이듯이, 행위의 규범을 가리킨다. 이점은 의를 "인간의 바른 길"(正路)이라고 한 맹자의 풀이로도 분명 확실하다. 의의 뜻이 당연이기 때문에 그 실천은 어렵든 싫든 해야만 한다. 따라서 의의 실천에는 용기勇氣가 필수 요건이다. "의를 보고 행하지 않음은 용기 없음"이라는 것이 공자의 지적이다. 여기서 "의에 밝은 사람이 군자이고(君子喩於義), 이득에 밝은 사람이 소인(小人

喩於利"이라는 대비적 경구가 나왔다. 군자는 소인과 달리 "이득 앞에서는 의를 생각하는"(見得思義) 인간이다.

군자의 수양은 "수기修己와 안인安人"을 목표로 한다. 백성을 편안케 함을 내용으로 한 안인은 군자의 궁극 목표이다. 이 맥락에서 통치(使民)에 적용할 의 이외에 군자에게는 양민養民을 위한 시혜(惠)의 요건이 더 따른다. '공손' '공경'과 '의' 및 '혜'가 군자의 네 요건이라는 것이 공자의 사상이다.

3. 선비, 의인 정신으로 특화된 군자

현인賢人에 대해서는 본원유학에서 자세한 설명을 하지 않았다. 공자는 백이伯夷 숙제叔齊를 '현인의 예'로 들거나, 빈천한 처지를 괘념치 않고 학문의 즐거움(樂)만 즐기던 '안연顏淵을 어질다(賢)'고 한 정도에 그쳤다. 이로 보아 현인은 군자와 같은 인물이지만, 속된 관심에 보다 더 초연하여 '의義 실천'에서 군자보다는 더 예지를 지닌 인물이라 할 수 있다.

인인仁人은 공자의 핵심사상이 '인'이었던 만큼, 군자의 면모와는 차이가 뚜렷하다. 인 자체가 "사람에 대한 사랑"(愛人)이어서, 인인은 타인에 대한 '배려와 동정심'이 지극히 많은 인간이다. 인인은 공자에 있어 '지사志士와 동격'으로 간주되며, 특히 이기심을 버리고 '이타적 살신성인 殺身成仁'을 실천하는 인물로 상정되었다. 이점에서 인인은 '군자보다 더 우위'에 위치한다. "군자이면서도 불인不仁한 사람이 있다"는 공자의 해명이 이를 입증한다.

선비의 경우는 어떤가? 군자의 설명에서 '의'의 실천에 용기가 필요함을 이미 언급했는데, 그 용기에 앞서 '세속적 호화나 안일'에 대한 관심의 포기가 있어야 한다. "선비가 도에 뜻을 두고서도 나쁜 옷 나쁜 음식을 부끄러워한다면, 함께 논의하기에 부족하다"는 것이 공자의 언명이다. 뜻을 펼 때 닥칠 '고통 감수의 각오'가 서야한다는 교시가 여기에 있다.

군자의 인간상 공유를 떠올리면, 선비도 '의와 함께 인仁'을 실현해야 하고, '수기와 함께 안인安百姓'을 수행해야 한다. 하지만 선비의 특색은 인보다 '의'에, 수기보다 '안인'에 더 큰 비중이 놓인다. 선비라면 으레 "이득을 볼 경우에 의를 생각해야見利思義하고, (국가 사회의) 위태로움을 보면 목숨을 바쳐야見危授命", 곧 "살신성인" 해야 하기 때문이다.

공자의 이 "사사로운 이득을 버리고 위기의 국가에 목숨을 바쳐야 한다"는 언구는 그 제자인 자장子張도 '선비의 인간상'으로 못 박아 되풀이 강조한 것으로 유명하다. 의를 중요시하고 의의 실천을 위해 죽음도 불사하는 인간임을 감안하면, 선비의 인간상은 이기심을 버린 '의인義人' 또는 '봉공의 의행자義行者'에 해당한다. 특히 '의행 정신으로 충만한 인물'이 바로 군자와 변별되는 선비이고, 선비가 지닌 인간상의 독특한 특징이다. 여기서 선비란 '의행 정신으로 특화된 군자'라는 명제가 나온다.

일찍이 공자는 "학문이란 행위를 다 한 뒤에 여력으로 하는 것"이라 가르치면서, 자신은 "아침에 도를 들으면 그 저녁에 죽어도 좋다"(朝聞道, 夕死可也)고 했다. 이것은 그가 지식을 위한 지식을 배격하면서, 오로지 '바른 행위에 관련된 지혜'의 추구가 중요함을 역설한 언구이다. 목숨까지 던질 궁극적인 지혜로서의 '바른 길'을 탐색하던 공자의 모습이 이로써 뚜렷하다. 의로운 행위를 하는 살신성인의 '의인상義人像의 추구'에서 의행에 투철한 선비의 인간상이 나왔음을 알 수 있다.

4. '충의' '절의'의 '국가 원기'로의 확대 변환

이쯤 살핀 것만으로도 선비란 의를 행하는 데서 군자보다 훨씬 뛰어난 인물임이 분명하다. 따라서 선비가 지향하는 태도, 그 정신적 특징 또한 '의의 중요시'와 '의의 실천'임이 절로 드러난다. 이런 특징으로 해서 '선비정신'의 실체 또한 사실상 '구체적 의義에 다름 아니게 된다. 실세로 지난날 선비정신을 이룬 그 의란 다름 아닌 '충의忠義와 '절의節義' 또는 '대의大義 — 춘추대의 — 라고 일컬어진 개념이다.

그런데 주의해야 할 것이 있다. 충의, 절의라는 개념은 역사적 용어구사에 따라 그 의미 내용의 폭이 넓어진 변환 현상이 그것이다. 역사적 조건에 따라 일어난 이런 개념 변환 현상을 상기하겠다. 의는 원래 '왕과 신하의 관계'를 가능케 하는 원리로 이용되었다. 오륜의 한 조목 '군신유의 君臣有義가 그 증례이다. 지난날 군신관계의 구현은 '신하에 대한 왕의 예절'(君使臣以禮)과 '왕에 대한 신하의 충성(臣事君以忠)으로 이루었다. 이 경우 의는 특히 신하가 실천해야 할 충성의 임무, 곧 '충의忠義로 인지되었다.

시대가 흐르면서 의는 '한 왕에 대한 충성'에서 더 나아가 '한 왕조' 또는 '한 왕통'만을 섬기고 지키는 식으로 그 이용이 증대되었다. 이것이 춘추대의春秋大義의 구현으로 선비들이 목숨과 바꾸던 '충절忠節' 곧 '절의節義'의 구체적 실천이었다. 고려 말 정몽주鄭夢周(1337~1392)와 두문동 72인의 죽음이 앞 '왕조 지킴'에 적용된 사례이고, 단종端宗의 복위를 꾀하다가 목숨을 잃은 성삼문成三問 박팽년朴彭年 등 '사육신'과 세조의 왕위찬탈에 분개하여 벼슬길을 버린 김시습金時習 이맹전李孟專 등 '생육신'의 충절이 뒤 '왕통 지킴'의 사례이다.

역사에서는 이들을 '절의파節義派'라 일컫는다. 조선시대 선비들의 진정한 가치, 그 선비다운 특징은 절의파의 의행義行으로써 뚜렷해지기 시작했다. 이것이 조선시대에 선비들이 하나의 무리(集團)로 '사림士林'을 이루게 되는 시초였다. 절의파의 등장과 그 의행은 바로 사림의 형성을 초래한 기반이었다. 이 뒤로 선비들은 그 사림 명칭의 집단적 형태로 '정치에 적극 참여'하여 세력화하거나 집단적으로 실권하는 현상을 이룬다.

이처럼 공익의 의행을 적극 감행하는 특징을 고려해, 지난날 유향劉向은 "선비가 있으면 나라가 보존되지만(士存則國存), 선비가 없으면 그 나라는 망한다(士亡則國亡)"고 단언했다. 나라의 존망을 좌우하는 인간이 선비인 만큼, 선비에 대한 정의도 이런 인간상에 맞게 규정될 것은 필연이다. 실제로 16세기 조광조趙光祖, 이황李滉, 이이李珥 등은 모두 선비에 대한 정의를 "국가의 원기"(國之元氣), 곧 "나라의 으뜸가는 기운"이라 했다. 이는 곧 선비들이 목숨까지 바쳐 '나라를 떠받드는 의행'을 염두에 두고 내린 정의이고, 실제 사실史實로 증명되는 '선비의 실상'이기도 하다. 의 개념은 이처럼 절의로 통용되다가 마침내 '국가 원기'라는 개념으로 확대 변환되기에 이르렀던 것이다.

5. 사화로 다진 선비정신, 사림정신

역사상 조선시대의 선비들을 '사림' 또는 '사림파士林派'라고 하게 된 것은 15세기 말부터이다. 이 시기에 일어난 일련의 '사화士禍'가 사림·사림파 형성을 초래한 계기였다. 그 사화란 '사대사화'라 일컫는 무오사화戊午士禍 갑자사화甲子士禍 기묘사화己卯士禍 을사사화乙巳士禍다. 이 가운데서 선비정신과 관련되는 것은 특히 무오사화와 기묘사회이므로, 이 두 사화를 돌아보기로 한다.

무오사화(연산군 4년, 1498)는 세조의 왕위 찬탈에 대한 『실록實錄』의 '역사 기록'과 연관된 사건이다. 그 왕위 찬탈로 인한 생육신의 질의정신은 성종시기에도 이어졌다. 성종기의 후속선비들 중에는 야인의 일생으로 일관한 선비가 있었지만, 공복公僕의 길로 나아간 인물도 있었다. 후자가 김종직金宗直(학통은 吉再의 孫弟子)과 그의 문인 김일손金馹孫 김굉필金宏弼 정여창鄭汝昌 등이다. 이들은 지난날 세조의 공신 계통을 이은 기존의 훈구파 유자광柳子光 이극돈李克墩 등과 갈등 충돌했다.

생육신의 후속 학자인 김종직 계열의 김일손은 관계로 나아가 사관史官이 되자, '훈구파 이극돈의 비행'을 낱낱이 사초史草에 기록했다. 이것을 알았던 당사자인 이극돈은 보복을 노리다가 무오년(1498) 당상관으로 된 기회에 복수를 감행했다. 그 복수의 방법은 아래와 같다. 지난날 세조로 인한 단종의 죽음을 애석히 여긴 김종직은 '조의제문弔義帝文'을 지었는데, 그 제자인 김일손이 사관일 때 이 제문을 사초에 넣었었다. 이 사실이 마침 이극돈에게 발각되었다. 그 이극돈은 이것을 연산군에게 "세조에 대한 비방의 글"이라고 고발함으로써, 마침내 절의파에게 화를 당하게 했던 것이다. 김종직을 부관참시하고 김일손 권오복權五福 권경유權景裕 이목李穆 허반許盤을 사형했으며, 정여창 강경서姜景敍 등 수십 명을 유배 보내고, 이극돈 등 몇 사관들을 파면했다.

기묘사화는 중종 14년(1519)에 양심적이고 이상적 정치(至治) 실현에 열정을 쏟던 젊은 선비들이 훈구파의 모략으로 대거 처벌·축출당한 사건이다. 악정을 펴던 연산군은 결국 '중종반정中宗反正'으로 폐출되었다. 그 '반정反正'의 의미가 부정不正을 '되돌려 바로잡음'이듯이, 중종의 등극은 곧 '개혁·혁신시대' 출발의 신호였다. 그 시대정신의 부응에 앞장선 선비가 바로 김굉필金宏弼의 제자인 조광조趙光祖(1482~1519)와 그를 따르던 선비들이었다.

조광조는 유학에서 이상시하는 '왕도정치'(至治)의 기치를 걸고, 현량과賢良科의 설치로 참신한 인재를 등용했고, 도교의 본산인 소격서昭格署를 타파하는 등 과감하고 급진적인 개혁을 단행했다. 그의 개혁은 위민민본의 이상 정치 실현에 적극성을 띤 까닭에 정광필鄭光弼 등 훈구파와 대립하게 되었다. 그러나 그는 훈구파의 불평을 개의치 않고, 훈구 재상들의 탄핵마저 주저하지 않았다.

그의 개혁이 특히 중종반정의 공신(靖國功臣)의 위훈偽勳 색출에 기초한 '공신수功臣數의 대대적 삭감'으로 이어지자, 훈구세력은 크게 반발하여 수단 방법을 가리지 않고 반격에 나섰다. 딸을 희비熙嬪으로 두고 있던 훈구파의 홍경주洪景舟 등은 중종에게 갖은 '음모와 모략'으로 조광조 등을 음해했다. 중종도 초기와 달리 조광조의 혁신정책에 실증을 느끼던 터라 결국 훈구파의 모략을 따르고 말았다. 그 결과 조광조는 능주綾州로 귀양 갔다가 사약을 받았고, 김정金淨 기준奇遵 한충韓忠 김식金湜 등도 귀양 간 뒤 사형 또는 자살했으며, 김구金絿 박세희朴世憙 등은 귀양살이의 고초를 당했다. 이들을 옹호하던 선비들은 좌천되고, 현량과도 폐지되는 등 개혁 또한 중단되었다.

이상의 두 차례의 사화만 보아도 사화가 선비 사회에 얼마나 큰 영향을 끼쳤는지 짐작할 수 있다. 선비들의 기세는 이 사화로 인해 크게 꺾이지 않을 수 없었다. 그럼에도 선비들에 대한 국민의 호의적 존경심은 오히려 더 높아졌다. 사림 또는 사림파라는 용어가 본격적으로 사용된 것도 이 사화들 이후(16세기 후반)부터의 현상이다. 특히 기묘사화를 논하는 경우에 그러했다. 이런 사실은 기묘사화 같은 사건이 선비들을 집단화한 '사림의 형성과 그 공고화'에 크게 작용했음을 의미한다. 이로써 선비 사회를 탄압한 사화가 오히려 사림정신으로도 통하는 '선비정신을 더 굳건하게 다진' 결과를 가져왔음을 알 수 있다.

6. 의병 전투로 값한 선비정신

사림士林은 명시적 규격을 가진 단체가 아니다. 이는 '선비들 무리'에 대한 단순한 복수적 지칭에 지나지 않는다. 이는 결속력 느슨한 '선비들의 사회'라고 해야 적합할 것 같다. 단체가 아님에도 사림을 선비들

집단이라고 하는 이유는 그 선비 성원들 사이에 공통되는 '공유인자'가 있기 때문이다. 그 공유인자가 선비들의 정신으로 환원되는 '사림정신'이고, 그 사림정신은 또한 의를 생명처럼 중요시하며 의를 실천하는 '의행정신'이다.

위에서 살핀 의행정신을 발휘한 선비들의 행적은 모두 국내의 정치 상황에서 일어난 사례들이다. 그러나 지난날 역사에 있었던 '선비들의 의행 동기'는 결코 국내 정치문제에 한정되지 않았다. 오히려 '외족이 침입했을 때' 선비들은 보다 더 극렬한 의행을 감행했다. 조선 말기 1905~1910년을 전후한 시기에 크게 궐기한 '의병義兵들'이 그렇고, 16세기만 해도 임진왜란(1592~1598) 때의 의병, 특히 '의병장義兵將들'이 그러했다.

의병의 궐기와 전투를 앞장서 이끌었던 의병장들은 모두 재야에서 학문에만 종사하던 선비들이었다. 그들이 의병과 의병장이 된 이유는 국가 존망의 위기에 왕과 국가(社稷)와 국민(겨레)을 보호하는 일이 '선비의 의 또는 의리義理'라고 생각했기 때문이다. 의병장들의 활약이야말로 의행이 '선비의 의무'라는 신념의 행동화였다.

1592년 서울이 왜군에게 함락된 뒤 의병은 '전국 규모'로 일어났다. 당시 왜군을 섬멸 퇴각시킨 데에는 의병의 공헌이 결코 관군의 그것보다 못하지 않았다. 임란의 종식에는 '의병들의 전공戰功'이 막중 막대하게 작용했다. 왜군과의 용맹한 전투로 목숨을 잃은 의병장들은 여기에 다 기록하기 어려울 만큼 많았는데, 주요 인물만 들더라도 아래와 같다.

최초의 의병을 일으킨 경상도의 곽재우郭再祐를 비롯해, 정인홍鄭仁弘 박성朴惺 곽준郭䞭 박이장朴而章 김면金沔 김해金垓…… 충청도에서 활약한 조헌趙憲 신간수申簡秀 장덕개張德蓋, 경기도의 홍언수洪彦秀 박춘무朴春茂 우성전禹性傳, 전라도에서 일어난 고경명高敬命 김덕령金德齡 유팽로柳彭老 김천일金千鎰 고종후高從厚 임계영任啓英, 황해도의 조득인趙得仁 이정암李廷馣 김만수金萬壽 김진수金進壽, 함경도에서 공을 세운 이붕수李鵬壽 정문부鄭文孚 등이 모두 왜적과의 전투에 목숨을 바친 저명한 의병장들이다.

이들 의병장들의 전투는 앞서 형성된 선비정신이 민족 위란의 상황에서 '공훈의 빛'으로 구현된 대표적 증례이다. 이 시기 선비정신은 한국 역사에서 그 순기능의 극치를 이루었다. 16세기 선비들은 의병 전투를 통해 "나라의 으뜸 되는 기운"이라는 정의에 충실히 값했다. 의병 전투는 선비에 대한 국가 차원의 정의가 결코 허언虛言이 아니었음을 명확히 실증한 증거다. 겨레와 국토를 수호한 업적으로 해서 한국 유학자들이 발휘한 선비정신은 한국유학의 고귀한 '사상적 가치'로 평가받기에 충분하다.

한국 유학자들의 의병투쟁은 19세기(한말)에도 또 크게 일어났지만, 16세기의 의병 사실만으로도 한국 선비들이 행한 의행義行의 인식에 부족함이 없다.

7. 선비정신의 현대적 함의

선비들이 공익의 '의'에 봉헌함을 자신의 의무라는 신념으로 온갖 불의에 저항하고 척결하면서 사림 또는 사림파를 형성하고, 치열한 전투를 통해 '국가의 명맥까지 이끈' 실례가 역사상 동아시아의 유학권儒學圈에서 한국 외에 또 있었던가? 선비들의 의행이 한국에서처럼 극렬했던 국가를 필자는 찾지 못하겠다.

16세기 선비들의 활약상은 한국역사를 이끄는 데 기여한 '동력 중의 하나'임을 깨닫게 한다. 조선시대가 500년의 역사를 이루었던 것은 결코 우연이 아니었다. 이는 16세기 선비들의 활약이 역사의 일부에나마 작용한 결과이다. 이런 뜻에서 그 선비들의 의행은 '한국유학의 독특한 특징'에 속한다. 오늘날 한국의 민주화가 다른 나라들보다 급속히 이루어진 것도 선비들의 '정치참여 정신', 그 드높은 '위민·민본적 공치共治 정신'의 전통에 많이 힘입었다고 추측된다.

선비들은 의행에만 골몰하지 않았고 그럴 수도 없었다. 이유는 군자君子의 요목인 의義 외에 지智 덕德 공恭 경敬 특히 인仁을 선비도 터득 체현해야 했기 때문이다. 실제로 의와 함께 인의 특성을 발현한 데서 선비에도 따스한 온기가 있었지, 의로 인한 냉기만 풍기지 않았던 것이다.

그러나 선비상을 성찰하는 데서는 아무래도 별나게 뛰어난 '봉공의 의행정신'을 바탕으로 의행에 죽음마저 마다하지 않던 점을 깊이 반추해야겠다. 선비에 있어 의의 특성 또는 의미는 일종의 이념理念에 해당했다. 그것을 스스로 자신의 임무 의무라 자임하고 신념으로 굳히고서 반드시 행동화 한 태도를 오늘날 어떻게 평가해야 할지 문제이다.

그 역기능을 먼저 탐색하자. 이 문제는 이념의 가치와 생명의 가치가 지니는 비중의 논의를 야기할 성격의 것이다. 그리고 의와 인의 겸행이 원리상 서로 일치하지 않아 생기는 점도 고려해야 한다. 이점은 과거 역사에서 경험한 것이다. 인정人情 또는 정분情分에 끌려 의를 '정의情義로 오용'한 경우, 특히 의를 원리화하여 의리義理로 사용할 때 그 실천을 '정실情實'로 오용한 현상이 그 증거다. 또 춘추대의라는 이른바 봉건시대의 이념적 가치가 현대 민주 사회와 국가에 그대로 적용되지 않는 점을 간과해서는 안 될 것이다.

하지만 이런 점들은 결코 의와 의행의 성립 불가능을 의미하지 않는다. 이념과 생명의 가치 비중은 상대적으로 결정되지만, 이 경우는 소속 공동체 성원(국민) 대다수가 긍정할 '설득력 있는 신념'이 크게 작용한 것이다. 그 밖의 단점들은 '현대적 시각의 수정'을 통해 극복될 수 있는 역기능들이다. 따라서 위에 서술한 의의 순기능을 인정하는 데 인색할 필요는 없다. 현대에도 그 순기능의 측면은 '사상적 재검토'를 통해 계승될 만한 점이 있다고 판단된다.

이런 의미에서 필자는 "오늘의 선비라면 어떤 인물"에 해당할까 자문해 본다. 그 인물은 바로 이기적 욕망을 극복한 마음가짐으로 사회와 국가를 이끄는 데 앞장 설 '공익구현 의식 소유'의 지성인일 것이다. 욕심대로 한다면 글로벌화 한 오늘날은 선비의 활동 무대가 이제 국가의 범위에서 세계로 확대된 상황이다. 인류를 바르게 이끌 '세계의 으뜸가는 기운'(世界之元氣) 역할을 할 인간이 오늘의 선비이겠다.

그러나 오늘날 우리 현실로는 이런 인간상이 좀처럼 찾아지지 않는다. 현대인들은 '한낱 지식인'으로서 봉공은커녕 사리사욕 충족에만 혈안이 된 '이기적 인간'으로 전락한 모습을 하고 있다. 지난날 선비들이 지녔던 '대인大人 기질의 인간상'을 우리 현실에서는 찾아보기가 너무 어렵다.

여기 '대인 기질의 선비'란 일찍이 맹자가 '천하의 대도大道를 행'하는 이상인으로 상정한 '대장부大丈夫'를 떠올리고 하는 언사이다. 대장부는 우주에 충만한 '호연지기浩然之氣'를 자신의 것으로 하고서야 이루어지는 인물이다. 맹자에 따르면 호연지기는 "의를 모아야 되는 것"(集義所生者)이다. 이로부터 '의기義氣'라는 어휘가 생겼고, 이 의기가 곧 범인을 선비로 만드는 '기개氣槪'였다. 기개가 용기와 맞먹는 선비의 필수요건이다. 의를 위해 죽음마저 꺼리지 않던 '선비의 의행'의 이면에는 이런 사상이 뒷받침하고 있었던 것이다.

지난날의 선비에 견주어 현대인은 '소인小人의 왜소성'을 버리지 못하고 있는 꼴이다. 오늘날 선비의 문제는 먼저 지식인들이 이기적 욕망의 울에서 과감하게 탈출해야 한다. 지식인들이 속히 봉공정신에 눈뜬 '공익 실천 의지가 드높은 지성인'으로 변신 재생해야 한다. 그리고서 오늘의 현실에 맞는 의義인 당위의 의념, 바꿔 말해 '공동선共同善'으로 인정될 이상적 이념의 계발과 실천에 앞장 서야 할 것이다. 이렇게 하려면 지난날 선비들이 보인 '지혜'와 '용기'와 '활력'과 '기개' 또한 오늘의 지성인들이 '민족과 인류'를 위해 반드시 구비하여 새롭게 발휘해야 한다. 선비의 인간상에 함유된 현대적 의의가 바로 이런 데에 있다는 것이 필자의 판단이다.

유학의 근본 사상과 선비정신

박경환

(한국국학진흥원 수석연구위원)

1. 동양의 전통적 지식인, 선비

선비는 독서를 주된 방법으로 하는 배움을 통해 유학의 가르침을 배우고 실천하는 지식인을 가리키는 말이다. 이들은 대개는 자신이 지닌 유학적 소양을 토대로 관직에 나아가 세상을 경영하고 혹은 초야에 묻혀 연구와 교육에 종사하기도 했다. 그러나 그들은 어떠한 곳에 있든 항상 사람 사는 세상에 관심을 두면서 사회를 폭 넓고 깊이 있게 진단하고 비판함으로써 올바른 방향으로 이끌어 갔던 사람들이었다. 동양의 전통 사회는 이들에 의해 주도되면서 그 문화의 깊이를 더해갔다. 실제로 동양의 역사를 돌이켜 보면 역사의 두드러진 굽이마다 이들 선비들의 삶의 자취가 크게 새겨져 있는 것을 볼 수 있다.

선비는 어떻게 만들어지는가? 그것은 타고난 자신의 가능성을 배움과 일상의 실천을 통해 실현시켜 낸 인격이다. 공자에게서 비롯된 유학은 인간을 가능성의 존재로서 규정한다. 덕성의 함양을 통한 인격 완성의 가능성이라는 씨앗1)을 품고 태어난 것이 사람이고, 그 씨앗이야 말로 여타의 동물들과 사람을 구분하고 사람을 사람이 되게 해주는 본질이라고 보는 것이다.2) 공자의 가르침을 계승하고자 한 맹자에 와서 확정되는 성선설은 바로 그러한 유학적 인간 이해의 산물이었다.

사람을 가능성의 존재로 본다는 것은 곧 미완의 존재로 본다는 것이다. 갓 태어난 인간은 감각과 육체의 능력 등 생물학적 측면에서 다른 동물에 비해 형편없이 초라하고, 인지와 감성 등의 기능은 물론이고 도덕 판단과 실천의 능력도 불완전하기만 하다. 그런데도 인간은 만물의 영장으로 불린다. 인간의 위대함은 태어난 시점의 불완전성과 미완성적 측면을 보완하기 위한 후천적 노력의 과정을 통해서 얻어진 것이다.

후천적인 노력 중에서 가장 중요한 것이 배움이다. 『논어』 첫 장의 "배우고 때때로 익히니 얼마나 기쁜가"3)라는 구절은 배움을 통해 자아의 완성에 점점 가까이 다가가는 놀라운 기쁨을 언급한 것이고, "길 동무 셋 가운데 내가 스승으로 삼아 배울 만 한 사람 한 사람쯤은 있기 마련이

---

1) 공자는 그것을 仁으로 제시했고, 공자의 사상을 계승한 『중용』 仁은 사람다움이다(仁者人也)라고 했다.
2) 『孟子』, 「離婁」, "孟子曰, 人之所以異於禽獸者, 幾希. 庶民去之, 君子存之."
3) 『論語』, 「學而」, "子曰, 學而時習之, 不亦說乎?"

다"4)는 구절은 우리가 만나고 겪는 모든 일과 관계 속에 배움과 공부가 있기 마련이라는 이른바 배움의 일상성을 말한 것으로 이해할 수 있을 것이다.

전통적으로 배움의 가장 유효한 형식은 스승과 제자 사이에서 이루어지는 교육이었다. 그러므로 유학은 끊임없이 배움의 즐거움과 중요성을 강조하면서 인격의 완성을 향한 배움을 위해 학교의 설립과 지원 등 다양한 교육 장려책을 내놓았던 것이다. 특히, 중국의 북송대에 등장한 유학인 성리학에서는 도덕적 인격의 완성자로서의 성인에 대해 하늘이 내어 타고나는 것이 아니라 일상의 배움과 실천을 통해 누구나 이를 수 있는 경지라고 새롭게 해석함으로써, 성인의 경지에 이르는 방법의 하나로서 배움의 의의를 더욱 강조했다.

조선시대 경향 각지에는 서당·향교·서원·성균관 등 인재를 양성하기 위한 공사립의 다양한 학교가 있었다. 그 가운데서 유학적 인격인 선비를 양성하는 데 가장 큰 기여를 한 것은 서원이었다. 조선사회는 선비들에 의해 건립되고 유지되었고 선비들은 교육을 통해 길러졌는데, 그 선비 양성의 교육에 핵심적 역할을 한 것이 서원이었던 것이다.

조선시대 퇴계 이황의 서원건립 운동으로 본격화된 서원의 출현은 여말에 수입된 성리학이 이 땅에서 착근하기 시작했음을 의미하는 사건이다. 북송대에 시작되어 남송의 주자에 의해 집대성된 성리학은 한당 이래 과거를 위한 학문 혹은 말단적인 문장 짓기로서의 학문으로 전락한

---

4) 『論語』, 「述而」, "子曰, 三人行, 必有我師焉."

유학에 대한 각성을 토대로 도덕적 인격의 완성자인 성인이 되는 것을 목표로 해 나타난 새로운 유학이었다. 오늘날 우리는 그것을 성리학, 신유학, 송명리학 등으로 부르지만 옛 사람들은 그것을 도학道學이라고 불렀다. 인격의 완성이라는 목적지를 향한 사람의 길에 관한 배움이라는 의미이다. 바로 그러한 성리학적 교육관에 부응해 새롭게 나타난 교육기관이 바로 서원이다. 조선시대 서원의 보급은 교육의 무게 중심이 교육 형식의 측면에서 관학에서 사학으로 옮겨가고, 교육 목표의 측면에서는 위기지학爲己之學이 종래의 위인지학爲人之學을 대체하며, 교육 주체의 측면에서는 재지사림이 훈구관료를 대체해 가는 조선중기의 전반적 변화를 보여주는 상징적 사건이라고 할 수 있다.

이와 관련해, 퇴계는 위기지학을 "도리를 우리들이 마땅히 알아야 할 것으로 삼고, 덕행을 우리들이 마땅히 해야 할 것으로 삼아서, 먼 곳에서 보다 가까운 데서, 밖보다 안에서 부터 공부를 시작해서 마음으로 얻어서 몸소 실천하기를 기약하는 것"이라고 정의하고서, "마음으로 얻어서 몸소 실천하는 데 힘쓰지 않고 거짓을 꾸미고 바깥으로 좋아서 이름을 구하고 칭찬을 취하는" 위인지학과 엄격히 구분하고자 했다. 이는 서원건립과 운영에 열성이었던 조선시대 사림들의 학문관 혹은 교육관과 서원에거는 기대를 함축적으로 보여주는 언급이라 할 수 있다.

선비의 삶을 지향한 사림들은 관료가 되기 위한 과거공부를 목표로하는 교육에 대해 부정적이었다. 물론 그들도 관료가 되어 정치에 참여하는 것 자체를 부정적으로 본 것은 아니었다. 다만 내면의 덕성 함양이 본령이 되어야 할 교육이 권력과 명예를 낚는 수단이 되는 것을 경계한 것이다. 특히, "천자에서 평민에 이르기 까지 한결같이 수신修身을 근본으로 삼는다"5)는 『대학』의 구절이 말해주듯 도덕중심주의의 사고를 지녔던 성리학자들은 내면의 덕성이 갖추어지면 정사政事는 저절로 바르게 된다는 낙관론을 지녔다. 따라서 그들은 향촌에 은거하며 덕성을 함양함으로서 주변에 자연스런 감화와 교화를 미치는 한편 후학 교육을 통해 유학의 도를 이어가는 것이 관로에 나아가 어진 정치를 펴는 것 이상으로 가치 있고 의미 있는 일이라고 생각했다.

그것을 위해 그들이 선택한 것이 서원을 통한 교육이었다. 요컨대 서원은 남에게 보이기 위해서나 자신의 부귀영화를 위한 공부가 아니라 자신의 마음을 공부의 대상으로 삼는 위기지학의 실현을 위한 교육기관이었다. 선비는 바로 사람이 지닌 선천적 가능성을 서원을 중심으로 한 교육에 의한 위기지학의 배움과 일상의 사회적 관계 속에서의 실천을 통해 실현시켜 낸 인격이다.

우리나라에 유학이 전래된 것은 삼국시대이다. 삼국시대 이래 유학은 현실 정치의 원리로서 그리고 삶의 원리로서 기능해왔다. 특히 조선의 건국은 유학이 정치, 경제, 사회, 윤리 등 인간의 모든 삶의 영역에서 지도적인 원리로 전면에 대두되는 계기였다. 따라서 우리 역사에서 유학적 지식인의 삶의 자취가 가장 크게 남아있는 시대가 조선시대라고 할 수 있다.

새로운 유학적 이념에 기초해 나라의 기틀을 세운 삼봉 정도전, 훈구

---

5) 『大學』, "自天子以至於庶人, 壹是皆以修身爲本."

대신들의 폐단을 일소하는 개혁정책을 펼쳤던 개혁론자 정암 조광조, 조정과 향리를 오가면서 현실을 바로잡기 위해 노력했던 퇴계 이황과 율곡 이이, 위민爲民과 민본民本사상에 입각한 정책을 제시했던 다산 정약용, 목숨을 내던져 위정척사衛正斥邪를6) 부르짖으며 국망國亡의 운명을 막아보려고 애썼던 조선조 마지막의 선비들의 삶의 자취가 그것이다. 이들은 한결같이 일신의 편안함과 이익을 뒤로하고 대의를 앞세웠고, 도덕적 용기에 근거해 불의에 항거했으며, 때로는 그것을 위해 자신의 목숨조차도 기꺼이 희생하는 삶을 살았다.

우리는 이와 같은 유학적 지식인의 삶의 모습을 시대를 넘어서 현대사에서도 목격했다. 역사와 민족 혹은 정의 앞에 목숨도 초개처럼 비리고 자신을 희생양으로 기꺼이 던졌던 8, 90년대의 이른바 열사烈士와 의사義士들이 그들이다. 그들은 치열하고 의로운 몸짓을 통해 이러한 동양적 지식인의 모습을 우리 앞에 다시 보여주었던 것이다. 물론 8, 90년대의 그러한 인물들의 삶을 가능하게 한 직접적인 이념적 지반은 전통적지식인의 그것과 다르다. 그러나 그들의 그러한 행동을 추동한 의식의 밑바탕에는 우리 모두가 물려받은 문화적 유전인자인 유학적 가치의식이 자리 잡고 있음을 부정할 수 없다. 그런 점에서 그들이 보여준 의롭고 치열한 삶은 전통적 지식인인 선비의 삶과 통해 있다고 할 수 있다.

---

6) 위정척사는 조선 말기 서세동점의 상황에서 개항을 요구하는 서구 열강들의 압력에 대해 유학자들이 개화에 반대하면서 내세운 말이다. 正學과 正道인 유학적 가치 및 그에 기초한 문화를 지키고 邪學과 異端인 서구의 문물 및 서학을 배척하려는 것으로, 개항전후엔 외국과의 통상 반대운동으로 일본에 의한 국망의 위협이 현실화 된 시기부터는 일제에 대한 의병기의로 나타났다.

2. 선비들 삶의 이념적 토대, 수기修己와 치인治人의 유학

전통적 지식인들인 선비들이 삶의 철학으로 지녔던 유학은 어떤 것인가를 알아보자. 유학은 공자에 의해 창시되고 맹자에 의해 구체화된 사상체계이다. 유학이 지향하는 근본 목표나 그것을 이루기 위한 방법 등 유학의 기본적인 뼈대는 이들 두 인물에 의해 갖추어졌다. 그 내용은 『논어』와 『맹자』에 남아있으며, 이는 다시 그들을 잇는 후학들의 저작을 통해 전해지고 있다. 유학을 지칭하는 표현 중 원시유학原始儒學 혹은 공맹학孔孟學은 유학의 시원과 근간이 공자와 맹자의 사상임을 말한다. 원시유학이란 이후 2,000여년을 거치면서 다양하게 분화해 나간 유학의 근원이 여기에 있음을 의미한다. 그리고 공맹학이란 표현은 곧 유학의 중심에 공자와 맹자가 있음을 의미한다.

유학이 태어난 시대적 배경과 유학의 핵심적인 이념 등을 공자와 맹자의 삶과 생각을 중심으로 살펴보자. 유학이 형성되고 구체화된 시기, 즉 공자와 맹자가 살았던 시대는 흔히 동양 역사에서 대표적인 난세로 일컬어지는 춘추전국시대이다. 춘추시대는 주나라 왕실의 천자국과 여러 제후국들 간의 혈연적 결속에 기초한 봉건제가 붕괴되어 가던 시기였다. 천자라는 절대권력의 쇠퇴에 따른 힘의 공백은 고만고만한 여러 제후국들 간의 전쟁을 통한 패권다툼을 불러왔다. 전쟁은 곧 적자생존과 약육강식이라는 힘의 논리를 전면으로 부상시켰다. 또한 전쟁은 모든 기존의 가치와 질서를 붕괴시키고 안정적인 일상적 삶을 근본적으로 흔들어 놓는 말 그대로 총체적 혼란을 의미한다.

　난세가 영웅을 낳는다는 말이 있지만, 역사를 돌아보면 난세는 또한 위대한 철학을 낳기도 했다. 철학은 인간과 인간을 둘러싼 문제에 대한 궁극적인 성찰의 결과이다. 따라서 문제가 많고 심각한 시대일수록 철학은 활발하게 기능하기 마련이기 때문이다. 그런 점에서 춘추시대와 이후 전국시대는 동양 역사의 대표적인 혼란기이지만 동시에 다양한 사상유파를 낳고 기른 비옥한 묘상苗床이기도 했다. 씨앗을 받아서 장차 크게 될 나무들의 묘목을 키워내는 밭이 묘상인데, 춘추시대가 바로 그러한 자리였던 것이다.

　사회가 극도로 혼란하고 살아가는 사람들의 삶이 고통스럽던 춘추시대에 남달리 감도가 뛰어난 '안테나'를 지녔던 사람들이 대거 나타났다. 그들은 당시 직면한 사회의 문제들을 민감하게 받아들여 그 원인을 분석하고 그에 따른 해결책을 제시하려고 했다. 그 결과는 다양한 학파와 수많은 사상가들의 등장으로 나타났다. 흔히 역사에서 이 시기를 백가쟁명百家爭鳴의 시대라거나 제자백가諸子百家의 시대라고 하는 것은 그 점을 지적한 것이다. 백가쟁명이란 수많은 학파들이 다투어 각각의 사상을 내놓고 경쟁한다는 뜻이고, 제자백가란 수많은 큰 학자와 학파라는 뜻이다.[7]

　그 가운데 노자는 인간의 자연스런 본성의 훼손을 당시 문제의 근원

---

7) 춘추전국시대 공자와 맹자로 대표되는 儒家, 노자와 장자로 대표되는 道家, 묵자로 대표되는 墨家, 惠施와 公孫龍으로 대표되는 名家, 孫武로 대표되는 兵家, 鄒衍과 鄒奭으로 대표되는 陰陽家, 蘇秦과 張儀로 대표되는 縱橫家 등이 있었다. 이들이 바로 춘추전국시대의 다양한 스승(子)들의 다양한 학파(家)였다.

으로 인식하고 스스로 그러한 자연의 본성을 회복하고 이에 의거해 스스로 그러한 우주의 법칙에 따른 삶과, 제도 그리고 정치를 강조했다. 사람의 인위적 욕망과 그러한 욕망 위에 기초해 세운 제도와 명분, 규범 등이 사람의 자연스런 생명을 질식시키고 전쟁이라는 욕망의 충돌로 나타나 혼란해진 사회와 그 속에서 고통받던 사람들의 해방을 이야기 한 것이었다.

노자와 달리, 공자는 인간의 본질이라고 할 수 있는 도덕적 심성의 상실과 함께 그것에 기초해 세워진 사회적 규범의 붕괴를 춘추시대가 안고 있는 혼란의 근본 원인으로 여겼다. 공자는 인간이 지닌 도덕적 심성을 인仁이라고 하고 그것을 실현시키는 도덕적 규범체계를 예禮라고 했다. 따라서 공자는 인간이 지닌 도덕적 본성인 인仁에 근거해 예禮에 부합하는 도덕적 행위를 함으로써 자아의 완성과 조화로운 이상사회의 실현이 가능하다고 보았다. 이것이 공자가 내놓은 당시의 혼란을 종식하는 해법이었다.

이러한 관점에 입각해 공자는 유학적 지식인의 길을 수기안인修己安人이라는 명제로 정식화해 내놓게 된다.[8] 수기修己란 말 그대로 자신의 몸을 닦는다는 의미이다. 이는 곧 인간이 지닌 도덕적 본성을 온전히 실현하여 자아를 완성하는 것이다. 유학에서는 사람은 누구나 태어나면서부터 도덕적인 본성을 지니고 태어난다고 본다. 그것이 바로 맹자에서 구체화된 성선설性善說이다. 즉 사람은 누구나 태어나면서 부터 선한 본

---

8) 『論語』, 「憲問」, "子路問君子, 子曰修己以敬. 曰如斯而已乎? 曰修己以安人. 曰如斯而已乎? 曰修己以安百姓, 修己以安百姓, 堯舜其猶病諸."

성을 지닌 존재라는 것이다.

그러면 누구나 태어날 때는 선한데 왜 현실에서는 선한 사람도 있고 악한 사람도 있는 것인가? 유학에서는 이를 다음과 같이 설명하고 있다. 사람이 타고나면서 부터 지닌 선한 본성은 완전히 실현된 것이 아니라 마치 식물의 씨앗과 같은 가능성의 잠재적인 상태라고 한다. 따라서 후천적인 수양을 통해 그러한 씨앗을 싹틔워내서 물주고 김매는 등의 노력을 기울여야 한다. 이를 크게 키워낸 사람은 선한 사람이 되고, 그 씨앗을 썩히거나 싹틔웠어도 가꾸는 노력을 게을리 한 사람은 악한 사람이 되거나 그저 그런 사람이 된다는 것이다. 중요한 것은 후천적인 노력의 여부이다. 그러한 노력이 바로 배움을 포함하는 도덕적 수양이다. 유학은 이러한 도덕적 수양을 통해 인격을 완성하고 그러한 인격을 갖춘 사람들이 서로 이해하고 배려하는 세상을 만들고자 했다.

그런데 도덕적 수양이라는 것은 곧 자신의 이기적 욕망과의 싸움이라고 할 수 있다. 비근한 예를 하나 들어보자. 우리가 하루의 힘든 일과에 녹초가 된 몸으로 버스에 올라 오랜 기다림 끝에 빈 자리가 생겨 안도의 한숨을 쉬고 잠깐 앉아있는데, 다음 정류장에서 연로한 할머니가 올라타시더니 내게로 와 옆에서 흔들리며 서 계신 상황을 생각해보자. 이런 상황에 처하면 우리 내면에서는 두 가지 생각 사이의 갈등과 싸움이 시작된다. 즉 '내 몸도 피곤한데 어쩌겠는가? 눈 감고 자는 척하자. 아니다 젊은 내가 앉고 늙은 분을 서있게 하는 것은 도리가 아니니 양보해드리자'는 두 갈래의 길 앞에 선 갈등이 그것이다. 이러한 갈등과 싸움 끝에 욕망이 이기면 눈감고 자고, 마땅한 도리를 의식하는 양심이 이기면 일어서게 된다.

크고 작은 차이는 있지만 대개 우리가 만나는 도덕적 판단과 실천의 상황은 바로 이러한 육체적 욕망과 마땅한 도리 사이의 갈등이 핵심이라고 할 수 있다. 작게는 앞에서 예로 든 그러한 상황에서부터 크게는 한 사회의 운명을 좌우하는 상황과 같은 것에 이르기까지 우리로 하여금 어떠한 판단을 요구하는 도덕적 상황은 본질적으로 동일하다. 따라서 유학에서는 이기적 욕망의 극복을 도덕적 수양의 관건으로 보았다. 공자가 자신의 사상의 핵심을 인仁으로 제시하고, 이 인仁을 풀이하기를 "자신의 이기적 욕망을 이기고 예를 회복하는 것이 인이다"[9]고 한 것은 그 점을 지적한 것이다. 일신의 욕망을 넘어서 마땅한 도리를 실천하는 것이 바로 내면의 타고난 덕성인 인仁을 실현하는 길임을 말하고 있다.

사람이 추구하는 욕망은 다양하다. 구체적으로는 물질적인 것이 있다. 예를 들면 눈이 보기에 좋은 화려한 색을, 귀가 듣기 좋은 감각적인 소리를, 입이 기름지고 맛있는 음식을, 사지가 편안함을 추구하는 것이 그것이다. 또 정신적인 것도 있다. 남에게서 칭찬의 말과 선망의 눈빛을 받고자 하는 것이 그것이다. 이러한 욕망 그 자체가 부정적인 것이 아니다. 오히려 욕망은 인간의 육체적 생존을 위해서는 없어서는 안 되는 것이다. 문제는 이러한 욕망이 지나쳐 우리가 그것에 빠질 경우 도덕적인 수양과 실천에 장애가 된다는 것이다. 공자가 말한 극기克己란 바로 그러한 장애를 넘어서고 극복해야만 도덕적 자아의 완성에 이를 수 있음을 말한 것이다. 또 흔히 유학자들이 말한 안빈낙도安貧樂道나 청빈淸貧이

9) 『論語』, 「顏淵」, "子曰, 克己復禮爲仁, 一日克己復禮, 天下歸仁焉."

란 것도 물질적으로 빈천한 상황에서도 즐거운 마음으로 도를 추구하며 욕망에 초연한 마음의 중요성을 강조하는 것이다.[10]

유학에서는 인간은 이처럼 욕망의 유혹을 물리치고 올바른 도리를 따름으로써 자신이 지닌 내면의 도덕적 본성을 온전히 실현한 완성된 인격을 이룰 수 있다고 본다. 유학에서 말하는 군자君子란 바로 그러한 수양을 통해 도덕적 인격을 갖춘 사람을 의미하는 개념이다.

이제 공자가 말한 치인治人(安人)에 대해서 알아보자. 인간은 더불어 사회를 이루며 살아가는 존재이다. 따라서 유학에서는 사람은 자신의 한 몸을 닦아서 자아를 실현하는 데서 그쳐서는 안 되고 그가 몸담아 남과 더불어 살아가는 사회를 이상적인 상태로 만들기 위해서 노력해야 한다고 생각했다. 그것은 바로 도덕적 인격을 구비한 지식인의 사회적 실천이며, 한 사회의 성원으로 살아가는 사람으로서 당연히 수행해야 할 책임과 의무를 말하는 것이다. 이러한 사회적 실천은 바로 그 유학적 지식인인 선비가 지닌 내면의 도덕적 인격에 근거해 나온 것이다.

앞에서 말한 욕망은, 개인적 차원에서는 사람으로 하여금 좋아서 따르게 함으로써 자아의 도덕적 완성에 장애를 주기도 하고, 사회적 차원에서는 사람으로 하여금 그것을 두려워 피하게 함으로써 이상적 사회를 이루려는 실천에 장애를 주기도 한다. 예를 들면 부富와 권력權力같은 현실적인 힘이다. 오늘날에도 그러하지만, 그것은 때로는 당근으로 때로

---

10) 『論語』, 「雍也」, "子曰, 賢哉回也. 一簞食一瓢飮, 在陋巷, 人不堪其憂. 回也, 不改其
樂. 賢哉, 回也."

는 채찍으로 옳은 것을 옳다고 하지 못하게 하거나 그른 것을 옳다고 말하게 하는 침묵과 거짓을 강요한다. 따라서 자신이 지닌 정당한 신념을 행위로 관철시키기 위해서는 이러한 부나 권력 같은 외부의 힘에 굴복하지 않는 도덕적 용기가 필요하다.

도덕적 용기는 비록 나의 이익을 희생하고 때로는 나의 생명조차도 희생해야 하는 상황에서도 정의롭지 못한 것에 저항하고 정의를 관철시키려는 의지이다. 맹자는 이것을 부동심不動心이라고 하고 그러한 부동심을 갖춘 사람을 대장부大丈夫라고 했다.[11] 유학적 지식인인 선비가 지닌 기개와 지조와 그에 의거한 실천은 바로 이러한 도덕적 용기에 바탕 한 것이다.

이처럼 유학은 도덕적 수양을 통한 인격의 완성과 그에 근거한 이상적 사회의 실현을 강조하는 가르침이다. 공자가 말한 '수기안인修己安人'이나 유학의 중요한 경전 가운데 하나인 『대학』에서 말하는 '수신修身·제가齊家·치국治國·평천하平天下'는 바로 그것을 말하는 것이다. 선비는 이러한 유학적 이념을 배움을 통해 체득하고 실천하는 사람을 말한다. 유학에서 배움, 즉 학문을 중요하게 생각하는 것은 이상적인 인격을 이루는 가르침을 얻는 가장 중요한 통로가 학문이기 때문이다. 유학적 지식인인 선비를 달리 독서인讀書人이라고도 부른 것은 바로 유학자는 유학의 가르침이 담긴 책을 읽어 자신을 완성시켜 가는 사람이기 때문이다.

---

11) 맹자는 『孟子』「公孫丑」에서 제자인 公孫丑의 不動心에 관한 질문에 대해 대답하면서 도덕적 용기로서의 부동심에 대해 설명하고, 『孟子』「藤文公」에서는 그러한 호연지기를 길러 부동심의 경지에 이른 大丈夫에 대해 이야기 하고 있다.

3. 유학적 지식인 선비의 삶 : 유학 이념의 실천

이제 앞에서 설명한 유학에 대한 이해를 전제로 해서 유학을 삶의 철학으로 지녔던 선비들이 역사에서 보여준 구체적인 삶의 모습들을 살펴보자.

1) 사회와 역사 주체로서의 책임의식의 삶

선비들은 전통시대에 사회와 역사를 책임진 사람들이었다. 중국 북송 시대를 살았던 사람으로 성리학의 창시자 중의 한 사람인 장재張載는 지식인의 사회적 책임과 포부를 "천지 사이에 가장 뛰어난 존재로 사람을 세우고, 백성을 위하여 사람이 따라야할 도를 세우고, 지나간 성현들을 위하여 끊어진 학문을 잇고, 만세토록 이어질 태평의 정치를 연다"(爲天地立心, 爲生民立道, 爲往聖開絶學, 爲萬世開太平)는 강령으로 밝히고 있다. 이는 천지간에서 인간의 위치를 설정하는 주체, 세상을 경영하는 주체, 문화를 전승하고 발전시키는 주체, 이상적 사회를 실현하는 주체로서 유학적 지식인을 자리매김한 것이다.

오늘날의 민주사회처럼 문화와 학문 정치 등 모든 것이 모든 사람에게 열려 있지않던 전통시대에서 선비들은 군주라는 통치 권력의 정점과 일반 백성이라는 저변 사이에서 그 시대를 끌어가는 정치와 학문 그리고 문화의 주체였던 것이다.

유학적 지식인인 선비의 길은 자신이 익힌 유학적 교양과 지식을 바탕으로 과거를 통해 관로에 올라 정치에 참여하는 것이 일반적이었다. 정치는 그들이 지녔던 유학적 이념을 실현하는 중요한 통로였기 때문이다. 그러나 그들은 현실의 정치가 자신의 신념과 어긋날 경우에는 그것을 바로잡기 위해 노력하고 그것이 이루어지지 않을 때는 관직을 초개처럼 버리고 은거해 자신의 신념을 지키는 한편 후진 교육을 통해 그러한 자신의 이념을 세상에 전하는 길을 걷기도 했다.

유학적 지식인이 따랐던 벼슬길에 나아가고 물러남(出處)의 기준은 "세상에 도道가 있으면 나아가 뜻을 펴고 세상에 도가 사라지면 물러나 몸을 닦는다"는 것이었다.[12] 그러나 시대의 치란治亂을 막론하고 현실에 뛰어들거나 물러나 은거하는 등 각기 선택은 다양했지만, 그들 모두 유학적 지식인이 맡은 사회적 책임에 충실했다. 현실에 뛰어든 선비들은 잘못된 현실을 올바른 방향으로 이끌어 가기 위해 자신의 경륜과 능력을 발휘했고, 물러나 은거한 선비들은 명리名利를 초월한 올곧은 삶의 모습을 지킴으로써 세속에서 횡행되는 불의不義와 이익을 좇는 기풍의 비루함을 대비시켜 드러내는 삶의 모범을 보였던 것이다.

예전 선비들이 살았던 시대에 절대 권력은 군주에게 있었다. 그러나 실제의 정치는 관료, 즉 정치에 나아간 선비들에 의해 행해진다. 따라서 나라의 정치의 성패, 나아가 한 나라의 흥망이 이들 유학적 지식인인

---

12) 『孟子』,「盡心上」, "古之人, 得志, 澤加於民, 不得志, 脩身見於世, 窮則獨善其身, 達則兼善天下."

선비들의 처신에 달려 있었던 것이다. 옛 사람들이 "선비는 국가의 으뜸 가는 기운(元氣)이다"고 했던 것은 그 점을 지적한 것이다.

유학적 지식인들은 자신들의 이러한 막중한 위치를 하나의 특권으로 여기기보다는 책임으로 받아들였다. 그러므로 그들은 그러한 책임의식을 "천하 사람들에 앞서서 근심하고, 천하 사람들이 다 기뻐하고 나서 기뻐한다"13)는 말로 표현했고, 자신의 처지를 "가야할 길은 멀고 맡은 짐은 무겁다"(任重道遠)14)는 말로 표현했던 것이다.

2) 의리義理를 따르는 삶

유학적 지식인들의 책임의식은 의리에 대한 투철한 자각에서 기인한 것이다. 의리란 마땅한 도리를 의미한다. 유학적 지식인들은 자신의 이익이나 심지어 목숨을 희생하는 한이 있더라도 올바른 도리를 따라야 한다는 의리의식에 투철했다. 중국의 동한 시대의 곽거백郭巨伯이라는 선비의 이야기는 유학적 지식인이 지녔던 의리를 추구하는 삶을 보여주는 대표적인 사례이다.

중국의 동한東漢 말년은 정치적인 혼란의 와중에 민중들의 봉기가 잦았던 시기였다. 어느 날 순거백이 사는 마을에 황건적이 쳐들어온다는 소식에 동네 사람들이 모두 도망가고 거동할 수 없는 병자만 남았는데

13) 송대의 명재상 范仲淹이 岳陽樓記에서 한 말로서(先天下之憂而憂, 後天下之樂而樂) 선비들의 사회를 향한 憂患意識과 책임감을 잘 나타낸 말이다.
14) 『論語』, 「泰伯」, "曾子曰, 士不可以不弘毅, 任重而道遠."

그가 바로 순거백의 친구였다. 병자인 친구는 순거백에게 "나는 기왕 병들어 죽을 운명이고 도망갈 수도 없지만 자네는 빨리 여기를 빠져나가라"며 권했다. 그러자 순거백은 "아무리 어려움이 닥친다 해도 병석에 있는 친구를 도적들 속에 내버려두고 갈 수는 없다"며 남아서 그 친구를 간호했다. 마침내 황건적이 그 마을에 들이닥쳐 "너는 무슨 배짱으로 남아 있느냐"고 묻자, 순거백은 다음과 같이 말했다. "나는 너희들이 무서운 도적인줄 잘 안다. 또 너희들에게 걸리면 꼼짝없이 죽는다는 것도 잘 알고 있다. 그러나 너희들도 보는 것처럼 내 친구가 중병으로 누워 있다. 내가 돌보지 않으면 그는 살질 못한다. 나만 살자고 중병에 걸린 친구를 두고 도망가는 것은 사람의 도리에 어긋난다. 나는 차라리 너희들 손에 죽을지언정 친구와의 의리를 저버릴 수가 없다. 그러니 너희들 마음대로 나를 죽이려면 죽여 봐라. 의리를 지키다가 죽는 마당에 아무런 여한이 없다" 이 말을 들은 황건적들은 그의 의리에 감화되어 그 곳의 생명과 재산을 전혀 건드리지 않고 조용히 물러났다고 한다.

사람이 따라야 할 의리, 즉 마땅한 도리란 이처럼 친구 사이에 존재하는 것만이 아니다. 사람이 처한 모든 상황과 모든 관계에서도 마땅히 따라야 할 도리가 있다. 작게는 그것이 부모를 향한 것일 수도 있고 친구를 향한 것일 수도 있으며, 크게는 역사와 사회를 향한 것일 수도 있다. 유학자들은 그가 처한 모든 상황에서 이러한 의리를 추구하는 일관된 삶을 살고자 했다. 조선시대의 사육신의 삶이나 한말의 위정척사의 항일 투쟁에 나섰던 수많은 선비들의 삶 역시 이러한 의리의식에 투철한 유학적 지식인의 삶의 한 예이다.

3) 도덕적 정당성에 바탕 한 용기 있는 삶

의리에 대한 투철한 자각은 용기 있는 삶을 가능하게 한다. 즉 어떤 것이 마땅한 도리인지를 깨닫고 그것에 대한 확신이 서면 그것을 실천하기 위해 어떠한 장애에도 굴하지 않고 과감하게 나아갈 수가 있게 된다. 『논어』에서는 이러한 용기에 대해 "스스로 자신을 돌이켜 보아서 도덕적으로 떳떳하다면 비록 천만 명의 사람이 반대한다 하더라도 나는 두려움 없이 나아가 그들과 맞설 것이다"는 말로 설명하고 있다. 도덕적 정당성에 대한 확신이 섰다면 일신의 편안함을 돌보지 않는 것은 물론이고 목숨을 던져서라도 불의에 항거하는 유학적 지식인들의 과감한 실천은 이러한 유학적 이념에 뿌리를 두고 있다. 세상 모든 사람들이 시류時流에 편승해서 그른 것을 옳다고 할 때에도 부화뇌동하지 않고 그른 것은 그른 것이고 말할 수 있는 용기는 바로 자신이 지닌 신념의 도덕적 정당성을 확신할 때 가능한 것이다. 맹자는 이러한 도덕적 용기를 부동심不動心이라고 했다. 동요되지 않는 마음이라는 의미이다. 도덕적 정당성에 대한 확신은 외부의 물질적 유혹이나 권력이나 위세의 위협에 상관없이 자신의 신념을 실천에 옮기게 하는 힘이 된다.

3) 저항과 비판정신의 삶

의리의식에 투철한 유학적 지식인은 불의를 고발하고 그것을 막는 비판자를 자임했다. 중국 동한 때에 '당고黨錮의 화禍'라고 역사에서 부르는 동양최초의 학생데모 사건이 있었다. 당시 4만여 명의 태학생들이 정부의 부당한 시책에 항거하다 엄청난 화를 당했다. 마찬가지로 조선시대 성균관의 학생들도 권당捲堂(空館이라고도 한다)라고 하여 조정의 정책이 부당한 경우 행동으로 그것에 항의해 바로잡게 했다. 이러한 지식인의 비판정신은 다양한 방식으로 표현되어 현실 정치를 견제하여 올바른 방향으로 나아가게 하는 힘이 되었던 것이다.

조선시대에는 상소제도를 두어서 군주에 대한 지식인들의 비판을 제도적으로 허용했다. 또 간관諫官 제도를 두어 군주의 정치행위가 부당한 방향으로 나아갈 때에는 언제든 그 부당성을 지적하도록 했으며, 사관史官을 두어 군주의 정치행위를 기록하고 사후에 평가하도록 했다. 지식인들은 이같이 제도적으로 열린 비판의 통로뿐 아니라 다양한 방식으로 자신들의 비판자적 기능을 수행했다. 유학자들은 때로는 생명의 희생을 감수해야 상황에서도 불의에 항거하고 비판하기를 주저하지 않았다. 그 전형적인 예를 중국 명나라 때의 대표적인 유학자인 방효유方孝孺의 일화에서 확인할 수 있다.

명 태조가 죽자 명태조의 장손인 혜제惠帝가 즉위하는 것이 올바른 법인데 태조의 작은아들인 연왕燕王이 강압적인 수단으로 혜제의 자리를 빼앗고 제위에 올라 성조成祖가 되었다. 성조는 왕위를 찬탈하는 데는 성공했으나, 이를 정당화하기 위해 당시 사림의 영수로 명망이 높았던 방효유에게 그의 즉위의 정당성을 알리는 글을 써 줄 것을 요구한다. 그러나 방효유는 오히려 지금이라도 물러나고 정통인正統인 혜제를 복위시킬 것을 요구하며 거절했다. 이에 연왕은 권력자가 흔히 쓰는 위협의 수단을 동원해 자신의 명을 거절하면 반역으로 간주해 구족을 멸할 것이라고 위협했다. 방효유는 전혀 위축되지 않고 더욱 분개하며 십속을 멸한다 해도 그 글은 쓸 수 없다고 거절하고, 오히려 '연적찬왕燕賊簒王', 즉 '도적인 연왕이 제위를 찬탈했다'는 네 글자를 크게 써서 그에게 던져준다. 이에 연왕은 방효유를 죽이고 그의 구족을 멸했다. 그런데 그가 말한 십족 중 구족을 제외한 나머지 일족이 무엇인지에 관해 신하들과 상의를 한 후 문인 제자를 십족의 하나로 규정해 그의 제자들을 모두 잡아들여 죽였다. 그런데, 선생의 그 제자였다. 자신은 방효유의 문인이 아니라고 부인하면 죽지 않을 수 있었을 것인데도, 그의 문인들 중 자진해서 문인임을 밝히고 죽어 간 이들이 부지기수였다. 조선의 역사에도 이러한 불의에 대한 지식인의 비판과 저항의 정신을 드러낸 예가 많이 있다. 세조가 단종을 내몰고 왕위를 빼앗자 그 부당성을 지적하며 목숨을 던져 항거했던 사육신은 그 대표적인 예이다.

앞에서 유학자들의 삶의 모습으로 사회와 역사 주체로서의 책임의식의 삶, 의리義理를 따르는 삶, 저항과 비판정신의 삶 등을 말했다. 그것은 선비들이 지녔던 유학적 이념을 실현하는 삶이었다. 따라서 선비들은 그들의 앎을 삶에서 실천했던 것이다. 사람은 배워서 알아야 하고 안 것은 반드시 실천해야 한다는 이른바 유학의 지행합일知行合一 사상은 그들의 삶과 철학을 하나 되게 하는 논리적 바탕이었다.

우리는 조선시대의 역사를 통해 의로운 선비들 못지않게 오명을 남긴 많은 탐관오리나 곡학아세한 지식인들의 이름도 기억하고 있다. 그럼에도 불구하고 조선사회가 오랫동안 명맥을 유지하며 문화를 꽃피울 수 있었던 것은 불의를 따르고 부정을 행하는 세력을 비판하고 그들의 행위를 바로잡으려는 진정한 선비들이 어느 시대나 있었기 때문이다.

4. 유학적 지식인의 삶과 철학이 주는 교훈

우리가 옛것에 관심을 가지고 지나간 일들을 뒤적이는 것은 단순히 지나간 우리의 것에 대한 호기심이나 향수 때문이 아니다. 마찬가지로 우리가 유학적 지식인이라는 전통사회의 지식인상에 대해 논의하는 것은 단순히 옛것을 좋아하는 호고적好古的 취미나 관심을 충족시키기 위한 것이 아니다. 그것은 우리가 지금 살아가는 삶 혹은 앞으로 살아가야 할 삶을 위한 유용한 교훈과 지침을 그 속에서 얻기 위한 것이다. 역사란 지나간 과거와의 대화이다. 대화는 상대가 있는 말하기이다. 과거의 역사적 사실에 대한 평가가 과거에 대한 우리의 말 걸기라면, 과거의 사실이 우리에게 주는 교훈은 과거가 우리에게 걸어오는 말이다. 그렇다면 동양의 과거로부터 우리는 어떠한 교훈을 얻을 수 있을 것인가? 즉, 유학적 지식인인 선비의 삶과 그것을 지탱했던 철학이 오늘의 우리에게 주는 교훈은 무엇인가?

첫째, 유학적 지식인의 삶은 도덕적 자각과 자율적 자기규제의 중요성을 일깨워 준다. 현재 우리 사회의 급선무 중의 하나가 만연한 부정과 비리의 문제를 해결하는 것이다. 부정과 비리를 막는 방법은 여러 가지가 있다. 우선 불법적인 행위가 생겨날 소지를 없애는 제도적인 보완을 생각할 수 있다. 많은 사람들이 지적하는 것처럼 우리 사회의 대표적인 비리인 공직자 비리의 직접적인 원인은 우리 사회의 제도적 미비와 불합리 때문이다. 예를 들면 불필요하게 번다한 허가와 승인 등의 행정적 규제가 허가와 감독의 칼자루를 쥔 관료들로 하여금 부정을 행하게 하는 원인이 된다. 그러므로 과감한 규제의 철폐와 철저한 비리 감시제도의 구축은 부정과 비리에 대처하는 중요한 해결 방법의 하나이다. 그러나 모든 유형의 불법적 행위를 예상한 완벽한 시스템을 구축한다는 것은 현실적으로 불가능하다.

그렇다면 우리는 최대한 합리적인 제도의 구축 외에도 또 다른 방법을 동시에 강구해야 한다. 법과 제도의 정비 이전에 더욱 중요한 것은 이러한 법과 제도를 운용하는 사람의 의식의 문제이다. 즉, 공직자들이 윤리의식 갖추고 배운 사람으로서 지녀야하는 책임을 자각해야 한다. 예를 들면 부실공사의 문제의 경우 선진적인 감리제도를 도입하는 것만으로 해결되는 것이 아니다. 감독과 감사라는 타율적인 규제의 강화 이전에 자율적인 자기규제가 있어야 한다. 도덕적 자각에 근거한 책임의식에 따라 자신의 행위를 스스로 규제하고 법을 어겨서 얻을 자신의 이익보다는 그것을 이용할 수많은 사람들의 이익을 먼저 생각하는 마음을 지닌다면 비록 감리제도가 미비하더라도 그러한 불법적인 방법을 취하지 않을 것이다. 또 다른 예로 나나 내 가족이 먹어서는 안 되지만 남들은 먹어도 괜찮다고 생각하며 식품에 유해한 성분들을 거리낌 없이 사용하는 파렴치한 행위가 끊이지 않는 것이 식품 제조에 관한 법률이 없기 때문은 아니다. 그것 역시 자신의 이익을 위해서 양심을 어겨 가며 불의와 타협한 결과라고 할 수 있다. 그러므로 우리가 유학적 지식인의 삶으로부터 얻을 수 있는 교훈 가운데 하나는 도덕적 자각과 그에 근거한 자율적 자기규제가 우리 사회의 문제를 해결하는 근원적이고 효과적인 방법이 될 수 있다는 것이다.

덧붙여 언급하고 싶은 것은 '배운 사람'인 소위 사회의 지도층 인사들이 저지르는 부정과 비리에 대한 처벌의 문제이다. 흔히 이런 인사들에 대한 사회적 심판은 전통적 통념에 따른 심판이다. 즉, '배운 놈이 그러면 더 나쁘다'는 것이 그것이다. 배운 사람은 그 만큼 사회에 대한 책임의식이 더 있어야 하고 그에 상응하는 실천을 해야 한다고 생각하기 때문이다. 그러나 정작 법은 대체로 그간의 사회에 대한 기여를 내세워 그들에게 관용적인 심판을 내리기도 한다. 이 문제에 관한 한 전통적 가치의식에 근거한 보통 사람들의 생각이 법관들의 생각보다 옳다. 배운 사람(이른바 지도층 인사)이 자신의 공적인 사회적 책임과 의무를 배신했을 때는 더욱 더 가중해서 처벌해야 마땅하다.

둘째, 유학적 지식인들의 삶은 이기적 욕망에 내맡기는 우리의 일상적 삶에 각성의 계기를 부여한다. 우리는 살아가면서 늘 이기적 욕망의 유혹에 직면한다. 그래서 옳지 않은 줄 알지만, 그것이 나에게 혹은 내 자식에게 이익이 되기 때문에 눈 질끈 감고 행한다. 그리고는 모두 그렇게 하는데 나만 그렇게 하지 않으면 내가 속한 조직에서 따돌림 당하고 내 자식에게 불이익이 돌아올지도 모른다는 걱정에 불의를 행하고도 변명을 한다. 이런 이유로 것이 촌지라는 이름이든 떡값이라는 이름이든 우리 사회에서 만연한 뇌물 주고받기가 사라지지 않는 것이다. 그리고 그러한 사회 속에서 나 혼자만 그 흐름을 벗어나거나 거스르며 살아가기에는 결코 쉽지 않은 의지와 결단이 필요하다.

유학적 지식인의 삶의 모습을 따르고 실천하는 것은 일상을 살아내기에도 힘겨운 우리 보통 사람들에게 결코 쉬운 일이 아니다. 그것은 많은 불이익의 감수를 요구하는 것이다. 그러므로 보통 사람들이 앞에서 든 대표적인 유학적 지식인들처럼 철저한 실천의 삶을 살 수는 없다. 다만 중요한 것은 그들의 그러한 삶과 정신을 항상 염두에 두고 살아가는 것이다. 그렇게 한다면 그들의 삶은 우리가 현실의 욕망에 내맡기는 맹목적이고 타성적인 상태에서 벗어나게 하는 힘이 될 것이다. 사방을 다 둘러봐도 불의와 적절히 타협하며 사는 것이 오히려 정상적인 삶처럼 보이고 나 혼자만 다르게 살아갈 자신이 없고 그 속에 묻혀서 함께 흘러가려는 유혹이 생길 때 유학적 지식인들의 모습을 떠올린다면, 그들은 시간을 넘어서서 우리가 가려는 올바른 길의 길동무가 될 것이다.

셋째, 유학적 지식인의 삶은 현대 사회에서 비판기능의 중요성을 일깨워 준다. 흔히 현대사회를 지식과 정보가 중시되는 정보화 사회 혹은 지식사회라고 한다. 그런데 여기서 지식과 정보 자체는 가치중립적인 것이다. 문제는 그것을 생산하고 분배하며 수용하는 방식이다. 많은 학자들은 정보화 사회의 장미 빛 전망 속에 도사린 어두운 그림자를 보여주고 있다. 예를 들면 기존의 사회적 불평등은 정보의 생산과 분배에도 그대로 이어져 오히려 불평등의 심화를 가져오게 될 것이라고 전망한다. 또한 정보화 사회는 기계에 의해 매개되는 커뮤니케이션을 직접적인 커뮤니케이션과 유사한 형태로 바꾸고 그를 통해 인간과 인간간의 인격적인 접촉과 작용을 인간과 기계의 상호작용으로 대체할 것이라고도 한다. 따라서 이미 우리가 진입하고 있는 정보화 사회는 장미 빛이 될 수도 암울한 잿빛이 될 수도 있다. 그러므로 정보화 사회가 사람의 온기가 사라지지 않고 인간적 유대가 지속되는 사회가 되도록 하기 위해서는 정보의 생산과 분배의 독점에 따른 불평등의 심화나 그것을 수용하는 방식에 대한 끊임없는 비판과 견제를 필요로 한다.

그런 점에서 유학적 지식인들이 수행했던 사회비판적 기능은 오늘날에도 유효하다. 그렇다고 우리가 유학적 이념을 학습하고 그것을 몸으로 익혀 유학자가 되자는 것은 아니다. 다만 유학적 지식인이 지녔던 삶의 자세를 배우자는 것이다. 유학적 지식인은 시류에 매몰되지 않고 항상 현실을 성찰해 그것이 올바르지 않는 길로 갈 때는 충고와 비판을 수행했었다.

5. 선비들의 삶이 남긴 과제

우리는 내면에 잠자고 있는 유전인자를 다시 일깨워 내어야 한다. 우리의 내면 의식 속에는 분명 유학적 가치의식이 문화적 유전인자로 잠재되어 있다. 우리는 오늘날 우리사회가 지닌 문제들을 해결하는 열쇠를 어디에서 가져올 수 있을 것인가? 서양의 여러 윤리학이나 종교의 가르침도 물론 우리에게 유용한 참고가 될 수는 있을 것이다.

우리 한국인들은 종교를 넘어서서 세대를 넘어서서 계층을 넘어서서 비록 정도의 차이는 있지만 유학적 가치의식을 내면에 공유하고 있다. 그렇다면 그러한 가치의 중요성을 다시 한 번 환기하여 그것을 우리의 삶과 우리 사회를 올바른 방향으로 이끌어 가기 위한 오늘의 가치로 새롭게 해석하고 살려내는 것은 중요한 과제일 것이다.

유학에서는 결코 고원한 이치나 도리를 말하지 않는다. 유학이 추구하는 것은 '일용사물지도日用事物之道'이다. 지금 이곳의 일상에서 우리가 만나는 다양한 관계 속 그리고 다양한 상황 속에서 마땅한 도리를 실천해야 함을 말한다. 선비들이 지향한 군자도 그 시작은 쇄소응대灑掃應對의 지극히 일상적인 일 속에서의 배움과 실천이었다. 집에서 직장에서 우리가 만나는 상황 속에서 남을 배려하는 마음을 내고 불의한 이익에 욕심내지 않으며 억울한 사람의 외면하지 않는 가운데 사람다운 도리의 실천이 있다.

우리들은 살아가면서 불의와 타협하고 원칙을 잠시 외면하면 이익을 얻을 수 있고 혹은 반대로 나의 작은 이익을 희생하면 남에게 큰 이익이 돌아갈 수 있는 상황에 처하는 경우가 종종 있을 것이다. 바로 그때 옛 선비들의 삶과 실천의 사례는 우리에게 올바른 선택이 무엇인지를 알려주는 지남指南이 될 수 있을 것이다.

조선 선비정신의 형성과 경북 유학

김종석

(한국국학진흥원 수석연구위원)

1. 서론

전통적 선비정신을 회복하여 현대 한국사회가 안고 있는 각종 병폐의 해결에 활용해야 한다는 의견이 많다. 이러한 주장에 대해 기본적으로 동의하면서도, 선비정신을 본격적으로 논의하기에 앞서 점검해 보아야 할 몇 가지 문제점이 있는 것으로 보인다. 우선 선비정신은 한국의 고유한 정신문화인가라는 점이다. 다시 말해서 한국의 선비정신은 중국을 비롯한 다른 유교문화권의 선비정신과 다른 성격의 것인가? 우리가 선비정신을 유교문화의 범주 내에서 언급한다면 이 물음은 피할 수 없는 것이다. 만약 중국의 선비정신과 다른 한국적 선비정신이라는 것이 존재했다고 한다면, 그렇게 말할 수 있는 근거나 배경은 무엇인가? 그리고 이러한 근거에서 한국적 선비정신이 형성되었다면, 한국의 선비정신이 중국의 선비정신과 다른 특징은 또한 무엇인가? 이러한 물음은 지금까지 선비정신을 연구하는 경우 대개 의식하고 있었고 부분적으로 의견을 제시하기도 했지만 아직 선명하게 정리되지 못하고 있으며, 연구자들 간에 이견도 상당한 것으로 보인다. 이러한 문제들을 동아시아의 여러 나라들이 유교문화를 공통의 정신적 기반으로 하고 있는 한 근본적으로 해결하기는 어려울 것으로 보인다. 그러나 동시에 한국에서 유독 선비정신이 강조되었고 중요한 문화유전자로 인식되어 온 점도 부인하기 어렵다. 선비정신과 관련하여 쏟아져 나오고 있는 수많은 단행본과 한국의 정신문화에 관한 담론에서 으레 언급되는 선비 혹은 선비정신이라는 용어가 이를 말해주고 있다. 여기에서 이러한 문제점들에 대한 답변을 모두 제시할 수는 없고, 다만 이러한 문제점들을 염두에 두면서 선비들의 본업인 학문 활동에서 조선 선비정신의 특징을 고찰해 보고자 한다.

2. 유학과 선비정신

중국에서 선비를 의미하는 '사士'는 본래 하급 무사나 관료 계층을 의미하는 글자였다. '사士'가 유가적 사대부의 의미로서 보편적으로 사용된 것은 진한秦漢 대 이후로 보는 것이 일반적이다. 그러나 그 시초는 유가儒家의 등장에서 찾아야 할 것이다.

유학은 세속 세계를 인정하고 그 속에서 가능한 이상을 추구하는 세간世間의 학문이다. 이점에서 그 출발점에서부터 불가佛家나 도가道家와는 그 입장을 달리한다. 인간세계는 수많은 부조리와 갈등으로 점철되어 언제나 소란이 그치지 않지만, 그럼에도 불구하고 인간은 모여서 협력하면서 살지 않으면 안 된다고 보는 것이 유학자들의 생각이었다.

유학의 이러한 입장이 잘 드러나 있는 것이 바로 공자가 초나라의 은자인 장저와 걸익을 만났을 때 했던 말이다.

(걸익이) 말하기를, "불의가 도도히 넘쳐흐르는 것은 천하가 모두 이러하거늘 누가 이것을 바꾸겠다는 말인가? 그러니 그대도 사람을 피하는 선비를 따르기보다는 세상을 피하는 선비를 따르는 것이 어떻겠나?' 하고, 씨앗 덮는 일을 멈추지 않았다. 자로가 가서 고하니, 공자께서 탄식하며 말하기를, "새와 짐승은 사람이 함께 어울려 살지 못하니, 내가 사람의 무리와 함께하지 않으면 누구와 함께 하리오. 천하에 도가 있으면 내가 굳이 나서서 바꾸려고 하지 않을 것이다" 했다.[1]

세상이 아무리 혼탁해도 사람은 역시 사람과 어울려 살면서 바람직한 공동체를 만들기 위해 노력하는 수밖에 없다는 것이다. 유학에서 최고의 덕목인 인仁이 '사람 간의 사랑'(人+二)을 의미하는 것도 그러한 이유

---

1) 『論語』, 「微子」, "曰, 滔滔者天下皆是也, 而誰以易之. 且而與其從辟人之士也, 豈若從辟世之士哉. 耰而不輟. 子路行以告. 夫子憮然曰, 鳥獸不可與同群, 吾非斯人之徒與而誰與. 天下有道, 丘不與易也."

때문이다.

그러나 아무리 그렇다고 해도 생각이 다른 온갖 종류의 사람들이 이 기적 본성에 따라 움직이는 현실에서 도리를 실천하는 일은 결코 쉬운 일이 아니다. 좀도둑이나 사기꾼과 같은 파렴치범들이 일으키는 범죄는 오히려 사소한 것이라 할 수 있고, 인류의 역사에 끔찍한 피해를 초래한 경우는 정의를 앞세운 국가나 집단에 의한 범죄였다. 이러한 모순에 고민하던 선비들은 스스로 낙향의 길을 택해 은자가 되기도 했다.

『논어』에 나오는 증자의 말은, 세상을 이끌어 가는 선비의 입장이 얼마나 어려운 입장인지를 짧은 글귀 속에서 잘 표현하고 있다.

> "선비는 관대하면서도 강인하지 않으면 안 되니, 임무는 무겁고 길은 멀다. 인仁으로써 자신의 임무로 삼으니 또한 무겁지 아니한가? 죽은 이후에나 끝나니 또한 멀지 아니한가?"2)

욕망과 술수가 난무하는 세상에서 인仁을 실천하는 것을 임무로 삼고 그 임무는 죽은 다음에야 끝이 난다고 하니, 선비의 삶은 참으로 고단하고 수고롭다. 선비의 삶이 이처럼 고단할 수밖에 없는 것은 유학이라는 학문이 그 출발부터가 세속의 삶을 포기하지 않고 그 속에서 해법을 찾고자 했기 때문이다. 중국 근대의 학자 양계초梁啓超는 유학이 관학官學으로 되면서 학문적 순수성을 상실했다고 비판했지만, 유학이 동아시아에서

---

2) 『論語』, 「泰伯」, "曾子曰, 士不可以不弘毅, 任重而道遠. 仁以爲己任, 不亦重乎. 死而後已, 不亦遠乎."

국가사회의 주역이 될 수 있었던 것은 이처럼 세간적 의식이 분명했기 때문이다. 선비는 독서인(士)이면서 동시에 정치가(大夫)로서 국가사회를 이끌어 갔다.

일본의 유학자를 선비라 부르는 데 한계가 있는 것은 그들이 일본의 국가사회를 이끌어가는 중심이 아니었기 때문이다. 일본의 유학자들은 일반적으로 일주一主에 종속된 가신家臣의 성격이 컸기 때문에 선비정신을 여기에 관련시키는 것이 어색할 수도 있다. 반대로 선비가 조선에서 특히 부각이 된 것은, 군신君臣간의 관계에 있어서 중국보다 훨씬 강화된 위치에서 실질적으로 조선을 이끌어 갔던 중심 역할을 했기 때문이다.

3. 조선 선비정신의 형성

한국사에서 '선비'는 인품과 학식을 갖춘 사람을 지칭하는 말로서 비단 유학에만 한정되지 않고 유구한 역사를 가지고 있다.3) 그러나 현대 한국인들이 생각하는 이상적 인간상으로서의 선비의 성격은 대개 유학적 지식 배경과 관련된 것으로 보인다. 이러한 성격은 어떤 과정을 거치

---

3) 선비의 어원은 '선ᄫᅵ'에서 유래하는데, '선'은 몽고어의 '어질다'는 말인 'sait'의 변형인 'sain'과 연관되고, 'ᄫᅵ'는 몽고어 및 만주어에서 '지식이 있는 사람'을 뜻하는 '박시'의 변형인 'ᄫᅵ이'에서 온 말이라고 보는 견해가 있다.(한국민족문화대백과사전, 한국학중앙연구원); 단군은 우리나라 최초의 道家, 仙家, 仙人으로 이해되었으며 순수한 우리말로는 선비였다고 주장하고, 단군에서 시작된 민족종교를 선비문화로 규정하기도 한다. 한영우, 「선비문화의 역사적 진개와 미래」, 『한국문화』 45집, 규장각 한국학연구원, 2009.3, 100쪽.

면서 형성되었을까?

한국에서 유학적 선비의 성격은 대개 조선왕조 시대 사림士林 세력들이 왕도정치의 이상을 실현해 가는 과정에서 형성되었다고 볼 수 있다. 그들은 여말선초에 들어온 성리철학에 근거하여 훈구세력의 특권에 저항했을 뿐만 아니라 임금의 불법부당한 권력의 남용에도 반대하였다. 여기에는 엄청난 희생이 뒤따랐으니, 역사에서는 그것을 사화士禍라고 칭한다. 그들은 목숨을 건 투쟁을 통해 훈구세력의 특권을 극복하고 실질적으로 사림이 중심에 선 유교국가를 건설하였다. 그들이 역사적으로 평가 받는 것은 단지 정치권력의 쟁취를 목적으로 하지 않고 위민爲民을 핵심으로 하는 왕도정치 이념을 국가경영 철학으로 관철시켰다는 데 있다. 그들은 자신들의 주장이 개인적인 소신에서 나온 것이 아니라 학문적인 연원과 근거를 가지고 있음을 증명하기 위해 많은 노력을 기울였다.

정암靜庵 조광조趙光祖(1482~1519)는 중종 13년(1518) 4월 28일 석강에서 임금에게 다음과 같이 진언했다.

김굉필金宏弼 같은 사람은 비록 당시에는 크게 벼슬은 하지 못했으나 지금의 선비들 가운데는 그의 풍도를 듣고 선행을 하고자 하는 자가 또한 많으니, 이는 모두 굉필의 힘입니다. 사습士習의 원기元氣가 그에게 힘입어 보존됨이 이와 같습니다.[4]

---

4) 『왕조실록』, 중종 13년, 4월 28일, "光祖曰, 如金宏弼, 雖不顯仕於一時, 然今之士子聞其風, 而欲爲善者亦多, 此皆宏弼之力也. 其士習之元氣, 賴而猶存如此."

김종직金宗直은 처음 길재吉再에게 수업했으니, 길재는 곧 정몽주鄭夢周의 문인입니다. 그러니 종직이 유학에 전념한 것을 실로 그 연원이 있는 것입니다. 지금에 와서 조금이라도 선행을 할 줄 아는 자는 그의 문하에서 수업한 사람들입니다.[5]

위에서 조광조가 말하고자 한 요지는, 정몽주-길재-김종직-김굉필에게는 일관된 하나의 흐름이 있었는데, 그것은 그들로 인하여 세상에 선善을 행하는 기풍이 형성되었다는 것이다. 조광조를 비롯한 이른바 기묘명현들은 이러한 선비정신을 실천한 별도의 집단이 있다고 보아서, 그들 간에 전수된 학문을 조선 유학의 정통이라고 주장했다. 기묘명현들의 이러한 주장은 당시 사림 사회에서 공감대를 형성하면서 하나의 공론으로 자리잡아갔던 것으로 보인다.

중종 28년(1533) 6월18일, 홍문관 부제학 권예權輗가 다시 다음과 같은 상소를 올리면서 선비 세력을 나라를 이끌어가는 기준으로 삼을 것을 주장하였다.

나라에 선비가 있는 것은 사람에게 원기元氣가 있는 것과 같아서 원기가 왕성하면 지체支體가 비록 여위었어도 오히려 지탱할 수 있지만, 원기가 배양되지 않으면 안으로 장부에서부터 밖으로 사지四肢에 이르기까지 차례로 무너져 내리므로 자립할 수가 없는 것입니다. 임금으로서 미리 그 원기를 배양하여 왕성하게 하지 않을 수 있겠습니까?[6]

---

5) 上同, "金宗直初受業於吉再, 再卽鄭夢周之門人也. 宗直傳業淵源, 固有自矣, 在今稍知爲善者, 受業於其門者也."

그러나 현대 연구자들은 도통론에 바탕을 둔 이러한 주장에 대해 일정 부분 그들의 정치적 입장을 강화하고 정통성을 확립하기 위한 의노가 개입되어 있는 것으로 본다.[7] 특히 길재는 학문적으로는 정몽주보다는 목은 이색이나 양촌 권근과 더 밀접한 관련성이 인정되고, 정몽주-길재 간의 학문수수의 강도는 상대적으로 약하다고 보는 것이 일반적이다.

만약 이러한 비판적 견해가 타당하다고 한다면, 정몽주에서 조광조로 이어지는 기존의 조선유학의 정통론은 무의미한 것인가? 필자는 그것은 별개로 파악되어야 한다고 본다. 사림파이든 훈구파이든 모든 인간은 기본적으로 이기적 존재이고 자신의 입장에서 사고하고 행동하기 마련이다. 그리고 이점에서 어떤 연구자는 사림파와 훈구파의 가계와 학문이 근본적으로 다르지 않다고 주장하기도 했다.[8] 그러나 조선 유학의 정통론이 남긴 정신적 전통과 그 영향을 실로 큰 것이었다. 어느 시대이든 당대에 이루어야 할 시대적 과제가 있고, 그것을 달성했을 때 역사적 진보로 평가한다. 조선시대를 거치면서 이룩한 역사적 진보는, 사림파가 많은 희생을 치루면서도 특권층의 권력을 극복하고 유학적 왕도정치의 토대를 구축했으며 예의염치가 통하는 사회기풍을 형성한 것은 역사의

---

6) 『왕조실록』, 중종 28년, 6월18일, "國之有士, 猶人之有元氣. 元氣壯則支體雖羸, 猶可以支持, 苟失其養, 內自贓腑, 外達四肢, 次弟崩潰, 無以自立. 爲人君者, 可不預養, 以壯其氣乎."

7) 김영두, 「中宗代 文廟從祀 論議와 朝鮮 道統의 形成」, 『사학연구』 85, 한국사학회, 2007.

8) Edward W. Wagner, 「李朝 士林問題에 관한 再檢討」, 『전북사학』 4, 전북대 사학회, 1980.

진보로 평가하지 않을 수 없다. 조선시대의 정통론은 바로 이러한 진보를 달성하는 데 있어서 가장 강력한 무기이며 명분으로 작용했던 것이다. 이점에서 정통론이 갖는 시대적 의미를 인정하지 않을 수 없다. 또한 이렇게 볼 때, 최근 사실적 학문수수를 의미하는 '학통'과 하나의 도덕적 이념 내지 기준으로서의 '도통'을 별개로 평가해야 한다는 연구자들의 주장은 나름대로 의미가 있다고 하겠다. 그들은 도통이 전근대사회에 있어서 그 나름의 독특하면서도 중요한 의미를 가지고 있으며, 오히려 학통보다도 그 의미와 영향이 더 컸다고 말할 수 있다고 본다.[9]

조광조가 말한 선善을 행하는 기풍이란 무엇인가? 그것은 인륜을 중시하고 삼강오륜을 실천하며 권력 앞에서 비굴하지 않고 세속적 이익을 위하여 신조를 굽히지 않는 선비의 자세라고 할 수 있다. 이러한 자세는 유학에서 요구하는 선비의 본래 모습인 것이다. 그러나 조선전기의 왕권 교체와 왕위찬탈, 그리고 연이은 사화를 거치면서 이러한 신념은 보다 선명하고 강화된 형태로 발전하였다. 그 결과 한 마디로 '대의를 위하여 목숨을 버리는' 조선의 선비정신이 탄생한 것이다. 이렇게 볼 때, 국왕의 폭정과 같은 안으로부터의 불의에 저항하여 격렬하게 저항했던 선비들의 상소 운동이나 외적의 침입과 같은 밖으로부터의 불의에 저항했던 의병운동 및 독립운동도 선비정신의 연장선 위에서 설명할 수 있게 된다.

조선시대 선비정신에 대한 개념정의는 연구자마다 조금씩 차이가 있다. 금장태는 "전통사회의 선비는 그 사회의 정당성을 수호하는 양심이

9) 홍원식 외,『조선전기 도학파의 사상』, 계명대출판부, 2013, 37쪽.

요, 그 시대의 방향을 투시하는 지성이었으며, 모든 사람이 본받아야 할 인격의 모범이요 기준으로 인식되었다"10)고 보았다. 윤사순은 "고려 패망 직후 불사이군不事二君의 의리를 지키다가 죽임을 당한 '정몽주鄭夢周'와 '두문동杜門洞 72인', 수양대군의 왕위찬탈에 저항하다가 목숨을 잃은 '사육신死六臣' 등의 사례에 나타나듯이, 선비정신이란 곧 바른 원리·원칙인 의리義理를 철저히 실천한 의리정신"으로 정의했다.11) 이장희는 "선비가 그 정신을 제대로 발휘하려면 무엇보다도 '입지立志'가 선행되어야 한다. 선비의 뜻이 확고하면 정의를 위하여 두려울 것이 없고 공론을 그르칠 염려가 없다"12)고 했다. 대개 '입지立志', '의리義理', '도학道學' 등이 강조되고 있음을 알 수 있다. 양반이라고 해서 선비가 아님은 물론 글을 읽었다고 해서 모두가 선비가 아니라는 것이다. 의리의 실천에 뜻을 두고 도를 위하여 기꺼이 목숨을 버릴 수 있는 식견과 결단을 갖춘 사람이라야 비로소 선비라 할 수 있다.

지금까지 언급한 '선비', '선비정신'의 특징은 애초에 도가道家나 불가佛家와는 성격이 다른 유학이라는 학문에서 배태되었고, 조선왕조 초기와 중기의 독특한 역사적 배경 속에서 성장하였다면, 최종적으로 한국적 선비상을 완성시킨 것은 무엇이었을까? 넓게 보면 한국의 산수山水, 풍속風俗, 인심人心 등이 모두 직간접적으로 영향을 끼쳤겠지만, 가장 중요한

---

10) 금장태, 『한국의 선비와 선비정신』, 서울대출판부, 2001, 267쪽.
11) 윤사순, 「16세기 초 선비정신의 형성에 대하여」, 『오늘의 동양사상』 20집, 예문동양사상연구원, 2009.10, 176쪽.
12) 이장희, 「선비론」, 『철학과 현실』 48집, 철학문화연구소, 2001.3, 223쪽.

것은 조선 성리학의 학풍이라고 본다. 학문은 선비들의 본업이었기 때문에 어떤 요인보다도 그들에게 중요하게 작용했을 것이다. 그렇다면 우리가 궁극적으로 살펴보아야 할 것은, 조선 성리학의 학문적 특징과 그것이 조선 선비정신의 완성에 어떤 영향을 끼쳤는지의 문제이다.

4. 선비의 역할과 임무 : 퇴계의 관점을 중심으로

조선 전기를 거치면서 역사의 주역으로 등장한 선비는 단순히 글을 읽는 지식인이 아니라 시대의 방향을 제시하는 빛이며 나라의 정신적 건강성을 지탱하는 양심의 상징이었다. 그렇기에 선비들이 자신에게 맡겨진 시대적 소임을 다하기 위해서는 용기와 지조뿐만 아니라 학문적 깊이를 갖추지 않을 수 없었다. 왜냐하면 선비들이 공부했던 성리학은 단순히 지식 획득을 위한 기능적 학문이 아니라 리理를 터득하고 인仁을 실천하는 도학道學이었기 때문이다. 이러한 관계로 선비정신의 성장에는 학문적 요소가 결여될 수 없게 되는 것이다. 앞에서 조선 선비정신의 형성과 관련하여 조광조와 기묘명현을 언급했는데, 퇴계 이황은 일찍이 조광조에 대해 다음과 같이 인물평을 한 적이 있다.

조정암은 타고난 자질이 비록 아름다웠으나, 학문에 충실하지 못하여 시행한 것에 지나침이 있었기 때문에, 마침내 일에 패하고 말았다. 만일 학문에 충실하고 덕기德器가 이루어진 뒤에 세상에 나가서 세상일을 담당하였더라면, 그 이룬 바를 쉽게 헤아릴 수 없었을 것이다.[13]

사실 퇴계는 조광조를 비롯한 사림 세력들의 역사적 진보에 끼친 역할에 대해 높이 평가하는 입장이었다. "세상의 선비 된 자가 여전히 왕도를 높이고 패도를 천하게 여길 줄 알며, 정학을 숭상하고 이단을 배척하며, 정치하는 도리를 반드시 몸을 닦는 데 근본을 두어서, 쇄소응대灑掃應對에서부터 궁리진성窮理盡性에 이르기까지 점차 홍기 분발하여 성과를 내게되었으니, 이것이 누구의 공이며 누가 그렇게 하도록 만들었는가?"[14]라고 하여, 사림 세력의 투쟁은 길게 보면 성공한 것이며 조선의 역사를 진보시킨 것으로 평가했다. 임금에서부터 일반 백성에 이르기까지 조선이 전반적으로 도리가 있음을 알고 도리를 지향하는 사회가 된 것은 그들의 노력의 결과라는 것이다. 그가 조광조의 행장을 맡은 것도 기본적으로 기묘사림에 대한 그러한 평가를 내리고 있었기 때문이다.

그럼에도 불구하고 조광조에 대한 인물평은 기묘명현들의 한계가 바로 학문의 미성숙에 있다고 보는 퇴계의 생각을 보여준다. 이러한 평가는 단순히 그들의 학문 수준에 대한 평가에 그치는 것이 아니라 선비의 사회적 역할과 임무에 대한 퇴계의 생각을 보여준다는 점에서 의미가 있다. 퇴계가 기본적으로 김굉필-조광조 등 이른바 도통의 계열을 인정하는 것은 그들이 절의節義 · 장구章句 · 문사文詞가 아니라 사람이 사회를 이루고 살아가는 데 실질적으로 필요한 도리를 밝히는 학문, 즉 실학을 했다고 보았기 때문이다.

13) 『퇴계집』, 언행록, 권5, 유편, 논인물.
14) 『퇴계집』, 권48, 행장, 「정암조선생행장」.

대개 우리 동국의 선현들 중에 도학에 있어서는 비록 문왕과 같은 성군을 기다리지 않고도 흥기한 자가 있었으나 결국에는 절의節義·장구章句·문사文詞를 닦는 데 그쳤고, 오로지 위기지학에 힘쓰고 진실하게 실천하는 것으로써 학문의 근본을 삼은 이는 오직 한훤당이 있었을 뿐이다.[15]

퇴계는 이 말을 통해 김굉필의 학문적 정통성을 말했을 뿐만 아니라 선비가 힘써야 할 학문이 어떤 것이어야 하는가에 대해 말했다. 즉 '오로지 위기지학에 힘써'(專事爲己) '진실하게 실천하는 것'(眞實踐履)이야말로 진정한 선비의 학문이라는 것이다. 진실하게 실천한다는 말은, 단지 관념이나 문자의 유희에 그쳐서는 안 된다는 말이지만 나아가 선비의 현실참여를 인정한다는 의미로 해석할 수 있다. 이점에서 퇴계는 선비의 현실참여를 부정하지 않는다. 또한 그것은 유학의 '수기치인修己治人'의 정신에도 어긋나지 않는다.

그러나 현실참여에는 전제가 있다는 것이 퇴계의 확고한 생각이었다. 그것은 바로 위기지학爲己之學에서 깊은 수양을 쌓아 학문적 자립을 하는 일이다. 이것은 다른 차원의 문제이다. 흔히 위기지학이라고 하면, 남에게 보여주기 위한 학문이 아니라 자신을 위한 학문이라고 말한다. 그러나 자신을 위한 학문이란 과연 무엇인가? 그것은 여러 가지로 설명할 수 있겠지만, 간단히 말하면 결국 인간과 만물의 도리에 대한 올바른 깨달음을 얻는 것이다. 그러나 도리를 올바로 깨닫는다는 것이 과연 쉬

---

15) 上同, "蓋我東國先正之於道學, 雖有不待文王而興者, 然其歸終在於節義章句文詞之間, 求其專事爲己·眞實踐履爲學者, 惟寒暄爲然."

운 일인가? 역사의 진보에 끼친 조광조 일파의 큰 공헌에도 불구하고, 그에게 부족했던 것은 학문의 깊이였다고 하는 말에서 그 어려움을 잘 나타내고 있다.

그렇다면 퇴계가 생각한 선비의 역할과 임무는 어떤 것일까? 이 물음에 대해 퇴계의 언급을 종합해 보면 아래의 인용문으로 정리되지 않을까 생각한다.

> 무릇 공자·맹자·정자·주자의 덕과 재주는 왕도를 일으키기가 손바닥 뒤집는 것처럼 뛰어난 것이었지만, 끝내 성취한 것은 입언수후立言垂後에 지나지 않았다.…… 무릇 이와 같을진댄, 선비가 때를 만나 (그것을) 실행에 옮길 수 있으면 또한 좋고 실행하지 못해도 또한 무방한 것이다. 유학의 도道와 인간 세상을 위해 약속할 수 있는 것은 입언수후立言垂後 한 가지가 있을 뿐이다.16)

한 마디로 '입언수후立言垂後', 즉 교훈을 세워 후세에 전한다는 말이 핵심이다. 선비가 현실적으로 할 수 있는 것은 위기지학에 전념하여 깨달음에 바탕을 둔 이론을 정립하고 그것을 후세에 전파하는 일이라는 의미이다. 퇴계가 쓴 조정암 행장에는 입언수후立言垂後라는 같은 말이 3회나 연이어 등장하는데, 문장 작법이라는 측면에서도 어색한 이러한 거듭된 강조는 그가 얼마나 이 말에 무게를 두었는지 짐작할 수 있다.

---

16) 上同, "夫以孔孟程朱之德之才, 用之而興王道, 猶反手也, 而其終之所就, 不過曰立言垂後而止耳.…… 夫如是, 則其遇於一時者, 行亦可也, 不行亦可也. 所恃以爲斯道斯人地者, 有立言垂後一段事爾."

퇴계가 50세 무렵 관직을 포기하고 귀향하기로 결심했을 때는 이러한 판단이 확고하게 자리를 잡았을 것이다. 이러한 시각에서 보면, 퇴계의 50대 이후의 생애는 대개 입언수후立言垂後를 위한 삶이었던 것으로 보인다. 퇴계의 대표적인 저술과 학문적인 논변이 거의 이 시기에 이루어졌기 때문이다.

퇴계의 학문과 언론이 16세기 이래 오늘날까지 인구에 회자되고 감동을 주는 것은, 기본적으로 그가 자신만의 학설을 세우기 위해서 학문을 한 것이 아니라 입언수후立言垂後의 정신으로 학문을 연구했기 때문이 아닐까?

퇴계의 제자인 학봉 김성일은, "평이하고 명백한 것은 선생의 학문이고, 정대正大하고 광명光明한 것은 선생의 도道이며, 바람처럼 훈훈하고 구름처럼 상서로운 것은 선생의 덕德이고, 거친 옷감(布帛)이나 날마다 먹는 곡식(菽粟)처럼 평범하면서도 절실한 것은 선생의 문장이다. 마음은 맑고 탁 트이어 가을달이나 얼음 항아리와 같았으며, 기상은 따뜻하고 순수하여 정련된 금이나 아름다운 옥과 같았다. 묵중하기는 산악과 같았으며, 깊고 고요하기는 샘과 같았다. 바라보기만 해도 곧 덕을 이룬 군자임을 알 수가 있었다"[17) 하였다. 이 말은 퇴계의 학문과 인품을 묘사한 수많은 글 가운데 가히 압권이라 할 수 있다.

또한 고봉 기대승은 "선생의 논저는 반복 궁구한 결과 넉넉하고 여유

---

17) 『鶴峯集續集』, 卷五, 雜著, 退溪先生言行錄, "平易明白, 先生之學也, 正大光明, 先生之道也, 和風慶雲, 先生之德也. 布帛菽粟, 先生之文也. 襟懷洞徹, 如秋月氷壺, 氣象溫粹, 如精金美玉. 凝重如山嶽, 靜深如淵泉. 望之可知其爲成德君子."

가 있으며 밝게 빛나면서 우뚝하여 한결같이 정론에서 나온 것들이다. 공자·맹자·정자·주자의 말에 비추어 보아도 합치되지 않는 것이 서의 없으며, 또한 천지에 세워도 어긋나지 않고 귀신에게 물어도 의심할 바 없다 하겠으니, 아! 지극하도다"[18]라고 칭송하였다. 실제로 퇴계는 고봉과의 사칠논변에서 많은 부분을 수용하여 자신의 이론을 수정하는 수용적 자세를 보여주었다. 이점은 학자로서 고봉의 뛰어난 자질을 반영하기도 하지만, 한편으로 퇴계가 학술 토론에 임하는 자세가 결코 한 번 제시한 자기 생각의 정당성을 주장하는 것이 아니라 후세를 위해 선한 교훈을 남긴다는 입언수후立言垂後의 자세로 임했기 때문이다.

조선후기 실학자인 순암 안정복은 "공자·맹자의 말은 왕조의 법령과 같고, 정자·주자의 말은 엄한 스승의 꾸지람과 같고, 퇴계의 말은 자애로운 아버지의 훈계와 같다"[19] 하였다. 퇴계의 학문이 그저 머리와 입에서 나온 '학설'에 지나지 않았다면 결코 후세 학자들에게 이 같은 감명을 주지는 못했을 것이다. 이러한 평가에 나타나는 퇴계의 모습이 본인이 평소 강조해 마지않았던 위기지학이 완성된 선비의 모습인지는 말하기 어려우나 퇴계가 지향하던 선비의 모습이 구체적 현실로 나타났을 때의 모습을 잘 보여주고 있다. 아울러 오늘날 퇴계학에 대한 일반인들의 폭넓은 관심은 이러한 선비상에 대한 암묵적 지지가 아닐까 생각된다.

18) 『高峯集』, 卷三, 碑銘, 退溪先生墓碣銘, "其所論著, 反覆紆餘, 光明俊偉, 粹然一出於正. 揆諸孔孟程朱之言, 其不合者寡矣, 亦可謂建諸天地而不悖, 質諸鬼神而無疑也, 嗚呼至哉."
19) 『順菴集』, 卷十八, 序, 李子粹語序 癸酉, "不佞嘗聞之曰, 孔孟之言, 如王朝之法令, 程朱之言, 如嚴師之勅勵, 退溪之言, 如慈父之訓戒."

5. 퇴계의 선비 공부론

입언수후立言垂後의 정신에 입각하여 학문을 연구한 선비의 모습은
어떤 것일까? 이 물음에 올바로 답변하기 위해서는 선비정신의 관점에서
각종 성리학설에 대한 치밀한 분석이 우선 이루어져야 할 것이다. 지금
으로서 간단히 답하기는 어렵지만, 퇴계는 선비가 위기지학을 성취했을
때의 모습을 숲 속에 홀로 피어 있는 난초에 비유하여 표현한 적이 있다.

군자의 학문은 위기지학일 따름이다. 위기지학이란 장경부[20]의 이른바 '의
도함이 없이도 그렇게 되는 것'이니, 우거진 숲 속에 있는 난초가 온종일
향기를 피우지만 스스로는 그 향기로움을 모르는 것과 같은 것이다. 이것
이 군자의 위기지학이라는 뜻에 꼭 맞는 경우이니, 마땅히 깊이 깨달아야
할 것이다.[21]

이러한 경지는 인간과 사물에 대한 깊은 성찰과 수양 위에서 도달할
수 있는 단계로서, 도리를 당연한 여기고 덕행을 자연스럽게 행하게 되었
을 때 가능하게 된다. 마치 난초가 향기를 뿜지만 스스로는 의식하지
못하는 것처럼, 도덕적 실천 자체를 목적이나 의도가 있어서가 아니라

---

20) 張敬夫, 중국 남송의 학자 張栻. 호는 南軒, 敬夫는 字.
21) 『艮齋集』, 卷五, 溪山記善錄上 記退陶老先生言行, "先生曰, 君子之學, 爲己而已. 所
謂爲己者, 卽張敬夫所謂無所爲而然也. 如深山茂林之中, 有一蘭草, 終日薰香, 而不
自知其爲香, 正合於君子爲己之義, 宜深體之."

자연스러운 일상으로서 행하게 되는 단계인 것이다. 심지어 대중의 이익이나 타인을 위한다는 '이타적 의식마저도 없이' 도덕 행위를 할 수 있는 경지를 말하고 있다. 일반적인 세속인으로서 접근하기가 매우 어려운 경지이지만, 퇴계가 생각한 선비의 궁극적 모습이 아닐까 여겨진다. 이러한 경지에 이르면 선비는 굳이 정치 현장에 나아가 쟁론을 하지 않더라도 존재 그 자체만으로도 세상에 선한 영향을 끼치게 되는 것이다.

그렇다면 퇴계가 이러한 위기지학을 달성하기 위해 제시한 구체적인 공부방법론은 무엇인가? 퇴계는 이치(理)를 아는 데는 두 가지 경로가 있다고 했다. 그것은 바로 일상적 실천을 통해 선한 본성을 함양하는 『소학』 공부와 사물에서 직접 이치를 인식하는 『대학』 공부이다. 그는 『성학십도』에서 「소학도」를 제3도에 배치하고 「대학도」를 제4도에 배치하면서, 이 문제에 대한 명확한 자기 입장을 밝혔다.

우선 『소학』의 공부 방법과 『대학』의 공부 방법에 대한 기존의 학설을 확인해 보자. 주희는 『소학』의 공부 방법을 논하는 곳에서는 실천이 우선되어야 한다는 점을 강조하고 있다. 그는 「소학제사小學題辭」에서 "『소학』의 방법은, 물 뿌리고 마당 쓸고 어른이 부르면 응답하며 집에 들어가서는 효도하고 밖에 나가서는 공경하여 모든 행동에 거스름이 없이 하는 것이다. 그런 뒤에 '여력이 있으면' 시를 외고 글을 읽으며 노래도 부르고 춤도 추되, '생각이 과도하지 않아야 한다"[22]라고 했다. 여력

---

22) 『退溪集』, 卷七, 箚, 進聖學十圖箚 幷圖, 第三小學圖, "小學之方, 灑掃應對, 入孝出恭, 動罔或悖, 行有餘力, 誦詩讀書, 詠歌舞蹈, 思罔或逾."

이 있으면 시를 외고 글을 읽으라는 말과 생각이 과도하지 않아야 한다는 말에서, 『소학』의 단계에서는 복잡한 이론보다는 실천이 더 훌륭한 공부가 된다는 것을 확인할 수 있다.

그러나 이와 같은 『소학』의 실천 우선주의는 『대학』의 공부 방법과 일견 모순을 빚고 있는 것처럼 보인다. 『대학』 수장에는 "옛날에 명덕을 천하에 밝히려고 하는 자는 먼저 그 나라를 다스렸고, 그 나라를 다스리려고 하는 자는 먼저 그 집을 정돈하였으며, 그 집을 정돈하려고 하는 자는 먼저 그 몸을 닦았다. 또 그 몸을 닦으려고 하는 자는 먼저 그 마음을 바르게 하였고, 그 마음을 바르게 하려고 하는 자는 먼저 그 뜻을 성실하게 하였고, 그 '뜻을 성실하게 하려고 하는 자는 먼저 앎을 지극하게 하였으니', 앎을 지극하게 하는 것은 사물의 이치를 연구하는 데 있는 것이다. 사물의 이치가 연구된 뒤에야 앎이 지극해지고, '앎이 지극해진 뒤에야 뜻이 성실해지고', 뜻이 성실해진 뒤에야 마음이 바르게 되며, 마음이 바르게 된 뒤에야 몸이 닦여지고, 몸이 닦여진 뒤에야 집이 정돈되고, 집이 정돈된 뒤에야 나라가 다스려지며, 나라가 다스려진 뒤에야 천하가 화평하게 된다"[23]라고 하여, 지적 성취를 출발점에 두었다.

『대학』 8조목에서 격물·치지를 앎(知)에 속하는 것으로 보고, 성의·정심·수신·제가·치국·평천하를 실천(行)에 속하는 것으로 본다

---

23) 『退溪集』, 卷七, 箚, 進聖學十圖箚 幷圖, 第四大學圖, "古之欲明明德於天下者, 先治其國, 欲治其國者, 先齊其家, 欲齊其家者, 先修其身, 欲修其身者, 先正其心, 欲正其心者, 先誠其意, 欲誠其意者, 先致其知, 致知在格物. 物格而后知至, 知至而后意誠, 意誠而后心正, 心正而后身修, 身修而后家齊, 家齊而后國治, 國治而后天下平."

면, 먼저 앎이 이루어지고 나서 실천이 있게 된다는 논리이다. 이것은 옛말 그대로 알아야 면장을 한다는 것이다.

주희는 『소학』에서는 실천을 통해서 학문의 바탕을 쌓을 수 있다고 하여 실천을 주문하였고, 『대학』에서는 먼저 알아야 실천도 할 수 있다고 하면서 지식을 쌓을 것을 주문하고 있다. 『소학』과 『대학』은 모두 한 사람이 공부해야 한다고 보면, 이것은 참으로 난감한 일이다. 퇴계선생은 이러한 모순적 관계에 문제가 있다는 점을 인식하고 다음과 같이 재정리했다. 그는 같은 주희의 말이지만, 『대학혹문大學或問』이라는 책을 인용하여 다음과 같이 말했다. 전통시대 유학자들은 타인의 말을 빌어와서 자신의 주장을 하는 것이 일반화되어 있었다.

> 학문의 대소는 실로 같지 아니하나 그 도는 하나일 뿐이다. 그러므로 어릴 적에 『소학』을 익히지 아니하면 방심放心을 거두고 덕성을 길러서 『대학』의 기본을 삼을 수가 없고, 성장하여 『대학』에 나아가지 아니하면 의리를 살펴 사업에 적용하여 『소학』의 성공을 거둘 수 없을 것이다.[24]

먼저 『소학』과 『대학』이 추구하는 학문적 목표는 하나임을 분명히 했다. 그리고 『소학』의 실천 공부는 흩어져 있는 마음을 수렴하고 내면의 덕성을 길러서 장차 『대학』 공부를 하기 위한 심적 바탕을 쌓는 것이고, 『대학』에서 격물을 통해 이치를 밝히고 그것을 사업에 적용함으로써

---

24) 同書, 第三小學圖, "學之大小, 固有不同, 然其爲道則一而已. 是以, 方其幼也, 不習之於小學, 則無以收其放心, 養其德性, 而爲大學之基本. 及其長也, 不進之於大學, 則無以察夫義理, 措諸事業, 而收小學之成功."

『소학』에서 쌓은 바탕이 완성 된다는 것이다. 이러한 원리를 집짓는 데 비유하면 『소학』은 집터를 고르는 것이고 『대학』은 그 기초 위에 아름다운 집을 쌓아올리는 것이다. 기초를 튼튼히 쌓지 않으면 온전한 한 인간으로 성장하기 어렵고, 기초만 쌓다가 그 완성을 보지 못한다면 그 사람의 존재가치를 찾기는 어려울 것이다. 퇴계선생은 1568년(선조 1)에 갓 등극한 춘추 17세의 어린 선조 임금에게도 이점을 강조했다.

> 비록 『소학』을 어린아이가 배우는 학문이라고 하지만, 『대학』에 들어간 뒤에도 이것을 버리고 오로지 『대학』에만 전념해서는 안 됩니다. 그래서 성인聖人의 학문은 처음과 끝을 이루어야 한다고 하는 것입니다. 『소학』은 처음을 이루는 것이고 『대학』은 끝을 이루는 것입니다. 이것을 집짓는 데 비유하면, 『소학』은 그 터를 닦고 재목을 준비하는 것이요, 『대학』은 큰 집 천만 칸을 그 터에 짓는 것입니다. 그 터만 닦고 집을 짓지 않으면 이것은 마무리가 없는 것이요, 또 큰 집 천만 칸을 지으려고 하면서 그 터를 닦지 않으면 또한 집을 지을 수 없을 것입니다.25)

『소학』 공부를 건너뛰고 『대학』 공부만 한 사람은 판단력은 비상하지만 위태로우며 오만하고 겸손을 모른다. 이런 사람은 똑똑하기는 하지만 사회를 위하여 긍정적인 역할을 할 가능성은 낮다. 그러나 반대로 『소학』 공부만 하고 『대학』 공부를 하지 않은 경우도 생각해 볼 수 있다.

---

25) 『退溪言行錄』, 卷一, 類編, 讀書, "小學雖釋之以小子之學, 入大學後, 亦不可舍此而專事大學也. 故曰聖學之所以成始成終, 小學所以成始, 大學所以成終也. 以作室比之, 小學則如修正基址而備其材木也, 大學則如大廈千萬間結構於基址也. 修正基址而不構其室, 則是無終也, 欲構大廈千萬間而不修基址, 則亦不能構矣."

이런 사람은 됨됨이가 진실하고 이타적이지만 발전에는 한계가 있다. 이런 사람은 어떤 사람일까? 가령 『논어』에 나오는 "바탕이 문식을 압도하면 비루하고, 문식이 바탕을 압도하면 빼질거린다"[26]라는 말에서 바탕이 문식을 압도하여 비루해진 사람이 이런 사람이 아닐까?

물론 양자를 겸비하는 것이 최선이지만 만약 한쪽을 포기해야 한다면, 『소학』 공부와 『대학』 공부 가운데 어느 쪽이 더 시급할까? 현대사회는 효율과 능력을 중시하는 경향이 있어, 똑똑한 한 사람이 수백만 명의 어리석은 사람을 먹여 살린다는 말도 있다. 그러나 전통사회에서는 한쪽을 포기해야 한다면, 『대학』을 포기하더라도 『소학』은 끝내 포기하지 않았다. 그것은 사람의 기본 됨됨이를 무엇보다 중시했기 때문이다. 가령 조선중기의 저명한 유학자 김굉필(1454~1504) 같은 사람은 스스로 소학동자로 자처했다. 김굉필 같은 인물이 소학동자로 자처했다고 했다고 해서 『대학』을 소홀히 하지는 않았겠지만 그만큼 『소학』을 중시했다는 얘기다. 그러나 스스로를 대학동자로 자처한 사람은 역사상 없었다.

퇴계는 『성학십도』에서, 『소학』과 『대학』은 서로 연결되어 있으니 양자는 하나이면서 둘이요 둘이면서 하나라고 했다. 『소학』과 『대학』을 모순관계가 아닌 연결관계로 간주했다. 두 가지가 서로가 서로에게 반드시 갖추어져야 본래 기능을 수행하는 관계를 철학에서는 대대(待對) 관계라고 하는데, 『소학』과 『대학』이 바로 이러한 관계인 것이다. 그러나 양자가 대대관계에 있다고 해도 저절로 그 목적이 달성되는 것은 아니고

---

26) 『論語』, 「雍也」, "子曰, 質勝文則野, 文勝質則史. 文質彬彬, 然後君子."

그렇게 되도록 노력을 해야 하는데, 그 노력이 바로 경敬이라고 했다. 『소학』을 공부하는 자가 경을 행하지 아니하면 진실로 본원을 함양하여 물 뿌리고 쓸고 응답하며 진퇴하는 절차와 육예六藝의 가르침을 삼가지 못할 것이요, 『대학』을 공부하는 자가 경을 행하지 아니하면 총명을 개발하고 덕을 진보시키며 학업을 익혀서 명덕과 신민의 공을 이룰 수 없을 것이다. 경은 바로 『소학』과 『대학』의 대대관계를 완성시키는 마음 공부이다.

6. 결론

조선시대 유학자들의 선비정신이 오늘날에도 주목받는 이유는, 전통 사회에서 그들이 보여준 남다른 책임의식과 시대를 뛰어넘는 노블레스 오블리쥬 때문이 아닐까 생각한다. 그들이 이러한 정신을 갖게 된 것은, 유가 학파가 출발부터 도가나 불가와 달리 세속적 인간사회를 중시하고 그 안에서 함께 조화롭게 살아가는 방법을 모색하는 것을 학문적 목표로 설정하고 스스로 그 주역으로 자처했기 때문이다.

한국에서 특별히 선비정신이 부각된 것은, 조선을 건국한 이후 유교적 왕도정치론으로 무장한 성리학자들이 훈구귀족 등 특권계층과의 지난한 투쟁을 통해 왕도정치론을 국가 통치이념으로 확립함으로써 유교의 발상지인 중국을 포함한 동아시아 어느 나라보다도 유학자 사대부가 주도하는 文民국가를 건설했기 때문이다. 그리고 그 과정에서 그들이 자신들의 주장을 관철시키기 위한 수단으로 동원한 것이, 무력이나 세력이 아니라 욕망을 억제하고 무지를 깨우침으로써 보다 차원 높은 국가경영이 가능하다고 하는 도덕적, 지적 설득과 실천이었다는 점이 중요하다. 무엇보다 중요한 것은, 그러한 주장을 하는 유학자들 스스로가 겸손과 절제의 삶을 통해 가치지향적 삶의 가능성과 비전을 보여줌으로써 군주와 일반 백성, 심지어 정적政敵까지 포괄하는 보편적 동의를 이끌어냈다는 점이다. 이러한 배경에서, 조선시대에는 유학적 이념을 바탕으로 가치지향적 삶을 살았던 지식인들을 선비로 지칭하여 조선 사회가 나아가야 할 가치의 구심점으로 삼았으며, 심지어 '선비는 국가의 원기元氣'라는 말이 보편적으로 통하게 되었다.

그러나 선비들이 추구했던 궁극적 목표는 한 가지였다고 해도 그들의 정치적 의사의 표현 양식은 일정치 않았으며, 심지어 서로 충돌하기도 했다. 그것은 그들의 학문이 달랐기 때문이라기보다는 그들이 세상을 이해하는 시각이 달랐기 때문이다.

퇴계는 학문을 하는 선비가 일차적으로 해야 할 일은 입언수후立言垂後에 있다고 보았다. 위기지학에 전념하여 깨달음에 바탕을 둔 이론을 정립하고 그것을 후세에 전파하는 것이다. 그러나 사회적 실천에 남다른 의미를 부여했던 남명 조식에 있어서의 선비정신[27]이나 국가위란의 시기에서 의암 유인석이 제시한 처변삼사處變三事에 나타난 선비정신[28] 등

---

27) 曹植, 『南冥集』, 卷二, 疏類, 乙卯辭職疏.
28) 柳麟錫, 『毅菴集』, 卷二十四, 書, 答湖西諸公(尹錫鳳・趙龜元・柳浩根・趙璐淳・趙琮淳・沈宜悳・李冕植. ○丁酉七月)

은 입언수후立言垂後라는 말로 다 포괄할 수 없을 것이다. 그러나 학문을 본업으로 하는 학자의 입장에서, 선비가 이 세상을 위해 무엇을 할 수 있을 것인가를 묻는다면, 퇴계는 입언수후立言垂後는 선비 본래의 사명에 충실한 자세로 볼 수도 있겠다. 보는 관점에 따라 다르게 평가할 수도 있겠으나, 퇴계는 실제로 그러한 취지에서 입언수후立言垂後야말로 선비의 책무라고 보았다.

필자는 퇴계의 이러한 선비관이 조선시대를 거쳐 현대에 이르기까지 한국의 선비 상像 정립에 일정한 영향을 끼쳤다고 본다. 아울러 경북을 선비의 고장으로 지칭하는 데 대개 동의하는 것도, 이점에서 국민적 공감대가 형성되어 있기 때문이 아닐까 생각한다.

또한 이러한 토대 위에서 형성된 퇴계철학은 추후 조선 성리학의 전개에도 영향을 끼쳤다. 조선 후기 성리학자들이 일관되게 추구했던 학문 연구의 주제는, 인간이 어떻게 도덕적 실천을 할 수 있을 것인가, 공적 가치를 어떻게 정립하고 실천할 것인가 등 현대사회에서도 여전히 효용성을 갖고 있는 문제들이었다. 그들이 치열하게 전개했던 무극태극논변, 사단칠정논변, 인심도심논변, 인물성동이논변 등은 일부에서는 그 지나친 사변성과 관념성으로 인하여 비판의 대상기 되기도 하지만, 이 논변들은 본질적으로 도덕적 가치의 정립과 실천에 관한 문제이다. 또한 이러한 논의가 진행되고 있었다는 것은 그만큼 조선 성리학이 독자적으로 발전하고 있었다는 증거이기도 하다.

다만 17세기에 접어들면서 당쟁이 격화되고 당파간의 정치적 이해관계 속에서 당론과 학론이 뒤섞이면서 이른바 탈성리학적 움직임이 등장하게 되고 이른바 실학사상이 나타났다. 실학에 대한 기존 연구는 거의 실학이 갖는 탈성리학 내지 반성리학적 속성에 관한 것이었다. 그러나 근자에 와서 실학을 주자학의 연장선상에서 볼 것인가 아니면 주자학에 반하는 새로운 학문체계로 볼 것인가의 논란은 꾸준히 계속되었다. 오늘날 연구자들은 초기 연구자들과는 달리 실학자들이 실용적 가치만을 추구한 것이 아니라 이전부터 중시해 온 도덕적 가치를 여전히 철학적 사고의 출발점으로 삼았음을 인정하고 있다. 조선의 실학은 인간의 도덕적 각성과 실천을 일관되게 요구하고 있었다는 점에서 성리학과의 연속성 위에 있었다. 공동체의 구성원이 서로 사랑하고 인(仁)을 실현하는 것도 인간의 주체적 실천과 수양에 의존할 수밖에 없다는 점에서도 같은 입장이었다. 이처럼 수양론과 심성론을 중시하는 경향은 성리학과 실학을 뛰어넘어 조선 유학에서 하나의 흐름을 이루었다.[29]

조선유학사에서 이처럼 도덕적 가치의 실현 문제가 일관되게 중심주제로서 다루어져 온 것은, 그것이 무엇보다 조선 유학계의 주역인 선비들의 학문적 관심사였기 때문이다. 이러한 학문 경향이 양명학이나 불학등을 이단으로 치부함으로써 다양한 학문의 발전을 저해하는 측면도 있었지만, 소박하고 자족적인 삶, 외부의 유혹이나 억압에 굴하지 않는 소신 있는 삶의 자세로 나타났다. 정치적으로는 왕권에 대한 과감한 도전과 직언, 외세의 부당한 침략이나 도전에 대해서는 과감한 저항으로 자신

---

29) 안영상, 「성호학파의 성리학과 탈성리학의 갈등」, 『한국유학사상대계』 III, 한국국학진흥원, 2005, 89~96쪽.

의 신념을 지켰다. 이러한 선비정신은 조선왕조를 5백여 년간 유지하였고 오늘날 한국이 급속한 경제 발전에도 불구하고 비교적 도덕적 경각심이 높은 국가로 남아있게 하였다.

오늘날 한국사회의 시급한 과제는 '가치지향적 삶'을 회복하는 것이다. 가치지향적 삶이란 우리 모두의 삶의 터전인 환경을 생각하고 타자를 배려하면서 기본적인 예의염치를 지키면서 살아가는 삶의 방식으로서 한 마디로 공동체 의식이라 할 수 있다. 미국의 정치학자 마이클 샌델이 쓴 『정의란 무엇인가』라는 책이 최근 한국에서 베스트셀러가 된 적이 있다. 혹자는 그 이유에 대해, 한국사회가 그만큼 정의에 대해 고민하고 있음을 보여준 사례라고 말하기도 한다. 이러한 때에 옛 선비들은 자신의 정의론을 어떤 방식으로 표출했는지 생각해 보는 것도 정의로운 사회를 만드는 데 많은 시사를 얻을 수 있을 것으로 생각한다.

상소의 창으로 본 선비와 선비정신

정재훈

(경북대 사학과)

1. 상소란 무엇인가?
2. 누가 상소하는가?
3. 무엇 때문에 상소하는가?
4. 상소가 가능했던 조선사회

1. 상소란 무엇인가?

상소上疏는 전통시대 신하가 왕에게 글로서 자신의 뜻을 전하는 것을 말한다. 왕에게 올리는 각종의 글을 총칭하여 상주문上奏文이라고 하는데, 종류에 따라 명칭이 달랐다. 상소는 상주문 중에서도 간언諫言이나 의견, 진정을 전달하는 글을 말한다. 짧은 상소를 차자箚子라고 하는데, 둘을 합해 소차疏箚라고 한다. 그밖에 봉장封章·주소奏疏·진소陳疏·소장疏章·장소章疏 등의 여러 명칭이 있다. 계啓와 장계狀啓는 관리들이 올리는 보고서인데, 이것들도 때에 따라서는 상소의 역할을 한다.

상소 방법에 따라서도 여러 가지 명칭이 있다. 봉사封事·봉장封章은 왕 이외에 다른 사람이 보지 못하도록 밀봉하여 올리는 상소로서, 중국 한漢나라 때 검은 천으로 만든 자루에 넣어 올리게 한 데서 비롯되었다고 한다. 이는 아무나 올릴 수 있는 것은 아니었다. 왕이 구언교求言教를 내렸을 때도 전함관前銜官까지만 밀봉하여 올릴 수 있었다.

상서上書는 조신朝臣이 동궁東宮에 올리는 문서를 말한다. 만언소萬言疏는 만언이나 되는 상소란 뜻으로 장문의 상소를 말한다. 응지상소應旨上疏는 왕의 구언교에 응하여 올리는 상소이다. 전통적으로 국가에 재난이 있을 때 구언求言하는 하교下敎를 내려 시정時政의 득실을 논하게 하는 것이 유교정치의 근본이었다. 때때로 주제를 정하여 구언하기도 했다.

상언上言이란 용어도 있는데, 일반적인 의미로도 쓰이지만 문서를 지칭할 때는 사인私人이 왕에게 올리는 문서로 서식이 상소와 다르다. 현존하는 것은 효자·충신·열녀의 정표旌表나 증직贈職을 청원한 것이 많다. 관원이나 유생, 특정 계층이나 특정 지역의 군인, 지역민 등이 집단적으로, 또는 연명으로 하는 상소도 있는데, 여러 관청이 합해서 하는 상소를 합사合辭, 유생들의 집단상소를 유소儒疏라고 했다.

시정時政에 대한 비판을 자주 했던 성균관 유생들은 아예 상소를 작성하는 장소인 소청疏廳을 설립해 운영했는데, 소청의 경비를 지방수령에게 징수하기도 했다. 이런 연명상소에서 첫머리에 이름을 적은 자를 소두疏頭·소수疏首라고 했다.

연명상소의 가장 발달한 형태가 만인소萬人疏이다. 만인소는 특정 당파나 지방 유림이 서원조직까지 동원해 한 지역의 공론을 유도할 때 많이 이용되었는데, 정치적·사회적으로 큰 영향을 끼쳤다. 복합伏閤은 상소자가 직접 합문閤門(왕이 평소에 거처하는 편전의 앞문) 밖에 엎드려 상소의 내용이 받아들여지기를 청하는 것으로 연좌시위를 겸한 것인데, 소유복합疏儒伏閤이라고도 했다. 만인소를 갖고 상경한 유생들은 응답이 있을 때까지 복합하는 것이 상례였다. 죽음을 각오했다는 결의를 보이기 위해 도끼를 메고 복합하거나 관을 두고 복합하기도 했다. 조선 후기에는 복합이 3일이 지나면 승정원에서 왕에게 보고한 후 타일러 해산시키도록 규정했다.

상소는 중요한 언로言路의 하나로 문무백관에서 평민에 이르기까지 폭넓게 운영되었다. 그러나 상소는 나름대로 엄격한 규칙과 절차가 있었다. 익명서는 접수하지 않았으며 왕의 행차에 함부로 뛰어들어 직접 말이나 글로 상언上言하는 것을 원칙적으로는 금지했다. 다만 왕이 행차할 때는 상언별감을 두고 공식적으로 지역민의 상언을 접수하는 일은 많았다. 또 격쟁擊錚이라고 하여 왕의 행렬 근처에서 징錚을 쳐서 자신을 알린 후, 왕의 허락을 받아 상소하는 방식이 있다. 이때의 문서를 원정原情이라고 한다. 이것도 후기에는 서식이 규정될 정도로 제도화되었다.

상소는 승정원을 경유하여 왕에게 전달되고, 왕의 비답批答도 승정원을 통해 하달되었다. 상소와 장계는 공방工房 승지가 관장했다. 승정원에서는 먼저 규격, 문장의 법식, 오자, 성명오기 등을 심사했다. 서식과 규격, 전달방식, 처리방식도 상소자의 수준과 상소의 종류에 따라 차별적으로 규정되어 있었다.

이런 내용은 시대에 따라 조금씩 바뀌었다. 조선 후기의 격식은 〈전율통보典律通補〉·〈은대조례銀臺條例〉·〈육전조례六典條例〉·〈소차집요

疏箚輯要) 등의 자료에 나타나 있다. 왕손·대신이나 산림山林의 소차는 특별한 대접을 받았으며, 격식에 어긋난 상소는 상소지를 추핵推覈하게 했다. 일단 승정원에 들어온 상소는 왕에게 보고한 후가 아니면 밖으로 나갈 수 없는데, 3일 간 비답이 없으면 승지가 처리했다. 상소의 내용은 연대기와 문집에서 많이 볼 수 있는데, 실록 등의 연대기에는 내용을 축약, 삭제하거나 일부만 전재한 것이 많다. 문집에는 의례적인 사직소辭職疏가 많다. 자료적 가치가 높은 것으로 평가받는 공거문公車文은 각종 상소를 시기별·주제별로 모아 엮은 책으로 영·정조시대부터 편찬했다. 특히 영·정조대에 이런 노력이 활발했는데, 여러 종류의 〈공거문〉이 편찬되어 현재 전하고 있다.

상소문의 서식은 『전율통보典律通補』에서 볼 수 있으며, 피봉에는 '上前開坼(상전개탁), 합금合襟하는 곳에는 '臣署名謹封(신서명근봉)'이라 쓰고, 연폭連幅한 뒷면에는 '臣署名(신서명)'이라 표시하여, 종이를 이어붙인 것임을 명백히 하고 있다. 상소문의 서식을 간략히 한 문서를 차자箚子라고 한다.

2. 누가 상소하는가?

상소는 대체적으로 전통시대에 모든 사람에게 열려 있었다. 그러나 상소는 상소문을 작성할 수 있는 능력이 있어야 하고, 그에 대한 식견이 어느 정도 있는 사람이 할 수 있었기에 대체로 지식층에서 이를 행하였다. 따라서 상소는 관료나 유생儒生 등이 주로 하였다.

상소는 고려시대부터 유생들에 의해 행해졌다. 고려 인종仁宗 때에 국자감 학생들이 궁궐에 와서 관학진흥을 촉구한 상서上書를 한 적이 있었으며, 성리학의 수용에 따라 학제學制 등 일련의 교육개혁과 체제 확립이 추진되는 과정에서도 상소가 행해졌다. 공민왕 원년 진사 이색李穡이 무과武科의 설치와 향교鄕校·학당學堂의 설립을 청원하였으며, 공양왕 3년에는 성균관 생원 박초 등이 왕의 숭불崇佛을 극력 비판하기도 하였다.

그러나 고려시대의 상소는 단편적으로 이루어진 것이 많았고, 자료도 충분치 않아 상소가 활발하게 이루어진 것으로 보이지는 않는다. 그에 비해 조선왕조에 들어서는 상소가 매우 활발해진다. 조선을 건국한 사대부층은 상소가 유교 정치 이념에서 차지하는 위치를 충분히 자각하고 있었다. 왜냐하면 유교의 정치이념에서는 군주는 '하늘을 대리하여 만물을 다스리는 존재'(代天理物)로 파악하여 절대적 군위를 인정하면서도 군주의 독단적인 행동에 대해서는 경계를 하였기 때문이다.

군주의 권위는 하늘에서 온 신성한 것이기에 절대적이기는 하다. 그러나 동시에 군주에게는 백성을 편안하게 하는 책무를 하늘을 대신하여 부여받았기에 이 의무를 소홀히 하는 것은 동시에 용납될 수 없는 것이었다. 이 때문에 역설적으로 하늘을 대신한 군주에 대해 천명을 근거로 군주를 견제할 수 있는 논리가 성립될 수 있었다. 신하들은 이렇게 군주에 대해 그 잘잘못을 논할 수 있는 논리적 근거를 확보하였기에 언제든지 군주의 행위에 대해 논할 수 있었다. 예를 들어 조선이 건국된 지 얼마 뒤에 올린 다음의 상소는 그러한 측면을 잘 보여준다.

그윽이 생각하옵건대, 지극히 공평하고 사심이 없는 것은 하늘이고, 지극히 어리석어도 신령하고 지혜로운 것은 백성이니, 천도天道는 왕씨王氏에게 화禍를 주고 전하에게 복福을 준 것이 아니라, 곧 무도無道한 자에게 화를 주고 유도有道한 사람에게 복을 준 것이며, 민심民心은 왕씨를 미워하고 전하를 사랑한 것이 아니라, 곧 무도한 자를 미워하고 유도한 사람을 사랑한 때문입니다. 전하께서 하늘의 뜻에 응하고 사람의 마음에 따라서 천명天命을 개혁하여 나라를 세웠으니, 진실로 마땅히 하늘의 명령을 듣고 사람의 마음을 따라야 될 것이온데, 대간臺諫과 법관法官이 〈왕씨의 제거를〉 두세 번이나 청하였는데도 전하께서 장소章疏를 머물러 두고 내려 보내지 않으시는 것은 무슨 이유입니까?(『태조실록』권5, 태조 3년 2월 26일 병신조)

위 상소에서 신하들은 왕조의 교체를 천天과 민民, 천도天道와 민심民心으로 설명하면서 국왕은 개인적 존재로서가 아니라 천명을 실현하는 존재로서 의미가 있음을 지적하였다. 그리고 국왕은 천명에 따라 나라를 세웠으므로 사람의 마음, 곧 백성들의 마음을 따라야 하고, 그러기 때문에 대관과 법관의 상소를 받아들어야 함을 지적하였다. 백성의 마음을 아는 것, 군주의 잘못을 지적하는 것은 지극히 당연한 일이며, 이것을 상소를 통해 실현할 수 있음을 지적한 것이다. 이러한 인식에서는 이후 신하들의 상소는 지극히 당연한 현상일 수 있었다.

또한 상소가 천명의 권위에 의지한다는 인식은 상소할 수 있는 주체의 폭을 확대시킬 수 있는 근거가 되었다. 천명이 곧 민심인 유교 정치사상에서 국왕에게 간언하는 주체는 신료들로만 제한하기는 어려웠다. 따라서 원칙적으로 민이라면 누구든지 상소할 수 있었다. 신하들의 경우에도 언론활동의 중요성을 강조할 때면 항상 "꼴을 베고 나무하는 사람들에게까지 정사를 물어야 한다"는 말로 상소의 주체를 넓게 제시함으로써 상소가 자신들만의 것이 아님을 확인하기도 하였다.

이는 조선 초기에 현실적으로나 법제적으로 신분상에서도 양민과 천민으로 나누는 양천제良賤制를 시행함으로써 양반이 양인 내의 하나로서 양민이면 누구나 양반이 될 수 있다는 전제와 상통하는 현상이었다. 물론 이와 같은 인식이나 관념이 반드시 현실정치에서 그대로 구현되는 것은 아니었다. 실제로 상소를 올리는 일은 한문 문장을 익힌 사람들에게 가능한 것이었기 때문에 상소를 누구에게나 허용한다고 누구나 올릴 수 있는 것은 아니었다. 하지만 유교 정치사상의 기본적인 구조 속에서 민본 이념을 강조하면 할수록 민의 상소를 원천적으로 부정할 수는 애초부터 불가능한 것이었다.

다른 한편으로 상소 가운데 상소를 올릴 수 있는 사람을 제한하는 상소도 있었다. 즉 응지상소應旨上疏의 경우 애초부터 상소를 올릴 수 있는 사람을 제한하는 상소였다. 응지상소는 국왕의 구언求言하는 교지教旨에 따라 상소자의 범위를 제한하였기 때문이다. 고려시대에는 이 범위가 대체로 5품 이상의 관리나 대간들로 한정되어 있었다.

조선시대에는 고위 관리나 의정부·육조와 같은 특정 관서를 구언의 대상으로 삼는 경향은 계속되었다. 그러다가 세종대에 이르면 구언의 대상이 확대되는 추세가 자리 잡게 된다. 즉 특정 관직자나 관서를 대상으로 하는 구언은 점차 줄어드는 대신에 '대소신료大小臣僚' 또는 '시산각품時散各品'과 같이 불특정 다수의 신료들을 대상으로 하는 경우가 증가하였던 것이다.

이와 같은 추세의 결과 성종대에는 구언의 대상에 거의 제한을 두지 않는 관행이 세워졌다. 성종대의 구언교지에 '중외中外 대소신료', '디소신민大小臣民', '중외신민中外臣民' 등의 표현이 일상화되었다는 것은 그 동안 중앙의 유직有職 내지 품계品階가 있는 사람들 중심에서 탈피해 지방의 무직자에게까지 구언의 대상이 확대되었음을 보여준다. 곧 고려 때, 그리고 조선초기에는 상소하는 사람의 자격에 제한을 두었던 응지상소까지 누구든지 상소할 수 있다는 인식이 확대되었다. 이는 곧 상소를 통해서 유교적 이상정치의 구현이 어느 정도 이루어질 수 있다는 인식이 확대되었고, 현실에서도 받아들여졌다는 사실을 알 수 있게 해 준다.

성종대에 이러한 인식이 확대된 데에는 성종대에 들어 관학생을 중심으로 한 유생의 정치참여 현상이 두드러진 면이 자리하고 있었다. 이에 따라 상소와 상서上書 및 상언上言에 대해 구분하기에 이르렀다. 즉 성균관 유생들의 상달上達에 공적인 문제와 사적인 문제가 섞임에 따라 개인적인 청원과 공적인 청원을 구분할 필요가 제기되었다. 그래서 성종대에 사간원에서는 폐단을 아뢰는 일이나 불교를 배척하는 일 같은 공적인 일은 상소가 가능하지만 사적인 일에 대해서는 상언만 하도록 함으로써 공·사의 구분이 상소와 상언을 구분하는 기준으로 설정됨을 확인할 수 있다.

성종대에 편찬된 『대전속록大典續錄』에는 상소와 상서, 상언을 다음과 같이 규정하였다.

상서자上書者는 비록 시폐時弊를 진달하는 것이 아니라 할지라도 혹 국가의 일로 억울하게 죄를 입게 되었거나, 혹은 시비是非를 밝히기 어려운 일로 형륙刑戮이 몸에 미치게 되는 경우와, 그 외에 전민田民 · 재산財産 및 모든 자기변정自己辨正 등의 일로 송사하되 소장疏章을 작성하는 것을 금지한다. 비록 자기에게 절박한 중대한 일에 관한 것이라 할지라도 공상工商 · 업예業隷 · 향리鄕吏 · 역리驛吏 및 기타 낮거나 천한 사람들은 상언上言만을 허락하며 상서上書는 허가하지 않는다.

위 내용을 종합하면 상서는 국가의 잘못된 처사로 개인이 민 · 형사상의 억울한 피해를 당하게 된 경우에 행할 수 있으나 그 자격이 지배계층에 국한된 것인 반면, 상언은 격쟁과 함께 피지배 계층의 억울함을 호소하기 위해 개방한 것이다. 이에 비해 상소는 사적 송사에는 금지한 것으로 보아 비록 신분을 구분하고 있지 않다고 할지라도, 조관 및 유생이 국사國事에 관련된 공적인 일에만 행할 수 있도록 규정한 것이다.

결국 상소는 지배계층에 속한 이들이 공적인 일에 관한 문제제기를 하는 장치였으며, 신분여하를 막론하고 사적인 원한에 대한 호소는 모두 상서와 상언을 통해 해결하는 것이지 상소에 사적인 요소는 용납되지 않았다.

3. 무엇 때문에 상소하는가?

위에서 상소는 누구나 할 수 있는 것으로 열려 있기는 하였지만 실제로는 지배계층에 속하는 이들이 공적인 문제제기를 하는 통로였음을 확인할 수 있었다. 그렇다면 상소에서 다루어지는 공적인 문제는 무엇이었을까?

우선 상소자는 재조在朝 즉 조정에 있던 관료와 재야在野, 곧 관료가 아닌 신분층인 관학생이나 유생 등의 상소로 나누어 살필 수 있다. 조정에 있던 관료가 올리는 상소는 앞서 지적한 바와 같이 국왕의 명에 따라 올리는 응지상소가 있고, 시정時政에 대한 문제를 담아 자기의 의지대로 올리는 상소가 있다. 그에 비해 재야에 있던 유생이나 성균관 유생들이 올리는 상소 역시 당시에 문제가 되었던 공적인 문제에 대한 문제제기가 다수 있었다.

따라서 재조에 있거나 재야에 있거나 공적인 문제에 대한 문제제기를 포함한 상소의 내용은 대체로 시정의 잘잘못을 가리거나 그 대안을 제시하는 내용을 주로 다루고 있다. 다만 현직의 관료로 있거나 관료를 역임한 퇴임 관료들의 상소가 현실 문제를 다루어본 경험으로 인해 보다 현실적인 문제를 다루거나 구체적인 문제를 다루는 경우가 많았다. 그에 비해 재야에 있던 유생들의 상소는 현실에서 문제가 되는 시정에 대해 원칙적인 문제제기를 하거나 원론적인 입장에서 논의를 전개하는 경우가 많았다.

현직의 관료가 올린 상소를 예로 들어 보면 다음과 같다.

〈노비奴婢의 속공屬公을 청하는 소〉

임신년(1392), 대사헌 남재南在와 연명聯名으로 상소하였다.

신 등은 편안할 때에 위험을 잊지 말고 잘 다스려질 때에 혼란을 잊지 않는 것이 국가의 변하지 않는 법칙이라고 생각합니다. 전하께서는 너그럽고 어진 도량과 용기 있고 지혜로운 자질을 가지고, 하늘의 명에 부응하며 백성들의 뜻에 따라서 우리나라(東國)를 다 소유하시니 온 나라의 백성들이 각자 자기의 생업에 편안하게 종사하고 있습니다. 그러나 이미 평안하고 잘 다스려진다고 하여 다시 장기적인 고려考慮가 없다면 왕통王統을 이어가고 선왕先王의 교훈을 계승(貽模)1)하는 계획을 어떻게 하겠습니까?

신 등이 가만히 생각해 보건대 전하께서는 천성이 살리기를 좋아하시어 죄지은 사람에게 각자 성명性命을 보존하게 해 주시니 넓은 은혜와 지극한 덕이 하늘과 같이 끝이 없습니다. 그러나 왕씨가 지배한 오백년 사이에 왕씨의 종친과 권문세족이 노비를 많이 모아서 어떤 경우는 천여 구口를 소유한 경우도 있습니다. 지금 죄를 지어 귀양간 사람들의 경우 그 노비가 서울과 지방에 흩어져 있어 귀양지를 왕래하며 경성京城2)에 출입하고 있습니다. 지금 비록 국가가 잘 방비하고 있습니다만 나라가 오래 태평하게 되면 원망을 쌓은 무리들이 많아져서 기회를 타고 준동한다면 염려가 적지 않을 것입니다.

전 왕조인 고려의 오도五道 양계兩界의 역자驛子3)・진척津尺4)・부곡인部

---

1) 貽謨 : '선대 국왕이 자손에게 내리는 교훈'을 의미한다. '貽'는 '깨쳐 주다', '謨'는 '임금의 교훈'이라는 뜻이다. '모'는 원래 '계책'이라는 뜻으로 '謀'와 통용되지만 특히 '국가 경영을 위한 훌륭한 계책이나 말씀'이라는 뜻으로 많이 쓰이는데, 이는 『서경』「대우모大禹謨」, '고요모皐陶謨'편에서 유래한 것이다.

2) 이때 경성은 아직 한양으로 옮기기 전이므로 개경을 말한다.

3) 驛子 : 驛站에 소속되어 그에 관련된 각종 役을 부담하는 사람을 일컫는 말이다. 이들은 驛吏와 일반 驛民으로 구성되었다. 역참과 관련된 고역을 의무적으로 져야 하는 부류였기 때문에 역리와 일반 역민은 각기 군현의 향리와 민에 비해 낮은 계층으로 취급되었다. 이 가운데 역리는 관직 체계의 말단에 위치하는 존재로서 역마의 보급, 군사정보나 왕명의 전달, 사신 왕래에 따른 접대, 공물의 운반 등과 같은 직접적인 임무를 수행하며 職役에 대한 보상으로 국가로부터 口分田이라는 명목의 토지를 받았던 반면, 일반 역민은 대개 농업에 종사하면서 馬草의 공급과 같은 잡역을 부담하였다. 따라서 여기에서 가리키는 역자는 역리보다는 역민을 가리키는 것으로 볼 수 있다. 뒤이어 나오는 津尺, 部曲민과 연결되기 때문이다.

4) 津尺 : 고려시대에 津에 배속되어 나룻배(渡船)를 부리던 자를 말한다. 津江丁이라고

曲人[5]은 고려의 태조太祖 때에 왕명을 거스른 자들로서 모두 천역賤役[6]에 해당하였습니다. 임금의 훌륭한 덕이 넓고 커서 왕씨보다 뛰어나 죄를 지은 이들이 비록 천역은 면제받았으나 그들의 노비들을 모두 다 줄 수는 없습니다. 적절하게 헤아려서 정하여 지급하는 것 이외에는 모두 속공屬公[7] 할 것을 청합니다.

임금(태조)이 전교傳敎하였다. 전 왕조의 종친宗親과 양부兩府 이상에게는 노비 20구口를, 그 이하에게는 노비 10구를 지급하고, 나머지는 모두 속공하라.

위의 상소는 조선 초 태종과 세종 연간에 국정을 좌우하였던 공신인 이원李原의 상소로서 노비문제에 대해 구체적인 대안을 제시하는 내용을 담고 있다. 이에 따른 태조의 이러한 조치는 두 측면에서 주목되는 조치이다. 고려의 종친 등에게 노비의 수를 제한한 것은 잔존한 고려왕조의 후손의 재산을 제한하고, 경계하는 조치를 취했다는 점이다. 고려의 후손인 왕씨들에 대해서는 조선 초에 각별하게 신경을 써서 봉사손을 제외

도 하며 이들의 수장은 津吏, 혹은 津長이라 하였다. 신분은 양인이면서 천역에 종사하는 身良役賤의 계층으로 官船에 딸려 있었으며 驛子와 함께 과거 응시와 입사入仕 및 승려가 될 자격이 주어지지 않았다. 조선시대에는 양인확보책이 시행되면서 1415년(태종 15) 補充軍에 입속되어 이전의 역을 면제 받고 제한적으로나마 출사도 할 수 있게 되었으며 이들의 역은 이후 民戶나 공노비 등이 대신하고 세습되지는 않았다. 명칭도 세종 때에는 津干으로, 세조 때에는 진부津夫로 개칭되었다.

5) 部曲人 : 부곡에 사는 주민을 말한다. 과거 응시에 제약을 받는 등 사회적으로 천시되었다.

6) 賤役 : 노비가 국가에 대하여 부담하는 役을 말한다. 양인의 良役에 대비되는 말이다.

7) 屬公 : 원래 임자가 없는 노비나 물건, 또는 禁制品·臟物 따위를 관부에 歸屬시키는 것을 말하는데, 여기서는 주인이 있지만 관에 귀속시킴을 말한다.

하고는 강화도와 거제도에 거주하게 하여 거주를 제한하기도 하였다. 이에 앞서 재산에서 가장 중요한 비중을 차지하는 요소 가운데 하나인 노비의 숫자를 제한하는 것은 의미 있는 조치였다. 또한 노비의 숫자를 제한하는 것은 비단 고려왕실의 후손에게만 적용되는 문제가 아니었다. 태종대에 종친과 부마를 포함하여 모든 계층의 노비 소유를 제한하려고 한 시도는 조선 초 국가가 양인의 확대와 이를 기반으로 한 국가운영을 추구한 방향에서 나온 것이었다.

다음으로 재야의 선비가 올린 상소를 보자.

새로 제수된 단성 현감丹城縣監 조식曺植이 상소하였다.
"삼가 생각하건대, 선왕先王께서 신의 변변치 못함을 모르시고 처음에 참봉에 제수하셨습니다. 그리고 전하께서 왕위를 계승하심에 미쳐서는 두 번씩이나 주부主簿에 제수하시었고, 이번에는 또 현감縣監에 제수하시니 두렵고 불안함이 산을 짊어 진 것과 같습니다. 그런데도 오히려 한번 대궐에 나아가서 천은天恩에 사례하지 못하는 것은, 임금이 인재를 취하는 것은 장인匠人이 심산대택深山大澤을 두루 살펴 재목이 될 만한 나무를 빠뜨리지 않고 다 취하여 큰 집을 짓는 것과 같아, 대장大匠이 나무를 구하는 것이고 나무가 자발적으로 쓰임에 참여하는 것은 아니라고 생각해서입니다. 그러므로 전하께서 인재를 취하는 것은 임금된 책임이고 신이 염려할 바가 아니므로 그 큰 은혜를 감히 사사로운 은혜로 여기지 않습니다. 그러나 머뭇거리면서 나아가기 어려워하는 뜻은 마침내 측석側席 밑에서 감히 주달하지 않을 수 없습니다.
신이 나아가기 어렵게 여기는 데는 두 가지 이유가 있습니다. 지금 신의 나이가 60에 가까웠으나 학술學術이 거칠어 문장文章은 병과丙科의 반열에 뽑히기에도 부족하고 행실은 쇄소灑掃(청소)하는 일을 맡기에도 부족합니다. 그리하여 과거를 구한 지 10여 년에 세 번이나 낙방하고 물러났으니 당초부터 과서 공부를 일삼지 않은 것이 아닙니다. 설사 과거를 탐탁하게 여기지 않았다 하더라도 성질이 조급하고 마음이 좁은 평범한 한 사람에 불과할 뿐이고 크게 일할 수 있는 온전한 인재는 아닌데, 더구나 사람의 선악이 결코 과거를 구하느냐 구하지 않느냐에 달려 있는 것이 아님이겠습니까.

미천한 신이 분수에 넘치는 헛된 명성으로 집사執事를 그르쳤고 집사는 헛된 명성을 듣고서 전하를 그르쳤는데, 전하께서는 과연 신을 어떤 사람이라고 여기십니까? 도가 있다고 여기십니까? 문장에 능하다고 여기십니까? 문장에 능한 자가 반드시 도가 있는 것이 아니며 도가 있는 자가 반드시 신과 같지는 않다는 것을 전하께서만 모르신 것이 아니라 재상宰相도 모른 것입니다. 그 사람 됨됨을 알지 못하고 기용하였다가 뒷날에 국가의 수치가 된다면 그 죄가 어찌 미천한 신에게만 있겠습니까. 헛된 이름을 바쳐 몸을 파는 것보다는 곡식을 바쳐 벼슬을 사는 것이 낫지 않겠습니까? 신은 차라리 제 한 몸을 저버릴지언정 차마 전하를 저버리지 못하겠으니 이것이 나아가기 어려워하는 첫째 이유입니다.

전하의 국사國事가 이미 잘못되고 나라의 근본이 이미 망하여 천의天意가 이미 떠나갔고 인심도 이미 떠났습니다. 비유하자면 마치 1백년 된 큰 나무에 벌레가 속을 갉아먹어 진액이 다 말랐는데 회오리 바람과 사나운 비가 언제 닥쳐올지를 전혀 모르는 것과 같이 된 지가 이미 오래입니다. 조정에 있는 사람 중에 충의忠義로운 선비와 근면한 양신良臣이 없는 것은 아니나, 그 형세가 이미 극도에 달하여 미칠 수 없으므로 사방을 돌아보아도 손을 쓸 곳이 없음을 이미 알고 있습니다. 소관小官은 아래에서 히히덕거리면서 주색酒色이나 즐기고, 대관大官은 위에서 어물거리면서 오직 재물만을 불립니다. 【이 말은 당시의 병통을 바로 지적한 것이다. 오늘날 공도公道는 쓸어버린 듯이 없어졌고 사문私門이 크게 열려, 떼를 지어 좇아 다니는 자는 공사公事를 받들 생각은 하지 않고 오직 자신의 이익만을 일삼으면서 아무

것도 하는 일없이 세월을 보내며 나랏일이 어떻게 되어 가는지를 모르니, 통탄스럽다. 조식曹植은 초야草野의 일사逸士로서 한때의 고명高名이 있었는데, 비록 부름을 받고 나아간다 하더라도 어찌 해 볼 수가 없음을 스스로 알았다. 이 때문에 소疏를 올려 진언進言하면서 당시의 폐단을 절실하게 비판하였으니, 또한 강직하지 않은가.】 백성들의 고통은 아랑곳 하지 않으며, 내신內臣은 후원하는 세력을 심어서 용龍을 못에 끌어들이듯이 하고,【이것은 이리와 승냥이 같은 무리가 정권을 잡고 있다는 뜻인데, 그 말의 뜻이 은미하고도 심장하다.】 외신外臣은 백성의 재물을 긁어 들여 이리가 들판에서 날뛰듯이 하면서도, 가죽이 다 해지면 털도 붙어 있을 데가 없다는 것을 알지 못합니다. 신은 이 때문에 깊이 생각하고 길게 탄식하며 낮에 하늘을 우러러본 것이 한두 번이 아니며, 한탄하고 아픈 마음을 억누르며 밤에 멍하니 천정을 쳐다본 지가 오래되었습니다.

자전慈殿께서는 생각이 깊으시지만 깊숙한 궁중의 한 과부寡婦에 지나지 않으시고, 전하께서는 어리시어 단지 선왕先王의 한낱 외로운 후사後嗣에 지나지 않습니다. 그러니 천백千百 가지의 천재天災와 억만億萬 갈래의 인심人心을 무엇으로 감당해 내며 무엇으로 수습하겠습니까? 냇물이 마르고【낙동강 상류가 끊긴 것을 말하는데, 갑인년 겨울에 이런 변고가 있었다.】 곡식이 내렸으니(雨粟)【근래 몇년 동안 이런 재변이 있었다.】 그 조짐이 어떠합니까? 음악 소리가 슬프고 흰옷을 즐겨 입으니【당시의 음악소리가 애절한 것이 많고, 복색服色은 흰 것을 숭상한 것을 말한다.】 소리와 형상에 조짐이 벌써 나타났습니다. 이러한 시기를 당해서는 비록 주공周公·소공召公과 같은 재주를 겸한 자가 정승의 자리에 있다 하더라도 어떻게 하지 못할 것인데 더구나 초개 같은 한 미신微臣의 재질로 어찌하겠습니까? 위로는 위태로움을 만에 하나도 지탱하지 못할 것이고, 아래로는 백성을 털끝만큼도 보호하지 못할 것이니 전하의 신하가 되기가 어렵지 않겠습니까? 변변찮은 명성을 팔아 전하의 관작을 사고 녹을 먹으면서 맡은 일을 하지 못하는 것은 또한 신이 원하는 바가 아닙니다. 이것이 나아가기 어려워하는 둘째 이유입니다.

　그리고 신이 보건대, 근래 변방에 변이 있어 여러 대부大夫가 제때에 밥을 먹지 못합니다. 그러나 신은 이를 놀랍게 여기지 않습니다. 그것은 이 사건은 20년 전에 터졌을 것인데 전하의 신무神武하심에 힘입어 지금에야 비로소 터진 것이며 하루 아침에 생긴 사고가 아니기 때문입니다. 평소 조정에서 재물로써 사람을 인용하여 재물을 모으고 백성을 흩어지게 하였습니다. 이에 마침내는 장수로서 적합한 사람이 없고 성城에는 군졸軍卒이 없게 되었습니다. 그러니, 적들이 무인지경에 들어오듯이 들어온 것이 어찌 괴상한 일이겠습니까. 이것은 또한 대마도對馬島의 왜倭가 적왜와 몰래 결탁하고 안내하여 만고萬古토록 무궁한 치욕을 끼친 것인데, 왕령王靈을 떨치지 못해서 담이 무너지듯 패하였습니다. 이것이 어찌 구신舊臣을 대우하는 것은 주周나라 법보다도 엄격하면서 【아마도 남정南征한 장사將士에게 형형刑을 준 것을 지목한 듯하다.】 구직寇賊을 총애하는 은덕은 노리어 망한 송宋나라보다 더해서가 아니겠습니까? 세종대왕께서 남정하시고 성종대왕께서 북벌北伐하신 일로 보더라도, 어느 것이 오늘날의 일과 같았습니까?

그러나 이와 같은 것은 피부에 생긴 병에 불과하고 심복心腹의 병통은 못 됩니다. 심복의 병통이란 걸리거나 맺히며 찌르거나 막혀 상하上下가 통하지 못하는 것이니, 바로 이럴 때에 경대부卿大夫가 목구멍이 마르고 입술이 타도록 분주하게 수고해야 하는 것입니다. 근왕병勤王兵을 불러 모으고 국사國事를 정돈하는 것은, 구구한 정형政刑에 있지 않고 오직 전하의 한마음에 달려 있습니다. 노심초사하여 큰 공을 세우는 그 기틀도 진실로 자신에게 달려 있을 뿐입니다.

　모르겠습니다만, 전하께서 좋아하시는 바는 무슨 일입니까? 학문을 좋아하십니까? 풍류와 여색을 좋아하십니까? 활쏘기와 말 달리기를 좋아하십니까? 군자를 좋아하십니까? 소인을 좋아하십니까? 좋아하시는 바에 존망存亡이 달려 있습니다. 진실로 어느 날 척연히 놀라 깨닫고 분연히 학문에 힘을 써서 홀연히 덕德을 밝히고 백성을 새롭게 하는 도리를 얻을 수 있다면,

덕을 밝히고 백성을 새롭게 하는 도리 속에는 만 가지 착함이 갖추어지고 백 가지 덕화德化도 이로 말미암아서 나오게 됩니다. 이것을 들어서 시행하면 나라를 균평均平하게 할 수 있고 백성도 교화시킬 수 있으며 위태로움도 편안하게 할 수 있습니다. 그것의 요체要諦를 보존한다면 거울은 그대로 비추지 않음이 없고 저울은 공평하게 달지 않음이 없으며 생각은 사특함이 없을 것입니다.

불씨佛氏의 이른바 진정眞定이란 것은 다만 이 마음을 보존하는 것일 뿐이니, 위로 천리天理를 통달하는 데서는 유교儒敎와 불교佛敎가 한 가지입니다. 【조식의 이 말은 잘못이다. 불씨의 학설學說에 어찌 위로 천리를 통달하는 것이 있겠는가.】 다만 인사人事를 행하는 데 있어 실지를 실천하는 것이 없기 때문에 우리 유가儒家가 배우지 않는 것입니다. 전하께서는 이미 불도佛道를 좋아하십니다. 만약 불도를 좋아하는 마음을 학문을 좋아하는 데로 옮기신다면 이는 우리 유가의 일이니, 어찌 어렸을 때에 잃어버렸던 아이가 제집으로 돌아와서 부모·친척·형제·친구를 만나보는 것이 아니겠습니까?

더구나 정사政事하는 것은 사람에게 달려 있으니 사람을 임용하는 것은 자신의 몸을 닦음으로써 하고 몸을 닦는 것은 도道로써 해야 하는 것입니다. 전하께서 사람을 등용하는 데에 자신의 몸을 닦음으로써 하실 것 같으면 유악帷幄 안에 있는 사람치고 사직社稷을 보위保衛하지 않는 자가 없을 것이니, 아무 일도 모르는 소신 같은 자가 무슨 필요가 있겠습니까. 만약 사람을 헛된 명성만으로 등용한다면 잠자리(袵席) 밖에는 모두 속이고 저버리는 무리일 것이니 주변 없는 소신 같은 자가 또 무슨 필요가 있겠습니까. 뒷날 전하께서 덕화를 왕도의 경지에 이르도록 하신다면 신도 마부의 말석에서나마 채찍을 잡고 마음과 힘을 다하여 신하의 직분을 다할 것이니, 임금을 섬길 날이 어찌 없겠습니까. 삼가 바라건대, 전하께서는 반드시 마음을 사로잡는 것으로 백성을 새롭게 하는 요체를 삼으시고, 몸을 닦는 것으로 사람을 임용하는 근본을 삼으셔서 지극한 이치를 세우도록 하소서. 지극한 이치가 지극한 이치로서의 구실을 못하면 나라는 나라로서의 구실을 못할 것입니다. 삼가 바라건대, 예찰睿察하소서.”(명종 19권, 10년(1555) 11월 19일 경술조)

이 상소는 유명한 조식의 사직상소이다. 재야의 선비로 있다가 단성현감에 발탁되었지만 이를 사직하면서 올린 것이다. 이에 대한 처리 역시 상소에 대한 조선시대 사람들의 생각을 읽을 수 있다.

조식의 사직상소는 다소 과격한 개인의 의견으로 치부된 측면이 있다. 하지만 일개인의 의견뿐만이 아니라 사대부들의 공론 역시 개인의 상소로 표현되기도 하였다. 예를 들어 중종 때의 박상朴祥은 다음과 같은 상소를 올렸다.

〈폐비 신씨의 복위를 간한 담양 부사 박상 등의 상소문〉

담양 부사潭陽府使 박상朴祥 · 순창 군수淳昌郡守 김정金淨이 함께 봉사封事를 올렸는데, 그 소疏에 이르기를,

“삼가 생각하건대, 제왕의 하늘을 이어 극極을 세우는 도리는 처음을 바르게 하는 것으로 근본을 삼지 않음이 없습니다. 이러므로, 단서를 만들고 처음을 접하는 것이 올바른 데서 나오면 큰 기강과 큰 근원이 질서정연하게 빛나고, 위에서 움직이면 만 가지 일과 만 가지 교화에 미치는 것이 마치 그림자가 형체를 따르고 메아리가 소리에 응하듯 하여 무슨 일을 하든지 한결같이 올바르지 않는 것이 없습니다. 이와 반대로 하면서 교화의 성취를 바라는 것은, 비유하면 그 근원을 흐려 놓고 흐름이 밝기를 바라는 것과 같으니, 또한 어렵지 않겠습니까?

『역경易經』에 이르기를 '하늘과 땅이 있은 뒤에 만물이 있고, 만물이 있은 뒤에 남녀가 있고, 남녀가 있은 뒤에 부부가 있고, 부부가 있은 뒤에

부자가 있고, 부자가 있은 뒤에 군신이 있고, 군신이 있은 뒤에 상하가 있고, 상하가 있은 뒤에 예의禮義를 시행할 수 있다' 하였으며, 『시경詩經』의 대서大序에는 이르기를 '주남周南·소남召南은 처음을 바루는 도리요, 왕화王化의 기초이다' 하였습니다. 대저 『역경』에 건곤乾坤을 으뜸으로 하고 『시경』에 관저關雎를 처음으로 한 것은, 배필配匹하는 것이 인륜의 시초요 만화萬化의 근원이며, 강기綱紀의 으뜸이요 왕도王道의 큰 단서이기 때문입니다. 노 애공魯哀公이 공자孔子에게 묻기를 '면류관을 쓰고 친영親迎하는 것은 너무 중하지 않습니까?' 하니, 공자가 초연愀然히 정색하면서 대답하기를 '이성二姓의 결합은 선성先聖의 뒤를 이어 천지·종묘·사직의 주인이 되는 것인데, 임금께서는 어찌하여 너무 중하다고 이르십니까?' 하였으며, 제 환공齊桓公은 규구葵丘의 모임에서 초명初命에 '첩을 처로 삼지 말라'고 하였습니다. 대저 공자가 초연히 정색한 것은 어찌 애공이 천지·종묘·사직의 주인됨을 근엄하게 여기지 않고 그 예를 업신여기는 것을 한심스럽게 여겨서가 아니겠습니까? 환공은 패자霸者이었을 뿐인데도, 오히려 능히 배필의 중함을 알아서 그 분수를 어기려고 하지 않았습니다. 이는 모두 진실로 단서를 만들고 처음을 정하는 도리이니, 왕자王者로서 삼가지 않아서는 안 되는 것입니다.

옛날 주周나라가 창시創始될 적에 태왕太王·왕계王季·문왕文王이 모두 융성한 덕이 있어서, 능히 제가齊家·치국治國하는 도리를 높여 예도를 문란시키지 않았으므로 대대로 어진 왕비를 얻어, 인륜의 근본을 바르게 하고 왕화의 근원을 맑게 하였습니다. 그래서 주나라 사람의 시에 이르기를 '고공단보古公亶父가 아침 일찍이 말을 달려 서쪽 물가를 좇아 기산岐山 아래 이르러, 같이 온 강녀姜女와 더불어 집터를 살펴봤다'라고 한 것은, 태왕이 적인狄人의 난을 당하여 황황한 처지임에도 돈독한 은애恩愛를 어기지 않고 왕실의 기틀을 세웠음을 말한 것입니다. 또 이르기를 '덕스런 태임太任이 문왕文王의 어머니이니, 주강周姜에게 사랑을 받아 경실京室의 며느리가 되었다.' 한 것은, 왕계王季가 이처럼 장경莊敬한 덕이 있으므로, 배필이 능히 주강에게 며느리의 도리를 다하여 주나라 왕실의 왕비됨을 잃지 않았고, 경사스러움이 자손에게 계속 되었다는 것을 말한 것입니다. 또 이르기를 '예문으로 그 길일吉日을 정하시어 위수渭水에서 친히 맞을 적에 배로 다리를 만드니 그 광채가 드러나지 않을 수 있겠는가?'하고, 또 이르기를 '종공宗公에 순종하여 귀신들이 원망하지 않으며 애통하지 않았음은, 과처寡妻에게 모범을 보여 형제에게까지 이르러 나라를 다스렸다'라고 한 것은, 문왕이 혼례를 중히 여겨 얌전하고 덕이 있는 왕비를 얻어서 묘사廟社·신기神祇의 주인으로 삼아, 위로는 거룩한 태임太任의 아름다움을 계승하고 아래로는 규문閨門에 본보기가 되어, 방국邦國에 왕화를 유행시켰음을 말한 것입니다.

대저 주나라가 처음을 바르게 하고 근본을 단정하게 한 바가 순수하고 결백하여 결함이 없으며, 덕화가 도타워서 투박한 일이 없었습니다. 이러하였으므로, 그 왕화가 상자牀笫 사이에서 비롯하여 양양洋洋하게 조정 위에 흘러넘치고 패연沛然히 사방에 퍼져서, 천지의 조화가 음양陰陽에 근본하여 성신星辰과 한서寒署를 운행하고 산천山川·조수鳥獸·초목草木을 생장 번식시키는 것과 같았습니다. 이때를 당하여, 지아비는 지아비답고 지어미는 지어미다우며, 아비는 아비답고 아들은 아들다우며, 임금은 임금답고 신하는 신하다워서, 그 사이에 한 치의 간사함이나 터럭만한 더럽힘도 감히 간여함이 없어 하늘과 땅이 자리하고 만물이 육성되기에 이르렀으며, 추우騶虞와 인지麟趾의 아름다운 상서가 모두 이르러 면면히 8백 년을 지냈으니, 이 어느 것이나 관저關雎와 작소鵲巢의 교화가 아닌 것이 있습니까?

그 쇠미하여짐에 미쳐서는 내교內敎가 무너지고 해이해져, 까닭 없이 정후正后를 폐하여 물리쳐 마침내 융적戎狄의 재앙을 부른 자도 있고, 첩을 적嫡으로 삼아 예의 분수를 어지럽혀 마침내 쟁탈爭奪하는 혼란을 부른 자도 있습니다. 기타 당 고종唐高宗 같은 이는 왕 황후王皇后를 폐함에 마침내 종묘와 사직이 복멸覆滅되어 자손이 끊어졌으며, 송 철종宋哲宗은 맹황후孟皇后를 폐함에 본원本源이 전착顚錯되고 음사陰邪가 빚어져 정강靖康의 변이 일어나게 하였거늘, 하물며 첩을 부인으로 삼아 떳떳한 예를 경멸하게 한다면 그 재앙이 어찌 작겠습니까? 위 문제魏文帝가 곽귀빈郭貴嬪을 세워 황후로 삼으려 하자 중랑中郎 잔잠棧潛이 간쟁하였고, 당 명황唐明皇이 무혜비武惠妃를 세워 황후로 삼으려 하자 어사御史 반호례潘好禮가 간쟁하였습니다. 대저 예로부터 내려오면서 치란 흥망의 자취를 환히 징험할 수 있음이 이와 같으니, 진실로 제왕의 배필을 중히 하고 풍화風化의 근본을 바로 하고자 한다면, 구차스럽게 할 수 있겠습니까?

신 등이 삼가 보건대, 옛 왕비 신씨愼氏가 물리침을 입어 밖에 있은 지 이제 거의 일기一紀가 됩니다. 신은 그 당초의 연유를 상세히는 모르겠으나, 무슨 큰 까닭과 무슨 큰 명분으로 이런 비상非常한 놀랄 만한 일을 하였는지를 모르겠습니다. 대저 임금이 대통을 계승하고 왕위에 오르면 먼저 부부의 도리를 바루어 천지와 같게 해서, 안으로는 음교陰教를 다스리고 밖으로는 양덕陽德을 다스려, 묘사廟社·신기神祇를 나란히 주재하여야 하는 것입니다. 대저 배필配匹은 그 중대함이 이와 같아서, 진실로 어버이에게 승순하지 못했거나 종묘와 사직에 죄를 얻음이 아니면, 비록 작은 허물이나 미세한 잘못이 있더라도 결코 끊어 버리는 의리가 없거늘, 하물며 명분도 없고 까닭도 없이 폐척廢斥하였음에리까? 그 어찌 천심天心을 누리고 종조宗祧를 받들 수 있겠습니까? 한 광무漢光武는 원대怨懟 때문에 곽후郭后를 폐위시켰고, 송 인종宋仁宗은 투기妬忌 때문에 역시 곽후郭后를 폐위하였으되, 당세와 후세에서 오히려 기자譏刺하여 마지않아 밝은 임금의 큰 누累로 여겼습니다. 지금 신씨는 폐위할 만한 까닭이 있음을 듣지 못하였음에도 전하께서 폐위하신 것은 과연 무슨 명분입니까? 정국靖國 당초에 박원종朴元宗·유순정柳順汀·성희안成希顔 등이 이미 신수근愼守勤을 제거하고는, 왕비가 곧 그 소출이므로 그 아비를 죽이고, 그 조정에 서면 뒷날 후환이 있을까 염려하여, 바르지 못하게 자신을 보전하려는 사사로움을 위하여 폐위시켜 내보내자는 모의를 꾸몄으니, 이는 진실로 까닭도 없고 또 명분도 없는 것입니다. 신씨는 전하께서 용잠龍潛하시던 처음부터 정복貞卜이 아름답게 화협하여 좋은 배필을 이루었고, 의식을 갖추어서 자전慈殿에게 알현하여 고부姑婦의

의리가 이미 정하여졌었습니다. 전하께서 들어가 대통을 이으심에 미쳐서는 중곤中壼의 자리에 나아가 신민臣民의 하례를 받으시고 묘사의 신주神主를 받드셨으니, 전하에게는 배필이 이미 세워졌고 조종祖宗·신기神祇에게는 빈조蘋藻를 받듦에 맡길 곳이 있게 되었고, 국인에게는 모후母后의 명분이 밝혀졌고, 자전께서는 뜻을 거슬렀다는 꾸지람이 없으셨고, 자주慈稠에는 버릴 만한 허물이 없었고, 신인神人이 슬퍼하고 원망하는 허물이 없었는데, 전하께서 강한 신하의 제어를 받아 능히 그 항려伉麗의 중함을 보전하지 못하셨으니, 어찌 마음이 아프지 않겠습니까? 옛말에 이르기를 '빈천할 때에 사귄 벗은 잊어서는 안되고, 조강지처糟糠之妻는 버리지 않는다'고 하였는데, 신씨가 대저代邸에서 술과 장을 담그고 쇄소灑掃를 받든지 무릇 몇 해였습니까? 사생결활死生契闊에 의로 서로 믿었고 혼조昏朝의 비바람을 함께 맛보았는데, 하루아침에 귀는 구오九五에 오르고 부는 천승千乘을 소유하게 되자, 헌신 버리듯 하여 높고 낮음의 처지를 달리하니, 마치 하나는 운천雲天에 오른 듯하고 하나는 구연九淵 아래에 빠져들어간 듯합니다. 지존至尊의 배필과 금슬 좋은 우애로 옥전玉殿을 떠나 여염집에 섞여 살면서 경상景象이 쓸쓸하므로 듣는 이가 눈물을 흘리니, 태왕이 적인狄人의 난을 당하여 황황한 처지에서도 은애를 돈독히 하여 어기지 않던 것과 다릅니다. 『예기禮記』에 이르기를 '아들이 그 아내와 사이가 매우 좋더라도 부모가 기뻐하지 않으면 쫓고, 아들이 그 아내를 못마땅하게 여기더라도 부모가 이르기를 「나를 잘 섬긴다」하면, 아들은 부부의 예를 행하여 죽을 때까지 변치 않는다'라고 하였으니, 이로써 보건대, 폐출廢出하는 의義는 한결같이 부모의 허락을 받는 것이 분명하거늘, 지금은 자전慈殿께서 명하지 않았는데도 왕실王室의 지어미를 경솔히 바꾸었으니, 이는 왕계의 일과 다릅니다. 『역경』에 이르기를 '부부의 도리는 오래지 않아서는 안 된다'라고 하였고, 전傳에 이르기를 '부부는 종신토록 변하지 못하는 것이다' 하였으니, 그 오래도록 변하지 못하는 소이는, 근윤倫淪의 예를 지키고 만세의 시초를 중히 여겨 감히 바꾸지 못하는 것입니다. 지금은 처음 예문으로 정한 배필을 생각하지 않고, 보불輔敝과 빈번蘋蘩의 주인을 돌보지 않은 채 흙덩이처럼 버려 내형內刑을 떨어뜨리니, 이는 문왕의 일과 다릅니다.

대저, 나라를 다스리고 천하를 평정하는 도리는 가정에 근본되는 것이므로 한번 집을 바로 하면 천하가 안정되는 것입니다. 예로부터 난망亂亡이 일어나는 것은 가법家法이 바르지 못함에서 근원하지 않음이 없으니, 아조我朝의 가법은 모두 바른 데서 나왔다고는 할 수 없습니다. 태조는 창업하여 모범을 보이신 성군이시면서도 폐총嬖寵에 빠져 적서嫡庶의 분수를 어지럽히고자 하셨고, 선릉宣陵에 미쳐서는 암담黯黮하였기 때문에 송 인종宋仁宗의 그릇된 전철을 밟았습니다. 근본 세움이 한번 어그러지자, 그 유파流波가 연산군燕山君에 이르러 드디어 넓고 커져서 강상綱常이 끊어지매, 종묘와 사직이 거의 폐허가 될 번 하였으며 그 화가 참혹하였습니다. 전하께서 뜻밖에 크게 닥쳐온 좋은 운수를 얻고 여조輿胧의 붙좇음에 순응하여, 얼올臲卼(일이 어그러져서 마음이 불안함)을 헤치고 평탄한 데로 돌리시고 황매荒昧한 것을 도려내어 맑은 데에 오르게 하셨으니, 이는 정히 삼령三靈이 눈을 씻고 우러러 바라던 바입니다. 새로 왕위에 오르시는 날에 마땅히 한집안의 근본을 단정히 하고, 천지 생민을 위하여 극極을 세우고 만세의 넓은 기틀을 크게 세워서, 빛나고 밝기가 해와 달이 중천에 걸린 것과 같게 하는 것이 바로 이 기회였는데, 머뭇머뭇하여 능히 스스로 떨치지 못하고 있습니다. 인륜은 왕화의 근원인데 위에서 스스로 먼저 어지럽혔으니 이러고도 치화治化가 성취되기를 바라는 것은, 나무에 올라가 물고기를 구하는 것과 같으니 그 의혹됨을 많이 보겠습니다.

아, 이것이 어찌 홀로 전하만의 허물이시겠니까? 저 당초에 권세를 끼고 용사用事하던 신하의 죄는 죽여도 그 죄가 남습니다. 저 원종元宗 등도 명분의 크기가 하늘과 땅처럼 분명하여 범할 수 없다는 것을 어찌 몰랐겠습니까? 오직 그 자신만을 보전하려는 간교한 계교가 뛰어났기 때문에, 방사하고 거리낌이 없이 초매草昧하고 위의危疑한 때를 타서, 전하께서 자기들의 소위를 감히 이기지 못할 것이라 하여, 군부를 겁박하기를 마치 다리

사이와 손바닥 위에 놓고 희롱하듯 하고, 국모國母를 내쳐 쫓기를 병아리새끼 팽개치듯 하였으니, 이런 일을 차마 하였거늘 무슨 일인들 차마 못하겠습니까? 그 마음을 미루어보면 비록 동탁董卓·조조曹操의 소행까지도 뭘 꺼리겠습니까? 인신人臣은 난역亂逆하지 아니하여야 하며 난역하면 반드시 베는 것은 『춘추春秋』의 의리이니, 이는 정히 이런 무리를 위하여 설정한 것입니다. 만약, 신씨愼氏가 죄인의 소출이어서 지존至尊을 짝하고 종조宗祧를 주장하게 하여서는 안 된다는 것으로써 핑계한다면, 수근守勤의 죄가 본디 종묘·사직에 관계되는 것이 아니니, 어찌 족히 이로써 왕비를 연루시킬 수 있습니까? 가사, 종묘·사직에 죄를 얻어 벌을 받았다 하더라도 왕비는 참여하여 들은 일이 없으니, 또한 이것을 허물로 삼아 미칠 바가 아닙니다. 옛날 한 선제漢宣帝 때에 곽씨霍氏가 모역하다가 일족이 주륙誅戮되었으되 곽후霍后는 참여하여 듣지 않았기 때문에 폐위되지 않았고, 우리 왕조의 심온沈溫은 헌릉獻陵(태종)에게 죄를 입었으되 소헌 왕후昭憲王后의 옥도玉度에 흠이 되지 않았습니다. 지나간 전철을 환하게 징험할 수 있거늘, 하물며 신수근은 당초 나라 일에 관계된 죄가 아니었으니 주가周家의 의친議親하는 법전에 준하여 비록 용서하여 보전케 하여도 가할 것입니다. 그런데 지금 이미 죄를 더하고 또 기필코 왕비를 연루시켜 폐출廢黜하였으니, 이는 자신만을 아끼고 임금은 무시한 것에 지나지 않습니다.

이뿐만이 아닙니다. 전하께서는 왕실의 주손으로서 들어가 대통大統을 이으시었으니 명분이 바르고 말이 순하여 삼대三代의 대를 이음보다 부끄러울 것이 없는데, 원종 등이 국가 계획을 잘하지 못하여 전하를 쇠세衰世의 지역으로 몰아넣었습니다. 왜냐하면, 연산군의 무도함이 극심하여 삼강三綱이 민멸되어 다시 사람의 도리가 없어져, 신기神祇가 싫어하고 조종祖宗이 거절하고 친척이 배반하고 인심이 떠났습니다. 그래서 이미 폐위된 독부獨夫가 되었으므로 이성異姓의 손에 대통이 넘어가게 되었더니, 하늘의 도움과 사방의 구가謳歌를 힘입어 삼보三寶가 전하에게 돌아갔기 때문에, 전하께서 이에 이른 것입니다. 대저, 왕통을 계승하는 것은 천하 고금의 큰일이므로, 진실로 명백·정대해야 하며 조그만 터럭만큼이라도 숨김이 있어서는 안되며, 태양이 허공에 걸려 만물이 쾌히 볼 수 있는 것과 같아야 하니, 그 어찌 구차스럽게 할 수 있겠습니까? 반정反正 당초에 마땅히 대비大妃의 명을 받들어 연산군이 천지와 조종과 신민에게 거절된 죄를 낱낱이 세어 종묘와 사직에 폭로한 뒤에, 위로 천자에게 고하고 명을 청하여 대위大位에 오르심을 밝혀야 하였습니다. 대저, 이와 같이 대통을 이어야 왕위를 계승하는 도리가 명백 정대하여 숨김이 없게 되고, 사방 만세가 우러러 보기를 태양이 허공에 걸린 것과 같이 하리니, 어찌 위대하지 않았겠습니까? 어찌하여 박원종 등은 대의大義에 어두워서, 전하께서 광명 정대하게 대통을 이으신 것을 짐짓 선위를 교대하는 듯이 글을 지어 천조天朝를 속였는지 애석합니다. 전하께서 강한 신하에게 제어를 받아 가교家敎가 어그러져서, 인륜의 근본과 왕화의 근원과 처음을 바르게 하는 도리를 밝게 심고 크게 드날리지 못하셨으니, 무엇으로 중화中和와 위육位育의 공을 이루어 하늘의 마음을 안정시키겠습니까? 만화萬化가 따라서 날로 박잡駁姉하여지고 풍교風敎가 자연히 퇴박頹薄하여지며, 어그러진 기운이 불울拂鬱하고 음양이 차서次序를 바꾸고, 일월이 박식薄蝕하고, 샘물이 끓어오르고, 꽃과 열매가 겨울에 열리고, 많은 서리가 여름에 내리고 또 비오고 볕들고 바람 불고 우박 내리며, 살별·무지개·고충의 요괴에 이르기까지가 간간이 나타나기도 하고 계속되기도 하였습니다. 요사이 후정後庭의 반열이 슬픔을 그친 지 얼마 안되어 장경 왕후章敬王后께서 갑자기 돌아가셔서 곤위壼位가 슬픔에 잠겨 고요하니, 생각건대 하늘이 전하를 경계함이 깊습니다. 전傳에 이르기를 '화한 기운은 상서를 이르게 하고 어그러진 기운은 괴이함을 이르게 한다'라고 하였고, 옛적에 '여자가 원한을 품으니 연燕나라에 서리가 내렸다'고 하였습니다. 저 궁항 벽촌의 미천한 한 계집은 보잘것없어서 하늘에 관계없을 것 같은데, 그 맺힌 원한이 족히 하늘을 감동시켜 서릿발을 달리는 변을 불러올 수 있습니다. 지존至尊의 배필로서 천지·묘사·신인神人을 제사지내어 상제上帝가 사반이 돌보는 사람인데, 까닭 없이 폐척廢斥되어 한 방에 나마

落寞하게 지내면서 깊이 그윽한 원한을 맺게 하였으니, 천지의 화기가 상하고 거듭하여 계속되는 여러 가지 괴변이 오게 되는 것은 괴이할 것이 없습니다. 성념聖念도 또한 이에 미침이 있으십니까? 아, 이미 지나간 과실은 그만이나 어찌 다시 바로 잡지 않을 수 있겠습니까? 전하께서 한번 생각을 달리할 계기에 달렸을 뿐입니다.

지금 내정內政의 주인이 비었으니, 마땅히 이때를 계기로 쾌히 결단하셔서 신씨愼氏를 곤후坤后의 자리에 앉히시면, 천지의 마음이 흠향할 것이요 조종의 신령이 윤허할 것이고, 신민의 희망에 부응할 것입니다. 전하께서 장차 이 자리를 누구에게 부탁하고자 하십니까? 이미 떨어진 대의명분大義名分을 보존하고 어그러진 옛 은혜를 온전히 하시면, 이는 바로 대의와 정리에 합당한 것으로 환하여 의심할 것이 없습니다. 만일 어떤 사람이 이미 폐위한 것을 이유로 삼아 망령되이 이의異議를 낸다면, 이는 전일 폐위하자는 의논을 주장한 신하에게 아부하여 관망하다가 다시 전하의 가법家法을 어지럽히려는 것에 지나지 않습니다.

저 원종元宗 등이 비록 왕실에 큰 공이 있었다고 하나, 그때를 당하여 천명과 인심이 모두 전하에게 돌아갔으니, 비록 이 무리들이 아니더라도 신기神器가 장차 누구에게 돌아갔겠습니까? 마침 대인大人이 일어나는 기회를 타고 그 힘을 바친 것뿐이었습니다. 그 공을 믿고 방사하게 꺼림 없이 군부君父를 겁박하여 국모를 내쫓아 천하 고금의 큰 분수를 범하였으니, 이는 만세萬世의 죄라 공으로 이 죄를 가릴 수 없습니다. 그 발효跋扈할 때를 당하여, 전하께서는 확고하게 왕후 폐위하자는 청을 들어주지 않으시고, 협제脅制한 정상을 상고하여 전형典刑을 밝게 바루어야 했었습니다. 이미 그렇게 하지 않고 그들로 하여금 자약自若하게 영화와 부를 누리게 하여 주었으니 족히 그 공을 보상하였습니다. 이제 이미 죽었으나, 마땅히 그 죄를 밝게 바로 잡아 관작을 추탈追奪하고, 안팎에 효유하여 당세와 만세로 하여금 큰 분수는 절대로 범하여서는 안 된다는 것을 환히 알도록 하여야 합니다.

삼가 바라건대, 전하께서는 이 몇 가지 일에 대하여 의리에 질정하셔서 지체하고 어려워하지 말고 처리하시면, 이왕의 잘못을 단번에 씻을 수 있으며, 인륜의 근본과 왕화의 근원과 처음을 바로 하는 도리가 맑고 광대하여 천지가 캄캄하였다가 다시 개어 탁 트이는 것과 같을 것입니다.

전하께서 또 능히 정일精一하게 하시고 자신을 삼가서, 성의誠意와 정심正心하는 마음을 정치하는 이치에 미루어 확충시키면, 주가周家의 인지麟趾·추우騶虞의 왕화가 이로부터 성취될 것이고, 왕업도 8백 년을 지나 만세에 이르도록 무궁할 것입니다.

신 등이 소원疏遠한 신하로서 직위를 넘는 책망을 피하지 않고 감히 면총冕聰을 더럽히는 것은, 진실로 이 몇 가지 일이 분수와 의리에 관계되는 바가 지극히 중대하기 때문에, 마음속에만 간직하여 두고 한번 임금에게 들려드리지 않을 수 없어서였습니다. 신 등이 가슴에 분울憤鬱을 품은 지 오래면서도 전에 능히 말을 내지 못하였던 것은, 정히 장경왕후章敬王后께서 중전에 계시므로 신씨를 복위시키면 장경 왕후의 입장이 곤란하기 때문이었습니다. 이제 장경 왕후께서 돌아가시고 곤위壼位가 다시 비었으니, 정히 도로 바로잡을 기회이고 또 구언求言하시는 때를 당하였으니, 이러므로 신 등이 급급히 아뢰는 바입니다. 방금 천변이 사라지지 않고 정교政敎가 순수하지 못하여 여러 가지 일이 방도에 어긋나니, 삼가 바라건대, 전하께서는 힘써 공경스럽게 하시어 능히 천심天心을 누리소서. 신 등의 구구한 회포와 답답한 생각이 아직도 많으나, 모두 다 말씀드리지 못하니 삼가 전하께서 굽어 살피소서."(중종실록 권22, 10년(1515) 8월 8일, 임술조)

이 상소에 대해 사신史臣은 "사신은 논한다. 이 의논이 매우 올바른 것인데, 좌우의 의논이 분분하여 서로 시비是非를 하고, 나중에는 양시양비兩是兩非의 말이 나와, 조정이 안정되지 못하고 사림士林이 반목反目하여, 그 화禍의 계제階梯가 참혹하였다"고 하여 박상의 논의가 적절하였음을 지적하였나.

그런데 이 상소를 본 중종은,

　상이 소疏를 정원에 내리고 전교하기를,
　"이는 큰일이다. 어찌 소신小臣의 말을 듣고서 할 수 있겠는가? 비록 해조
該曹에 내리더라도 또한 시행하기 어려울 것이니, 이 소는 정원에 머물러두
는 것이 가하다. 그리고 옛적에 이르기를 '출납出納을 미덥게 한다'고 하였
다. 정원은 후설喉舌의 곳이어서 다만 위에서 전교하는 것뿐만이 아니라,
아래의 아뢰는 바도 분명히 살펴서 아뢰어야 한다. 그런 뒤에야 '출납을 미
덥게 하였다'고 할 만한 것이다. 평상시에 상언上言하는 등의 일은 정원이
으레 입계入啓하여야 하나, 만일 구언求言에 의하여 봉사封事를 올린 것은,
첫째 면에 '임금 앞에서 개탁開拆하소서'라고 적혔어도, 심히 굳게 봉하지
않았으면 뜯어보고 아뢰어야 한다. 이 뒤로는 비록 그 위아래 끝을 풀로
단단히 봉하여 뜯어 볼 수 없게 한 글이라도 모두 뜯어 본 뒤에 아뢰면,
출납을 미덥게 한다는 데에 합당할 것이다."
　하였다.

고 하여서 상소 절차의 문제점을 지적하고 있다. 중종의 입장으로는 상
소의 내용에 대해 불만이었음에도 불구하고 그 내용을 전면적으로 문제
를 삼고 있지는 않고 다른 한편으로 상소의 절차를 문제시하였던 것이다.

4. 상소가 가능했던 조선사회

　그러면 상소에 대한 대응은 어떠하였을까? 상소의 내용이 과격한 경

우 상소한 사람을 처벌해야 한다는 주장이 있기도 하였다. 이런 경우에 대해 어떻게 처리하였는가? 대체적으로 보면 상소한 경우 그 내용이 과격하더라도 상소의 내용을 가지고 처벌을 하면 안 된다고 하는 경우가 일반적이고 많았다. 왜냐하면 언로가 막히면 나라의 근본이 잘못된다고 인식하였기 때문이다. 다소 과하고 문제가 있더라도 상소의 내용으로는 처벌하지 못하는 전통을 세웠던 것이다. 물론 늘 그런 것은 아니었다. 때로 상소의 내용 때문에 처벌되고 형벌을 받거나 귀양을 가기도 하는 경우도 있었다. 그러나 전체적으로는 상소의 내용은 보호되어야 한다는 것이 선비나 관료 모두에게 공통되는 인식이었다. 이것은 상소가 공적인 문제제기를 하는 통로였기 때문에 다소 내용에 문제가 있다고 하더라도 상소자를 보호함으로써 이후 상소를 통해 사회문제의 제기가 끊어지지 않게 하려는 의식의 소산이었다.

앞서의 사례에서도 보았듯이 상소는 조선시대의 공론公論을 표현하는 장치였다. 조선시대의 공론이란 '국가 공공의 의논'이라는 뜻으로 오늘날 언론 혹은 여론이라는 말과 가깝지만, 단지 다수의 견해라기보다, 국가의 흥망이나 유학의 성쇠와 같은 대의명분으로 뒷받침되는 것이어야 했다. 중종 때 일어난 성균관 유생들의 상소사건은 이러한 공론의 의미를 잘 보여준다.

중종은 왕위에 오르자마자 선왕인 성종 때에 거행한 행사라는 이유로 불교식 제사인 기신제忌辰祭를 복구시켰다. 그러나 당시 조정은 성리학 이념으로 무장한 사림파 지식인이 등장하여 영향력을 점차 넓혀나가는 싱횡이었고, 이들은 당연히 불교 행사인 기신제를 폐지하라고 요구했다. 사림파 계열 대신들이 몇 년에 걸쳐 건의했음에도 국왕이 듣지 않자, 성균관에서 공부하던 유생들이 나섰다. 이에 대한 국왕의 반응은 차가웠다. 대신들의 말도 받아들이지 않았는데 하물며 너희들의 말을 받아들이겠느냐고 대답했던 것이다. 그러자 성균관 유생들은 다음과 같은 상소를 올렸다.

"전하의 그 말씀으로 인해 행여 이 나라를 잃게 되자나 않을지 걱정입니다. 공론이 있는 곳에는 초야의 천한 사람 말이라도 가볍게 여길 수 없고, 공론이 없는 곳에서는 조정의 높은 대신 말이라도 무겁게 여길 수 없습니다. 중요한 것은 임금을 바로잡고 나라를 구제하는 데에 있을 따름입니다."

사림파의 중앙 진출이 마무리된 후, 조선의 조정은 왕권과 신권, 언관권이 균형을 이루는 정치구조를 이루었다. 국왕이나 신하, 어느 한쪽이 일방적으로 정국을 주도하는 것이 아니라 함께 국정을 운영하며, 언론의 따가운 지적에도 귀를 기울여야 하는 시대가 된 것이다. 주목해야 할 점은 당시 언론이 언관이라 불리는 사간원·사헌부·홍문관 관리들만의 몫이 아니었다는 점이다. 예비 관리 집단으로 전국 각지에 거주하던 유생들의 재야언론이 막강한 영향력을 행사했기 때문이다.

유생들의 언론은 상소를 통해 공론으로 표출되었다. 상소에는 서울에 있는 성균관과 사부학당의 유생이 올리는 관소와 지방 향교나 서원, 각 행정단위에 거주하는 유생들이 올리는 유소가 있었다. 이들은 때로 힘을 합하여 연합소를 올리기도 했다. 유생들이 올린 상소는 승정원을 거쳐 국왕에게 전달되었는데, 특히 성균관 유생이 올린 상소에는 국왕이 직접 답변을 하는 것이 관례였다. 따라서 유생들은 비록 현직 관리는 아니었어도 공론을 형성하는 주체로 기능했고, 이로 인해 조선시대의 정치 참여층이 그만큼 확대되는 효과를 낳았다.

조선시대의 붕당은 공론에 토대를 두고 형성되며, 공론의 대결에서 승리함으로써 정치적 우위를 확보하는 정치집단이다. 따라서 붕당은 공론의 우위를 확보하기 위해 끊임없이 경쟁하며, 그런 가운데 상호 견제와 공존을 유지하고, 세도정치와 같은 특정집단의 독점을 막을 수 있었던 것이다. 이렇게 본다면 16세기에서 18세기에 이르는 조선시대의 정치사는 공론정치가 대두하여 정점에 이르렀다가 파경에 이르는 굴곡을 보여준다. 또한 정조正祖가 공론의 방향을 국왕의 의도하는 대로 집중시킨 것은 왕권을 강화시키는 성과가 있었지만, 유생들의 정치참여를 규제하여 결국은 공론정치의 쇠퇴를 가져온 것으로 해석되기도 한다.

유생의 상소가 표방하는 것은 공론이지만 중앙의 정치세력과 정치적 연대를 맺고 작성될 경우에는 사실상 당론과 구분하기 어려웠던 것이 사실이다. 중앙 세력과의 연대 여부에 따라 상소가 작성되는 시간과 절차가 달라지기도 한다. 가령 정치적으로 열세에 있으면 상소를 작성하는 데 오랜 시간이 걸린다거나, 수적 우위를 강조하기 위해 연명을 하는 유생들의 숫자가 늘어났던 것이 그러한 예이다.

유생의 상소가 실제적인 효과를 보기 위해서는 우선 국왕이 이를 채택해야만 했다. 유생들은 공론을 표방하면서 당대 정치의 잘잘못을 거론할 수는 있었지만, 정책을 결정하여 시행하는 것은 국왕과 대신의 몫이었기 때문이다. 따라서 공론의 실천에 있어서는 특히 국왕의 최종 판단이 중요했다.

그렇지만 유생들의 상소는 공론정치라는 새로운 정치문화를 형성하고, 정치참여층을 크게 넓히는 효과를 가져왔다. 또한 그들이 형성한 공론은 군주나 특정집단이 정국을 독점적으로 운영하는 것을 견제했다는 점에서 현대 정당정치의 선험적인 형태를 보여주기도 한다.

조선시대에 유생은 상소를 올리기 전 굳은 결심을 하고 나서야 했다. 상소의 내용에 따라 책임을 묻는 것은 자제되었지만 늘 그런 것은 아니었다. 경우에 따라서는 죽음까지 각오해야만 했기 때문이다. 그렇지만 그들은 자신의 주장을 공론으로 확신했기 때문에 죽음을 두려워하거나 생각을 바꾸지 않았다.

상소를 조선시대 선비들의 절대적인 정신이 표현된 것이라고 보아도 좋을까? 조선시대 선비들은 앞뒤 가리지 않고 늘 변하지 않는 원칙만을 주장하고 지키는 목석과도 같은 존재였을까? 만일 그러하다면, 상소가 그러한 절대정신을 소유한 선비들의 외침이라면 우리에게 상소는 너무나 낯선 대상이 아닐까?

무엇보다도 상소에 대한 역사와 전후의 맥락을 살펴본다면 조선시대 선비들의 고민이 상소에 짙게 배어있음을 인정하지 않을 수 없다. 나라가 유지되기 위해서, 사회가 안정되기 위해서 조선시대 선비들은 공적인 문제에 대해 끊임없이 발언하였다. 그 대표적인 통로가 상소였던 것이다.

조선시대 영남 선비들의
산수유람과 지향의식

정우락

(경북대 국어국문과)

1. 선비와 산수

자연에 대한 동양적 인식은 자연을 객체나 대상 혹은 기계적 법칙으로 이해하고 지배하는 것이 아니다. 유가와 도가의 자연관이 다소 차이가 있다고 하더라도 대동소이하다. 그 소이小異는 자연 속에서 끊임없이 이상을 찾고자 했던 것이 유가적 관점이라면, 도가적 관점은 자연 속에서 일체의 인위를 거부하며 거기에 순응하고자 했다. 그러나 이 둘이 실제적으로는 경쟁하는 것이 아니라 상보적 관계를 지닌다. 이 때문에 유가 선비들의 작품에 도가에서 제시하는 신선세계가 자주 등장될 수 있었다.

선비들은 자연의 다른 말인 '산수山水'라는 용어를 즐겨 사용하였다. 산수는 '산'과 '수'의 합성어이다. 언제부터 산수라는 말이 사용되었는지 알 수 없으나, 배산임수背山臨水를 주거에 대한 입지로 설정하면서 자연스럽게 인식되고 사용되었을 것이다. 산수가 '산'과 '수'의 합성어이지만, 그 의미는 여기서 훨씬 벗어나기도 한다. 바람소리 · 물소리 · 새소리와 같은 이른 바 '천뢰天籟'를 포괄할 수 있기 때문이다. 이로 보면 산수는, 산과 물을 중심으로 한 모든 자연계로 의미가 확장된다. 정치현실이나 인간사회와 대립된 강호자연으로서의 의미로 발전하기도 한다. 이쯤 되면 산수는 단순한 자연물이 아닌 미학적 대상이 된다.

공자를 종장宗匠으로 하는 한국 선비들의 산수인식은 그의 가르침에 의해 의미가 구체화되었을 것이다. 『논어』「옹야」편에 나오는 저 유명한, "지혜로운 자는 물을 좋아하고, 어진 자는 산을 좋아한다. 지혜로운 자는 움직이고 어진 자는 고요하며, 지혜로운 자는 즐기고 어진 자는 오래 산다"1)라고 한 공자의 언명이 그것이다. 주자는 집주集註를 통해 그 의미를 천착한 바 있다. 즉, 지혜로운 사람은 사리에 통달해서 물처럼 두루 흘러 막힘이 없는 모습이 물과 같고, 어진 자는 의리에 편안하여 중후해 옮기지 않는 모습이 산과 같기 때문이라고 한 것이 그것이다. 이와 함께 공자의 다음 가르침은 선비들의 의식 속에서 끊임없이 확대되고 재생산되었다.

---

1) 『論語』, 「雍也」 21, "知者樂水 仁者樂山 知者動 仁者靜 知者樂 仁者壽."

자로 · 증석 · 염유 · 공서화가 (공자를) 모시고 앉아 있었다. 공자가 "내 (나이가) 다소 너희들보다 많다고 하여 나 때문에 어렵게 생각하지 마라. 너희들이 '나를 알아주지 못한다'고 하는데, 혹시라도 너희들을 알아준다면 어떻게 하겠느냐?"…… "점아, 너는 어떻게 하겠느냐?"라고 하자, 그는 비파타기를 드문드문 하더니, 쟁그렁 소리를 내며 비파를 놓고 일어나서 대답했다. "세 사람이 갖고 있는 생각과는 다릅니다." 공자가 "무엇이 나쁘겠는가? 또한 각기 자신의 뜻을 말하는 것이다."고 하자, 다음과 같이 말했다. "늦은 봄에 봄옷이 이미 이루어지면 관을 쓴 어른 5 · 6명과 동자 6 · 7명과 함께 기수沂水에서 목욕을 하고 무우舞雩에서 바람을 쐬고 노래하면서 돌아오겠습니다." 공자가 "아!" 하고 감탄하며, "나는 점과 함께 하겠다"라고 하였다.[2]

공자가 그의 제자 자로 · 증석 · 염유 · 공서화 등과 더불어 장래의 포부에 대하여 대화를 나누고 있다. 공자는 자로나 염유, 그리고 공서화의 뜻은 취하지 않는데 비해,[3] 증석의 뜻은 크게 받아들여서 함께 하고자 했다. 그에게서는 정치적 포부와 그에 따른 승패보다도 요순의 기상[4]을 발견한 것이다. 즉 공자는 기수에서 목욕을 하고 무우에서 바람을 쐬고 노래하면서 돌아오고 싶어했던 증석과 같이 성인의 기상을 키워가고 싶

---

2) 『論語』, 「先進」 25, "子路 · 曾晳 · 冉有 · 公西華 侍坐 子曰 以吾一日長乎爾 毋吾以也 居則曰 不吾知也 如或知爾 則何以哉…… 點 爾何如 鼓瑟希 鏗爾舍瑟而作 對曰 異乎三子者之撰 子曰 何傷乎 亦各言其志也 曰 莫春者 春服旣成 冠者五六人 童子六七人 浴乎沂 風乎舞雩 詠而歸 夫子 喟然歎曰 吾與點也."

3) 이 대화에서 자로는 자신이 나라를 다스리면 전쟁으로 흉년이 들었다고 할지라도 '백성들을 용맹하게 할 수 있을 뿐만 아니라, 의리로 향할 줄을 알게 할 것'이라 했고, 염유는 작은 나라를 다스릴 경우 '백성들을 풍족하게 하겠지만 예악에 대해서는 다른 군자를 기다리겠'다고 했으며, 공서화는 배우기를 원한다면서 제후의 회동 등에서 집례자가 되고 싶다고 했다.

4) 『論語』, 「先進」 25, 朱子注, "程子曰…… 孔子與點 蓋與聖人之志이며 便足堯舜氣象也."

었던 것이다.

우리는 증석과 공자의 이 대화 가운데 두 가지의 중요한 점을 발견할 수 있다. 하나는 이들의 행위나 이야기 속에 '비파'(瑟)와 '노래'(詠) 등 풍류적 요소들이 나타난다는 점이며, 다른 하나는 자연에 대한 친화적 태도를 지니며 이를 통해 수양해 가려는 의지를 보인다는 점이다.[5] 전자에서 우리는 공자 및 그 학단의 지향적 삶을 읽어낼 수 있고, 후자에서는 공자가 자연을 통해 꾸준히 인간의 인(仁)과 지(智)를 계발해 가려 한 노력을 감지해 낼 수 있다. 그러니까 공자는 산수를 유람하면서 인간의 욕망을 씻고 요순, 즉 성인의 기상을 키워가고자 했던 것이다. 이에 대하여 주자는 이렇게 풀이하고 있다.

증점의 학문은 인욕이 다한 곳에 천리가 유행하여 장소에 따라 충만해서 조금도 결함이 없는 것을 봄이 있었다. 그러므로 그 움직이고 고요할 때의 자연스러움이 이와 같았으며, 그 뜻을 말함에는 현재 자기가 처한 위치에 나아가 그 일상생활의 떳떳함을 즐기는 데에 지나지 않았으며 당초 자신을 버리고 남을 위하려는 뜻도 없었다. 그리하여 그 가슴속이 한가롭고 자연스러워 곧바로 천지 만물과 더불어 상하가 함께 흘러 각각 그 장소를 얻은 묘함이 은연중에 말로 나타났다. 이것은 저 세 사람이 지엽적으로 정치적인 것에 급급한 것에 견주어 보면 그 기상이 같지 않은 것이다.[6]

---

5) 공자의 풍류정신은, 정우락, 「『논어』에 나타난 공자의 예술정신과 문학사상」(『대동한문학』 18, 2003)에서 자세하게 다루었다.
6) 『論語』, 「先進」 25, 朱子注, "曾點之學 蓋有以見夫人欲盡處 天理流行 隨處充滿 無少欠闕 故其動靜之際 從容如此 而其言志 則又不過卽其所居之位 樂其日用之常 初無舍己爲人之意 而其胸次悠然 直與天地萬物上下同流 各得其所之妙 隱然自見於言外 視三

이 자료는 '알인욕遏人欲 존천리存天理'라는 주자 수양론의 기본입장을 공자와 증석(점)의 대화를 통해 제시한 것이다. 따라서 주자의 이 언급이 공자의 본의와 얼마만큼 부합되는가 하는 것은 논외로 하더라도, 『논어』의 일관된 지향점은 자연 속에서 끊임없이 인간의 원리를 발견해가는데 있었다. 주자식으로 설명하자면 산수유람을 통해 이것은 가능하며, 나아가 자연과 일체가 됨으로써 일상생활 속에서 '천리지묘天理之妙'를 체득하자는 것이었다. '가슴속이 한가롭고 자연스러워 곧바로 천지 만물과 더불어 상하가 함께 흘러 각각 그 장소를 얻은 묘함'이라는 것에서 사실의 이러함은 확연하다. 공자는 이것이 지엽적인 정치적 활동보다 훨씬 근본적인 문제라고 생각했다.

조선조 선비들의 산수인식은, 기본적으로 공자학단에서 이루어졌던 공자의 가르침과 주자의 풀이에 입각해서 이루어졌다. 공자는 산수에서 인仁과 지智를 발견하였고, 주자는 이에 대한 의미를 연역해내며 공자학단에서 이루어지고 있었던 산수에 관한 일련의 대화를 통해 성리학적 수양론을 발견하였다. 이것은 정치나 현실과 떠나 있는 풍류 내지 자연과 밀착되어 있었고, 여기에는 자연 속에서 '천리지묘'를 체득하여 자연과의 합일을 이룩하자는 이상이 강하게 제기되어 있었다. 조선시대의 우리 선비들 역시 이러한 이상을 실천하기 위하여 산수유람을 했고, 또한 수다한 관련 작품을 생성하였다. 이 글은 이러한 사정을 고려하면서 조선시대 영남 선비들이 산수를 유람을 하면서 그들의 의식을 어떻게 가다

子之規規於事爲之末者 其氣象不侔矣."

듬어 갔는가 하는 부분을 주로 다룬다. 이를 통한 현대적 의미까지 생각해 보기로 한다.

2. 조선시대 영남 선비들의 산수유람

동기창董其昌(1555~1636)은 명나라 말기의 화가이자 문인이다. 그는 『화선실수필畫禪室隨筆』에서 "만 권의 책을 읽고, 만 리의 길을 가며, 만인의 벗을 사귄다"(讀萬券書 行萬里路 交萬人友)라고 언급한 바 있다. '독만권서'가 다양한 지식을 두루 습득하는 것을 의미한다면, '행만리로'는 수많은 곳을 여행하며 견문을 넓히는 것을 말한다. 그리고 '교만인우'는 많은 사람들과 사귀며 경험을 나누는 것을 의미한다. 산수유람은 다소와 경중의 차이가 있을 수는 있겠지만, 이 세 가지 가운데 어느 하나라도 빠져서는 이루어지기 어렵다.

우리나라 산수유람의 근원은 신라의 풍류도風流徒에 있었다. 최치원崔致遠(857~?)이 그렇게 말하고 있듯이, 신라에는 현묘玄妙한 도가 있었고 이것을 풍류風流라고 했다. 이들은 유불도儒佛道의 회통적 시각을 갖고, 명산을 유람하면서 몸과 마음을 수련하였으며, 시가를 읊조리며 세계에 대한 건강한 비전을 제시하였다.[7] '풍류風流'라는 말에서 볼 수 있듯이,

---

7) 정우락, 「경북 선비의 풍류문화」, 『경북의 유학과 선비정신』, 경상북도 · 한국국학진흥원, 2012, 377~381쪽 참조.

자연을 바탕으로 하고 있다. 바람과 물의 흐름이 자연이지만 자유롭듯이 풍류정신을 지닌 화랑들은 자유로운 의식을 갖고 명산대천을 유람하며 스스로를 연마하였던 것이다.

신라시대 혜초慧超가 인도를 여행하고 그 견문한 바를 쓴 「왕오천축국전往五天竺國傳」이 있기는 하나, 우리나라 산수유람이 구체적인 기록으로 나타나는 것은 고려후기에 와서이다. 임춘林椿의 「동행기東行記」, 이규보李奎報(1168~1241)의 「남행월일기南行月日記」, 안축安軸(1287~1348)의 「관동와주關東瓦注」, 이곡李穀(1298~1351)의 「동유기東遊記」 등은 그 대표적인 작품이다. 임춘는 「동행기東行記」에서 사마천이 여행을 통해 문장이 웅장해졌다는 것을 들며 문장가로서의 입지를 분명히 했고, 이규보의 「남행월일기」는 지방관으로 남도에 갔을 때의 견문을 적은 것인데 불완전하기는 하지만 일기형식을 취하고 있으며, 안축의 「관동와주」는 강릉도 존무사存撫使가 되어 1년 동안 그곳에 지내면서 겪고 느낀 바를 쓴 것이다. 이곡의 「동유기」는 본격적으로 기행 날짜를 명기하면서 관동지방의 유람 경험을 객관적으로 기술하고 있어 특기할 만하다.

고려시대 산수유람의 경험들이 조선시대에 이르면 와유행臥遊行을 제공했다. 즉 산수유람을 직접 하지 않으면서도 산수의 지취를 느낄 수 있었던 것이다. 조선초 강희안姜希顔(1417~1464)이 이곡의 「동유기」나 안축의 「관동와주」, 그리고 성현·성임 형제가 쓴 「유관동록」을 와유의 자료로 삼은 것이 그 대표적이다.[8] 오늘날 우리가 흔히 보는 '유遊…기記'

---

8) 姜希顔, 『私淑齋集』 卷8, 「送家姪成修撰遊關東序」 참조.

나 '유遊…록錄'의 형식은 세종연간에서부터 시작하여 성종연간으로 들어서면서 작품의 양이 확대된 것으로 보인다. 이것은 산수유기가 하나의 문체로 등장한 것을 의미하는데, 이러한 양식의 글이 '산수-성리학-선비'가 일정한 함수관계 하에 발달했다는 것을 의미한다.

사림파의 등장과 성장은 산수유람을 더욱 확장시켰다. 김종직 학단에서 지리산 유산기가 특별이 많이 생산되는 것에서 이를 확인할 수 있다. 조선조를 통틀어 유산기와 유산록이라는 제명 하에 검색되는 작품은 잠정적으로 560여 편 정도이다.[9] 그러나 실제적인 작품은 이것을 훨씬 상회할 것으로 보이며, 시문학 작품까지 포함하면 그 규모를 파악하기 어려울 정도로 많다. 이것은 지역에 거점을 마련한 선비들이 그들의 생활 근거지를 중심으로 산수를 유람하면서 작품을 남기고 있음을 의미한다. 즉 산수유람은 이들에게 있어 하나의 생활이었던 것이다.

영남의 경우에 집중해 보자. 백두산에서 태백산까지 내려온 대간大幹은 두 갈래로 나뉜다. 그 품 안이 바로 영남지역이다. 한 줄기는 동해안을 따라 곧장 아래로 뻗어 내리고, 다른 한 줄기는 서쪽으로 흐르다 속리산에서 방향을 바꾸어 아래로 달린다. 태백산에서 아래쪽으로 바로 뻗어 내리는 줄기는 영양의 일월산日月山, 진보의 용두산龍頭山, 청송의 비학산飛鶴山, 영천의 도음산禱陰山과 모자산母子山, 경주와 언양의 금오산金鰲山, 양산의 원적산圓寂山을 이룬다. 서쪽으로 흐르는 산줄기는 봉화의 문수산文殊山과 청량산淸凉山, 풍기의 소백산小白山과 죽령竹嶺, 문경의 주흘산主屹

9) 윤남한 편, 『잡저기설류기사색인』, 한국정신문화연구원, 1982.

山과 조령鳥嶺, 함창의 구봉산九峯山과 속리산俗離山으로 흐르다 방향을 아래로 바꾸어 지례의 황악산黃岳山, 거창의 덕유산德裕山, 안음의 지우산智雨山으로 내려오다가, 함양과 하동의 지리산智異山에서 우뚝 멈추어 선다.

백두대간은 이처럼 두 갈래의 기본 구도를 갖추고 있으나 지맥을 가운데로 흐르게 하기도 했다. 즉 두 맥에서 흘러나와 봉우리를 이루었다는 것이다. 이렇게 해서 생긴 산이 선산의 금오산金烏山, 성주와 합천의 가야산伽倻山, 군위와 의흥의 팔공산八公山, 대구와 현풍의 비슬산琵瑟山, 청도와 영산의 영축산靈鷲山, 양산의 취서산鷲棲山, 김해의 신어산神魚山 등이다. 이들 산은 대체로 낙동강 연안에 위치하면서 깊은 계곡을 만들어 선비들의 계거溪居를 가능케 했고, 이에 따라 영남의 특수한 문화 활동이 영위될 수 있게 했다.

영남의 '수'를 대표하는 것은 낙동강이다. 낙동강은 영남지역에서 행정단위를 넘어서는 총체적 의미를 지닌다. 그 유역의 면적은 여러 도에 걸쳐있는 한강보다 약간 뒤지는 23,895㎢이지만, 길이는 525km로 남한에서 제일이다. 이 강은 순흥의 소백산, 문경의 곳갑천, 청송의 보현산 등 세 갈래의 물을 받아, 상주에서 비로소 낙동강 본류가 된다. 본류는 영남지역만을 관통하고 있어 이 지역의 역사와 문화는 낙동강을 중심으로 이루어졌다고 해도 과언이 아니다. 우선 다음 자료를 통해 낙동강이라는 이름의 연원과 그 흐름을 간단히 살펴보자.

낙수洛水의 물은 태백산 황지黃池에서 나와 급하게 수백 리를 흘러 상락上洛의 동쪽에 이르러서야 그 세력이 점점 커진다. 문이 이름을 낙동이라 한

것은 이 때문이다.10)

경상도의 낙동강은 근원이 태백산에서 나와서 동쪽으로 꺾어져 서쪽으로
흐르다가 다시 꺾어져 남쪽으로 흘러서 한 도의 중간을 그었으며, 또 동쪽
으로 꺾어져 남쪽으로 흘러서 바다로 들어간다.…… 태백산 황지는 산을
뚫고 남쪽으로 나와서 봉화에 이르러 매토천이 되며…… 상주 북쪽에 이르
러 송라탄이 되며 주의 동북 35리에 이르러 낙동강이 되고, 의성과 의흥의
여러 냇물은 군위와 비안을 거쳐 와서 합쳐진다.…… 남쪽으로 양산의 동원
진이 되며, 또 남쪽으로는 세 갈래 물이 되어서 김해부 남쪽 취량에 이르러
바다로 들어간다.11)

앞의 것은 이준李埈(1560~1635)이 「낙강범월시서洛江泛月詩序」에서 언
급한 것이다. 여기에 의하면 낙동강은 상주에서 시작한다는 것을 알 수
있다. 상주는 예로부터 상락上洛, 상산商山, 낙양洛陽 등으로 불러왔는데12)
낙동강은 바로 '상락의 동쪽을 흐르는 강'이라는 뜻에서 유래되었던 것이
다. 우리가 흔히 낙동강 700리라고 할 때는 바로 상주의 낙동에서 시작한
길이다. 뒤의 것은 이긍익李肯翊(1736~1806)이 「지리전고」에서 언급한 것

---

10) 李埈,『壬戌泛月錄』,「洛江泛月詩序」, "洛水 出太白之黃池 奔流數百里 至上洛之東
而其勢漸大 水之名洛東 以是也."

11) 李肯翊,『燃藜室記述』卷16,「地理典故」, "慶尙道洛東江 源出太白山 東折西流 又折
而南流 畵一道之中 又東折南流而入海…… 至尙州北 爲松蘿灘 州東北三十五里爲洛
東江 義城義興諸川 經軍威比安來合…… 又南爲梁山東院津 又南爲三分水一 至金海
府南鷲梁入海."

12) 『新增東國輿地勝覽』卷28 尙州牧條에 의하면, 상주는 이 밖에도 '上州・沙梁伐・沙
伐・陀阿・歸德軍' 등으로 불리기도 한다고 했다. 그리고 이중환은『擇里志』「慶尙
道」조에서 '상주는 일명 洛陽이며, 조령 밑에서 있는 하나의 큰 도회로서 산이 웅장
하고 들이 넓다'라고 기술한 바 있다.

으로 낙동강의 흐름을 대체적으로 알게 한다. 낙동강의 발원지는 태백산의 황지이며,13) 여기서 흘러내린 물줄기가 남하하다가 안동 부근에 이르러 반변천 등을 만나면서 방향을 서쪽으로 바꾸고, 점촌 부근에서 내성천을 합하며 다시 남쪽으로 흐른다. 이 강이 마산과 진해의 산지에 막혀 다시 동쪽으로 방향을 바꾸어 마침내 부산의 서쪽에 이르러 바다로 흘러든다. 대체로 영남의 열읍列邑을 'ㄷ'자로 흐르며 지나간다.

영남의 선비들은 낙동강을 사이에 두고 늘어선 수많은 산을 중심으로 유람하였다. 일찍이 명나라의 학자 비굉費宏은 「무이지서武夷志序」에서 '땅은 사람으로 인해 빼어나게 된다'(地因人勝)라고 한 바 있다. 자연이 지닌 본질적 아름다움도 중요하겠지만, 그보다 더욱 중요한 것은 그 산수와 사람이 어떤 인연을 맺고 있는가 하는 것이다. 영남의 선비들은 산수유람을 통해 선현을 몸으로 느끼고, 이를 통해 도덕적 깨우침을 이룩하고자 했다. 산수 속에 내포되어 있는 천리를 인간의 주체적 역량으로 끌어들여 합일시키는 천인합일天人合一의 이상을 시도하고자 했다. 맹자가 '올바름으로써 기르고 해침이 없으면 호연지기浩然之氣가 천지간에 꽉 차게 된다'라고 한 것도 이에 다름이 아니다. 선비들이 산수유람의 최종점을 어떻게 설정하고 있는가 하는 부분이 이로써 확인된다.

---

13) 황지에 모여드는 물줄기를 거슬러 오르면 강원도 태백시 화전동에서 정선군 고한읍으로 넘어가는 곳에 싸리재를 만나게 된다. 싸리재를 중심으로 저쪽 너머에는 한강의 발원지가 있고, 이쪽 너머에는 낙동강의 발원지 너덜샘이 있다. 황지에서 시작하면 낙동강은 1,300리가 된다. 현재 황지에는 '洛東江 千三百里 여기서부터 시작되다'라는 커다란 표석이 세워져 있다.

3. 산수유람을 통한 지향의식

1) 문명의식

일찍이 공자는 '동산에 올라가 노국을 좁게 여기고 태산에 올라가 천하를 좁게 여겼다'(登東山而小魯 登泰山而小天下)고 한다. 공자의 이 생각에는 빛과 문명을 지향하는 꿈이 있다. 이 때문에 공자의 후예들은 그 빛과 문명을 찾기 위하여 끊임없이 산을 올랐다. 조선의 수많은 사림士林들이 산을 올랐던 것도 문명에 대한 꿈이 있었기 때문이다. 여기에는 야만의 어둠을 몰아내고, 빛을 찾아가는 구도의 정신이 깃들어 있다. 이들이 구상하는 정치와 문화의 이상도 문명 중심의 대동세계였으며, 여기에는 춘추 의리론이 강하게 작용하기도 했다. 이러한 사정을 염두에 두면서 선비들이 산수유람을 통해 꿈꾸었던 문명의식에 대해서 생각해보기로 하자.

문명의식은 우리나라, 즉 동국東國은 공자도 누추하게 생각하지 않았다는 생각에 기반한다. 김종직이 성주향교에서 공자의 사당을 배알하고 쓴 「알부자묘謁夫子廟賦」에서, "공부자께서 천하를 두루 다니실 때, 구이九夷도 누추하게 생각하지 않으셨나니, 우리 동방의 문명, 일찍이 인현仁賢이 다스리던 곳이로다. 존숭함에 도리만 갖춘다면 부자께서도 편안히 오시리로다"[14]라고 한 데서 이를 바로 알 수 있다. 그는 더욱 나아가 공자의 가르침이란 '구하면 있고 길로 삼으면 곧 통하는 것(求之則在 道之

斯通)이라 하여, 조선이 중화와 동일하다는 인식 하에 종족이나 지리적 차별은 염두에 두지 않았다. 이것은 우리나라가 곧 문명국이라는 발상에 기초한다. 다음 자료 역시 같은 방향에서 이해된다.

우리 동방은 아득히 해외에 있지만 기자 이래로 시서詩書의 풍속이 애연하다. 신라에 있어서는 당태종이 김유신·김인문의 풍도를 듣고서 군자의 나라라고 하였으며, 고려에 있어서도 김부식·박인량·김근·이자량 등의 무리들이 문학으로 번갈아 이름이 나 사람들이 소중화小中華라 일컬었다. 민지·정가신은 원세조의 칭찬을 들었고 이익재는 중국사대부의 큰 존중을 받았다. 누가 해외의 벽진 곳이라 하여 사람이 없다 할 것인가.[15]

여기서 보듯이 김종직은 우리 동방이 중국에 못지않는 문명을 가졌다고 자부하고 있다. 신라의 김유신과 김인문 등을 들면서 중국 황제들이 이들에 대한 찬사를 아끼지 않았다고 하면서 대대로 인재가 있었음을 보였다. 김종직의 이 같은 생각은 조선조 사림의 자존감을 심어주기에 충분하였고, 이것이 산수유람에 자연히 적용되었다. 문명에 대한 자부심은 불가 혹은 무속적 자취에 대한 비판으로 이어지기도 했다. 지리산 유산기에 다양하게 나타나는 성모상을 비롯해서, 관왕묘關王廟에 대한 비판 등이 모두 그러한 것이다.

---

14) 金宗直,『佔畢齋集』卷1,「謁夫子廟賦」, "昔夫子之周流 志不陋夫九夷 我東海之文明 曾仁賢之所治 苟尊崇之有道 應夫子之來綏."

15) 金宗直,『佔畢齋集』卷1,「送李國耳赴京師序」, "吾東方 邈居海外 然箕子之後 詩書之俗 藹如也 其在新羅 唐太宗 聞庾信·仁聞之風 謂爲君子之國 其在高麗 金富軾·朴寅亮·金覲·李資諒之徒入宋 以文雅迭鳴 而人稱小華 閔漬·鄭可臣 亦見獎於元之世祖 而益齋先正 大爲中國士大夫之推重 孰謂海外之奧區 卻無其人哉."

문명의식은 조선후기 대명의리大明義理 정신과 결부되면서 극대화되었다. 명나라가 망하고 오랑캐라고 생각했던 청나라가 중원을 제패한 것은 조선의 선비들에게 엄청난 충격이 었다. 게다가 병자호란으로 인조가 남한산성에서 항복한 것은, 그동안 오랑캐라고 멸시하던 만주족 청淸에게 문명국이라고 자부하던 조선이 군신관계의 치욕적 강화를 맺었다는 점에서 더욱 그러하였다. 주화론主和論과 척화론斥和論은 심하게 대치하였으며, 당시 주화론이 우세하여 삼전도에서 굴욕적인 강화를 맺게 되었고, 척화론자들은 청에 연행되어 가거나 재야로 물러나 정치적인 힘을 상실하고 말았다.

대명의리 정신은 실세한 척화론자들을 중심으로 표출되었다. 이런 이념의 극단적인 모습을 보여준 이가 정온鄭蘊(1569~1641)이다. 척화를 주장하던 정온은 자결을 시도하였는데, 이것을 실패하자 그는 고향 거창으로 내려가 산속에 집을 짓고 이름을 모리某里라 하였다. 명나라의 마지막 연호인 숭정崇禎을 고집하며 청나라 연호가 들어간 책도 보지 않았다고 한다. 이 때문에 후인들은 그가 살던 곳에 황명각皇明閣과 화엽루花葉樓를 짓고, 모리 동구의 바위에 '숭정년월崇禎年月 대명건곤大明乾坤'이라는 글자를 새겨 기리기도 했다. 정온이 숭정 정묘년의 달력에 쓴 시는 이렇다.

崇禎年號止於斯　숭정이란 연호가 여기에서 멈추었으니,
明歲那堪異曆披　내년에는 어떻게 다른 역서를 펼쳐 보랴.
從此山人尤省事　이제부터 산인은 더욱 일이 줄었으니,
只看花葉驗時移　단지 꽃잎이나 보면서 계절 가는 것을 알리라.16)

정온의 「서숭정십년역서書崇禎十年曆書」이다. 그는 대명의리 정신에 입각하여 청나라 책력 자체를 거부하고 있다. 이것은 청나라 이후의 시간을 인정하지 않겠다는 의지를 드러낸 것이다. 다만 꽃이 피고 지는 것에 따라 계절, 즉 시간을 감지할 따름이었다. 이후 안의의 산수를 방문한 선비들은 정온의 이 같은 대명의리 정신을 드높이며 모리에 들러 추모의 염을 감추지 않았다. 정재규鄭載圭(1843~1911)도 그 가운데 한 사람이다. 그는 거창의 모리를 방문하여 정온의 시에 대하여 다음과 같이 차운한 바 있다.

大明天地止於斯   대명의 세상이 여기에서 끝났으나,
三百年來舊曆披   삼백 년 동안 명나라 책력만 펼쳤네.
昔時花葉今無恙   옛날 꽃과 나뭇잎 지금도 변함없으니,
扶植彝倫永不移   이 인륜 부지하여 영원히 변치 않으리.[17]

정재규는 대명천지를 인류를 부지하는 문명과 결부시켜 이해하고 있다. 즉 대명의리는 단순히 명나라에 대한 숭모와 청나라에 대한 배격이아니라, 문명에 대한 이상의 추구였던 것이다. 이러한 생각은 조선의 산천에 두루 퍼져 있었던 바, 문학작품은 물론이고 정자의 이름이나 바위의 각석으로 다양하게 표현되었다. 예컨대, 박명부의 은거지인 농월정弄月亭도 달을 희롱한다는 의미에 국한되어 있는 것이 아니라 암흑의 시대에

---

16) 鄭蘊, 『桐溪集』 卷1, 「書崇禎十年曆書」.
17) 鄭載圭, 『老栢軒集』 卷1, 「某里齋謹次先生題崇禎曆面韻」.

문명을 밝힌다는 의미를 담고 있으며,18) 채득기蔡得沂가 상주의 경천대에 "대명천지大明天地 숭정일월崇禎日月"이라 새겼던 것도 같은 이치이다. 이밖에도 최동집崔東㠜처럼 조선의 허다한 숭정처사崇禎處士들이 있어 명나라를 기리며 문명을 지켜가고자 하였던 것이다.

이처럼 조선의 산수에는 선비들의 문명의식이 강하게 구현되어 있다. 이들은 기자동래설을 믿으며 조선이 바로 공자가 가고 싶어 했던 땅이라는 자부심을 갖고 있었다. 중국과 동등하다는 소중화주의小中華主義 역시 문명에 대한 꿈의 다른 표현한 것이다. 특히 오랑캐로 여겼던 청나라에 의해 명나라가 멸망하면서 조선의 선비들은 대명의리 정신으로 더욱 무장하였다. 비석에 '유명조선국有明朝鮮國'과 '숭정기원崇禎紀元'을 새긴 것이나 정자의 이름과 석각 등을 통해 다양하게 표현되었다. 우리의 산수에는 이처럼 문명의식이 깊게 잠복해 있었고, 산수 유람을 통해 다양하게 구현되고 있었던 것이다.

2) 독서의식

박지원朴趾源(1737~1805)이 「양반전」에서 "독서왈사讀書曰士 종정왈대부從政曰大夫"라고 하였듯이 독서는 선비들에게 있어 필수적인 것이다. 이

---

18) 유후조는 「농월정중건기」에서 "농월정이라는 세 글자를 특별히 바위에 새긴 것은 무슨 뜻인가? 공이 동계 정선생과 의리를 부지한 것은 또한 당시의 魯仲連과 같은 것이었다. 공이 이 정자에 올라 못 위의 명월을 노중련으로 본 것인지도 모른다.…… 지금 공은 동해에 사는 사람으로서 尊周大義로써 동해에 명월을 다시 뜨게 하였으니, 노중련에 비해 빛이 더 있다"라고 하였다.

때문에 은거처에는 책을 쌓아두고 읽었고, 유산할 때도 책을 갖고 다녔으며, 아예 유람과 독서를 비유적으로 설명하기도 했다. 정구鄭逑(1543~1620)가 "무릇 독서는 산을 유람하는 것과 같다. 산을 오름에 반도 오르지 못하고 그치는 자가 있고, 두루 다니면서도 그 정취情趣를 알지 못하는 자도 있다. 반드시 그 산수山水의 정취를 알아야 비로소 산을 유람했다고 말할 수 있다"[19]라고 한 발언은 그 대표적이다. 즉 정구는 독서와 유산에서 가장 중요한 것은 그 속에 담긴 깊은 뜻을 이해하는 것이라 보았던 것이다.

산을 오르는 것이 독서와 같기 때문에 유산과정에서 강회講會가 이루어지는 것은 당연하였다. 남효온南孝溫(1454~1492)이 「지리산일과」에서 "밤에 『근사록』을 보았다. 그때 지닙암의 오수좌라는 자가 있어 우리들의 성정性情에 대한 강론을 듣고 크게 기뻐하면서 '마음을 붙잡고 성찰하는 공부는 유불儒佛이 다름없군요'라고 하였다"[20]라고 한 데서 이를 확인할 수 있다. 이들이 유산하면서 읽고 강론한 것은 『소학』과 사서삼경, 그리고 성리서는 물론이고 간혹 도가서도 포함되어 있었으며, 선배들이 지은 유산기도 중요한 목록 가운데 하나였다. 선비는 독서를 떠나 그의 일상을 이해할 수 없으므로, 산수유람이 일상인 선비에게 독서는 동반되지 않을 수 없었다. 아래와 같은 시도 이러한 상황에서 지은 것이다.

---

19) 權相一, 『淸臺集』卷12, 「無忝堂李公墓碣銘」, "寒岡…… 且曰 夫讀書如遊山 有登山未半而止者 有歷遍而未知其趣者 必也知其山水之趣 方可謂遊山 公逢書紳而返 掛于壁間."

20) 南孝溫, 『秋江集』卷6, 「智異山日課」, "夜觀近思錄 時有知及悟首坐者 聞余輩性情之論 大喜曰 持心省察之功 儒釋無異."

讀書人說遊山似	사람들 말하길 글 읽기가 산 유람함과 같다지만,
今見遊山似讀書	이제 보니 산 유람함이 글 읽기와 비슷하구나.
工力盡時元自下	공력을 다했을 땐 원래 스스로 내려오고,
淺深得處摠由渠	깊고 얕음 아는 것 모두 저로부터 말미암네.
坐看雲起因知妙	앉아서 피어오르는 구름 보며 묘리를 알게 되고,
行到源頭始覺初	발길이 근원에 이르러 비로소 처음을 깨닫네.
絶頂高尋勉公等	절정을 높이 찾아가는 그대들에게 기대하며,
老衰中輟愧深余	늙어서 중도에 그친 나를 깊이 부끄러워하네.[21]

誰把遊山曾善喩	누가 독서를 유산에 잘 비유하였던가,
恰如窮讀聖賢書	흡사 성현의 책을 모두 읽은 듯하네.
百層勇往知由己	백층으로 용맹정진하는 것은 자기에게 달려 있고,
一鑑淸來試問渠	하나의 거울처럼 맑은 것을 그에게 물어보네.
胸與眼寬雲散後	가슴은 시야와 함께 넓어져 구름이 흩어진 뒤 같고,
氣兼神靜月明初	기운은 정신과 함께 고요하여 달이 처음 뜨는 듯하네.
何時得到眞佳境	언제 진실로 아름다운 경계에 이를 수 있으랴,
萬壑千峯摠在余	수많은 골짜기와 봉우리가 모두 나에게 달려 있다네.[22]

앞의 시는 이황의 「독서여유산讀書如遊山」이고, 뒤의 시는 김부륜金富倫(1531~1598)이 스승 이황의 시를 차운한 「경차독서여유산운敬次讀書如遊山韻」이다. 1564년 이황은 이문량·금보·금란수·김부륜·이덕홍 등과 청량산을 유람하게 된다. 이황의 제자들은 주자가 장식張栻 등과 함께

21) 李滉, 『退溪集』卷3, 「讀書如遊山」.
22) 金富倫, 『雪月堂集』卷1, 「敬次讀書如遊山韻」.

남악을 유람하고 창수시를 지은 고사에 따라 스승을 모시고 산을 오르며 시를 지었다. 이 때 이황은 앞과 같은 시를 지었고, 여러 제자들은 여기에 차운한다. 뒤의 시는 김부륜이 그 때 지은 것이다. 여기서 이황과 김부륜은 유산을 독서에 비유하며 구도를 향해 함께 힘쓸 것을 다짐하였다. 유산이 하나의 구도였기 때문이다.

유산을 독서에 비유한 시는 조선조 선비들에게 다양하게 나타난다. 그리고 여기서 그치는 것이 아니라 실제 유람과 독서를 병행하였다. 정시한丁時翰(1625~1707)의 『산중일기』에는 이러한 현상이 적극적으로 나타난다. 『산중일기』는 4차에 걸친 579일간의 일기인데 이 가운데 독서와 관련된 언급이 263일이나 나온다. 이것은 산수유람과 독서가 얼마나 강하게 밀착되어 있었던가 하는 것을 알게 하는 대목이다.

산수유람을 하면서 장서각이 거의 필수코스가 된 적도 있었다. 정구의 무흘정사 서운암이 바로 그러한 경우이다. 무흘정사 서운암은 정구가 1604년에 수도산 속에 초가 3간을 짓고 서책을 쌓아두고 독서양성하던 곳이다. 그가 세상을 떠난 후에도 이곳은 책을 보관하며 유람객들을 맞았다. 이곳에는 수천 권의 장서가 있어, 산중도서관의 기능을 수행하였다. 정조 때에는 조정의 명에 의해 무흘정사 장서각에 보관되어 있던 도서의 목록을 올리기도 했다. 성섭成涉(1718~1788)은 이곳을 여행한 후 「무흘장서기武屹藏書記」를 짓기도 하는데, 그 일부는 이렇다.

장서실 안으로 들어가면, 페르시아 보물가게에 진귀하고 기이한 보물들이 가득 쌓여 눈이 갑자기 환하게 반짝이는 듯하였다. 그리고 달이 창문으로 떠오르고 바람이 창틀로 불어와서 아득히 움직이기라도 하면, 나는 앞서 말한 '여러 옥이 있는 신령한 산'과 '대유산大酉山과 소유산小酉山의 봉래산'을 여기에 견준들 어떠한지를 알지 못하겠으며, '광려산匡廬山'과 '마고산麻姑山' 이 완연히 해동에 있는 듯하였다.[23]

성섭은 장서각을 페르시아의 보물가게에 비유하고 있다. 페르시아의 보물가게에 진기한 보물이 가득하듯이 무흘정사 장서각에는 신기한 책 들로 가득하였다는 것이다. 일찍이 이광정李光靖(1714~1789)이 아들에게 편지하여 그렇게 말하고 있듯이[24] 성섭에게도 무흘정사 장서각에는 평 생 동안 보지 못했던 책들로 가득했다. 송이석宋履錫(1698~1782)과 같은 사람은 장서각을 방문하여 아예 자신이 보지 못한 책을 찾아 중요한 구절 을 뽑아 별도의 책을 만들기도 했다.[25] 이처럼 무흘정사 장서각은 성섭 이 말한 것처럼 중국의 대유산과 소유산,[26] 혹은 광려산과 마고산[27] 등 에 견주어도 전혀 손색이 없는 조선의 훌륭한 산중도서관 역할을 하였던

---

23) 成涉, 『僑窩文稿』外篇, 「武屹藏書記」, "入其中者, 如斯波寶肆, 盛畜珍怪, 爛然耀目, 而月戶風欞, 縹緲飛, 吾不知群玉蓬山之較此如何, 而廬山麻姑, 完然在鰈鰔東."

24) 李光靖, 『小山集』卷7, 「寄兒」, "作武屹之行留二日, 多見平生未見書."

25) 李萬運, 『默軒集』卷11, 「成均進士南邨宋公行狀」, "丁酉之夏 公已大耋 訪修道山下武屹 精舍 入藏書閣 披見其所未見之書 拈出其精華要語 謄寫爲二冊 題曰武屹書閣抄錄."

26) 大酉山과 小酉山은 '二酉'라고도 불리는데, 중국 湖南省 沅陵縣 西北에 있다. 소유산 꼭대기에 석굴이 있어 천여 권의 책이 소장되어 있었다고 알려지는데, 전하는 말에 는 秦나라 사람이 여기에서 공부를 하고 남겨둔 책이라 한다. 이 때문에 장서를 二酉라 하기도 한다.

27) 匡廬山은 줄여 廬山이라 하는데 당나라의 李渤이 여기에 장서 독서하면서 흰 사슴 을 길렀다고 하며, 麻姑山은 秦나라의 대학자 華子崗이 여기에 와서 책을 써서 석실 에 남기는데, 남송의 시인 謝靈運이 여기서 그의 많은 시편을 보았다고 한다.

것이다.

산 오르기와 책 읽기가 같은 점이 많다는 것은 예전부터 있어온 말이다. 조선의 선비들은 이러한 말을 상기하면서 작시作詩활동을 하거나 산수유람을 즐겼고, 실제 책을 휴대하고 가서 읽기도 했다. 책에 나오는 감흥과 실제 유산을 접목시켜 그들의 성리학적 세계관을 극대화하자는 의도였다. 구체적인 서적으로서는 사서는 물론이고『근사록』등의 성리서와『남악창수집』등 유산의 흥취를 기술해 놓은 책,『도장초』나『황정경』과 같이 도가류의 서적도 포함되어 있었다. 나아가 무흘정사 서운암과 같은 산중도서관이 있으면, 주요 유람코스에 넣어 독서문화를 극대화해나갔다. 우리는 여기서 유산과 독서의 상생구도가 어떻게 설정되고 있었던가 하는 점을 확인하게 된다.

3) 수양의식

선비들이 산수유람을 통해 제기한 또 하나의 중요한 문제는 수양의식이다. 여기에는 두 가지 미의식이 발생한다. 하나는 번다한 현실을 떠나 산수 속에서 흉금을 펴고 정신을 맑게 하고자 하는 창신暢神이고, 다른 하나는 산수를 유람하면서 유가에서 제시하는 이념을 감득하는 비덕比德이다. 앞의 것이 정신적 자유 경계를 넘나들며 유가적 이념을 훨씬 벗어나서 성취할 수 있는 미의식이라면, 뒤의 것은 공자의 가르침 속에 나타나는 인지仁智의 도덕주의적 미의식이다. 선비들의 산수유람에는 이 둘이 공존하고 상생하는 방향으로 나타난다.

'창신'은 마음이 맑고 화창해 진다는 의미로, 산수유람을 통한 자유로운 정신경계를 이로써 나타낼 수 있다. 이 때문에 도가적 선취仙趣와 접목되기도 한다. 물외物外의 세계에 노닐면서 대자유의 정신 경계와 탈속적 상쾌함을 맛본다. 예컨대, 하달홍河達弘(1762~1836)이, "옛날 사람이 산수사이를 실컷 유람하길 좋아한 것은 어지러운 생각이나 맺혀 있는 의지를 가슴 속에 담아 두지 않으려 한 것이다"라고 한 것에서 이러한 미감을 감지해 낼 수 있다. 다음 자료를 보자.

> 취흥醉興이 바야흐로 무르익고 흉금胸襟이 시원하게 확 트여 내가 여러 벗들에게 말하기를 "여기에 들어온 자 가운데 그 마음에 혹여 한 점의 더러운 생각이라도 가진 자가 있다면 산신령이 장차 말고삐를 막아 행차를 돌릴 것이다"라고 하였다. 서로 웃고 희롱하며 길을 갔다.28)

허돈許燉(1586~1632)이 가야산을 유람하면서 해인사에서 기술한 것이다. 그는 가야산에 들어온 느낌을 '흉금상활胸襟爽豁'로 요약했다. 가슴속이 상쾌하게 확 트이는 것을 이렇게 표현하였는데, 더러운 생각이 조금이라도 있으면 산신령이 장차 말고삐를 막아 돌릴 것이라고 하면서 자유로운 정신 경계를 더욱 고양시켰다. 이러한 청신쇄락淸新麗落의 경계는 유산기에 자주 나타나는 바, 송심명宋心明(1788~1850)이 요수정樂水亭에 올라, "옷깃을 헤치고 바람을 쐬니 가슴이 시원하였고 시계視界가 확 트였

---

28) 許燉,『滄洲集』卷3,「遊伽倻山記」, "醉興方融, 胸襟爽豁. 余謂諸友曰, 入此者, 倘有一點塵累嬰其心, 山靈將杜轡, 而回駕矣, 相與笑謔而行."

다"29)라고 한 것도 같은 맥락에서 이해된다. 이러한 생각은 물론 시문학에서도 나타난다. 한 예를 보이면 다음과 같다.

探眞計已許　심진동 찾는 뜻 이미 이루어져,
靑壁履才通　푸른 벽에는 발걸음 겨우 통한다네.
楓樹形爲錦　단풍 든 나무의 모습 비단이 되고,
淸溪韻假腔　맑은 시냇물 소리는 가슴을 씻는다네.
裁詩題勝跡　시를 지어서 빼어난 자취 노래하고,
賒酒訪高蹤　술을 받아 고상한 종적을 찾는다네.
仙興無窮處　신선의 흥취 그 끝이 없는 곳,
時兼細雨風　때때로 가늘게 비바람도 불어오네.30)

이 작품은 임훈林薰(1500~1584)이 동생 임운林芸(1517~1572)과 함께 심진동을 찾아 지은 것이다. 특히 함련과 경련을 주목해보자. 맑은 물소리가 가슴을 씻어 내리고, 시를 지어 빼어난 경치를 노래한다고 했으니 자연에 대한 창신의 미의식이 드러나기 때문이다. 수련에서는 동명洞名에 주목하면서 '진眞'을 찾는 것이 쉬운 것이 아니라는 것을 보여 창신의 궁극이 어딘가를 알게 하였고, 미련에서 흥의 극치인 선흥仙興을 제시하면서 여기에 존재하는 비세속적 경계도 함께 표출하였다.

비덕比德은 도덕적 관념을 갖고 산수를 바라보는 것으로 공자의 산수

---

29) 宋心明, 『病窩遺稿』 卷2, 「遊山記」, "登樂水亭, 披衿納風, 胸衿爽然, 眼界開敞."
30) 林薰, 『葛川集』 卷1, 「次舍弟尋眞洞韻」. 林芸의 原韻은 이러하다. "處世吾何事, 尋眞路自通. 烟霞開舊標, 水石奏新腔. 擬謝人間累, 長留物外蹤. 安期猶可與, 孤鶴御冷風."(『瞻慕堂先生文集』, 恩津林氏大宗會, 1985, 113쪽)

관이 대표적이다. 일찍이 공자는 산수를 통해 인지지락仁智之樂을 제시했고, 이에 근거하여 선비들은 산수유람을 즐겼다. 일찍이 이황은 '산을 좋아하고 물을 좋아한다는 성인의 말씀은 산은 인仁이 되고 물은 지智가 된다는 말이 아니다. 또 사람과 산수의 성이 본래 동일하다고 하는 말도 아니다. 다만 인자仁者는 산과 비슷하기 때문에 산을 좋아하고 지자智者는 물과 비슷하기 때문에 물을 좋아한다고 말한 것인데, 비슷하다고 함은 다만 인자와 지자의 기상과 의사를 가리켜 한 말이다'라고 한 바 있다. 이와 관련된 이광우李光友(1529~1619)의 언급은 이렇다.

세상 사람들은 한갓 산수 유람이 돌아다니면서 노는 것인 줄만 알고, 산수의 즐거움이 자연 속에서 그 이치의 즐거움을 찾아 즐기는 것인지를 알지 못한다. 술잔을 잡고 술을 마시면서 참된 즐거움의 바깥세상에서 기심을 잊기도 하고, 음풍농월하며 방랑 속에서 마음을 놀게 하기도 한다. 산을 가리켜 산이라 하고, 물에 나아가 물이라 하면서도 산이 산이 되는 이유와 물이 물이 되는 까닭을 알지 못한다. 이 같은 사람과 어찌 산을 좋아하고 물을 좋아하는 참 경치에 대하여 이야기 할 수 있겠는가?[31]

이 자료는 이광우가 덕천으로 돌아가는 하항河沆(1538~1590)을 보내면서 쓴 글이다. 일찍이 그는 스승 조식을 모시고 두류산을 오르면서 "선생을 의지해 아래에서 오르니, 도리어 발밑으로 험한 산 모습이 보인

---

31) 李光友, 『竹閣集』 卷1, 「送河覺齋沆歸德川序」, "世人徒知山水之遊 遊於遊 不知山水之樂 樂其樂 操觚攜酒 忘機於眞樂之外 吟風哢月 遊心於放浪之中 指山謂山 卽水謂水 不識山之所以爲山 水之所以爲水 此何足與論於樂山樂水之眞境乎."

다"[32]라고 한 적이 있다. 두류산 오르는 것을 스승의 준엄한 정신세계를 오르는 것에 비유한 것일 터이다. 이처럼 이광우는 자연에 관심을 가지고 산수유람에서 특별한 의미를 찾아내려 하였다. 즉 단순한 '산수에의 유락遊樂'이 아니라 자연 속에서 진경眞境을 찾아야 한다고 생각했던 것이다. 이것은 자연 속에 내재한 진리 찾기라 할 것인데, 인지仁智의 체득에 다름 아니다.

조선시대의 성리학자들은 산수유람을 통해 오염된 마음을 깨끗이 하여 천인합일을 이룩하고자 하는 꿈이 있었다. 『주역』의 '성인세심聖人洗心'에 의거하여 '세심'이라는 용어를 자주 쓴 것도 바로 이 때문이다. 물이 샘솟는 근원으로 심성의 근원인 원두源頭가 자주 거론된 것도 같은 이유에서다. 조선시대에 많은 선비들이 구곡원림을 경영하며 구곡가계열의 시가를 창작된 것도, 물의 근원이며 심성의 근원을 찾아 가고자 한 노력의 일환이라 하지 않을 수 없다. 즉 세심을 통한 본성의 회복이라는 이상이 여기에 내재되어 있다고 믿었던 것이다.

4) 존현의식

일찍이 이황은 "예로부터 명산의 절경이란 반드시 고인高人과 일사逸士가 은거하며 노니는 곳이었다. 예컨대, 여산廬山의 백련白蓮과 화산華山

---

32) 李光友, 『竹閣集』 卷1, 「陪南冥先生上頭流山」, "泰山曾謂莫高山 難上於天不可攀 賴有先生升自下 還從脚底見屛顔."

의 운대雲臺와 무이武夷의 정사精舍가 그러하다. 불사가 아니면 도관이요 유자의 장수藏修였다"33)라고 하면서 명산은 명인이 있기 때문에 가능하다고 했다. 이황의 이 발언은 중국 여산은 혜원법사가 백련사를 세우면서, 화산은 진단이 운대관을 만들면서, 무이산은 주자가 무이정사를 건립하면서 명산이 되었다는 것이다. 거창에 은거하고 있었던 임훈이 덕유산德裕山을 바라보는 관점도 같은 것이었다.

> 이 산의 청고淸高하고 웅장함은 지리산에 다음가지만, 세상에서 짚신 신고 지팡이 짚고서 산에 오르는 자들은 반드시 지리산과 가야산을 칭송하면서도 이 산에 대해서는 언급하지 않는다. 지리산과 가야산은 선현의 유풍과 옛 자취가 사람을 경모景慕히게 하여 그러한 것이겠지만, 이 산이 대우를 받지 못하는 것은 처음부터 이 산의 경치에 볼만한 것이 없어서가 아니다. 이른바 '사물은 스스로 귀해지는 것이 아니라 사람을 통해 귀해진다'는 것이 이것이다.34)

임훈은 덕유산이 지리산과 가야산에 못지않은데, 선현의 자취와 유풍이 남아있지 않아 드러나지 않았다고 하면서 '사물은 스스로 귀해지는 것이 아니라 사람을 통해 귀해진다'라고 생각했다. 어유봉魚有鳳(1672~1744)이, '세상에는 반드시 고인高人과 일사逸士들이 특별한 관점을 궁구하

---

33) 李滉, 『陶山全書』 卷4, 「白雲庵記」, "自古名山絶境 必有高人逸士 隱處遊息之所 若廬山之白蓮也 華山之雲臺也 武夷之精舍也 非佛寺 即道觀也 儒者藏修之地也."

34) 林薰, 『葛川集』 卷3, 「登德裕山香積峯記」, "是山之淸高雄勝 亞於智異 而世之治芒屩竹杖者 必稱頭流·伽倻 而不及於是山 彼有先賢之遺風舊迹 使人景慕者然也 而是山未有遇焉 初非是山之不足觀也 所謂物不自貴 因人而貴者 是也."

며 훌륭한 발자취를 남겨, 인품이 드러나고 시가가 알려진 후에 산천은 그 이름을 더하게 되는 것이다'라고 한 것도 같은 맥락에서 이해된다. 이러한 사유에 바탕하여 영남의 선비들은 산수유람을 단행하게 되는데, 여기서는 청량산·지리산·가야산을 중심으로 간략하게 살펴보자.

청량산은 강좌지역을 대표하는 산으로 경상북도 봉화군 재산면 남면리, 명호면 북곡리와 안동시 예안면 경계에 있는 산이다. 이 산이 우리 지성사에 이름이 드러난 것은 이우李堣(1469~1517), 이현보李賢輔(1467~1555), 주세붕周世鵬(1495~1554), 이황李滉(1501~1570) 등이 이 산과 인연을 맺으면서부터이다. 특히 이황은 삼촌인 이우로부터 형인 이해를 비롯하여 오언의와 조효연 등이 여기에서 글을 배웠다. 훗날 이황이 55세 되던 해에 조카와 손자들을 거느리고 청량산을 유람하면서, 숙부에게 글을 배우던 당시를 떠올리며 시를 짓기도 했다.[35]

이황은 청량산을 주자의 무이산으로 생각하고 주자의 「운곡잡영雲谷雜詠」을 본떠 「등산登山」·「치풍値風」·「완월翫月」·「사객謝客」·「노농勞農」·「강도講道」·「회인懷人」·「권유倦遊」·「수서修書」·「연좌宴坐」·「하산下山」·「농가還家」 등의 시를 짓는데 소제목도 「운곡잡영」을 그대로 따랐다. 1564년 4월에는 핵심 제자들을 이끌고 청량산을 유람하기도 한다. 이문량李文樑·금보琴輔·금란수琴蘭秀·김부의金富儀 등 여러 명이 동참하였으며 조카와 손자도 따랐다.

이후 청량산은 퇴계학파의 성산이 되었다고 해도 과언이 아니다.

---

35) 이에 대해서는, 정우락, 『조선의 서정시인 퇴계 이황』(글누림, 2009)에 자세하나.

1575년경에는 이황과 구봉령具鳳齡(1526~1586)의 문인인 권춘란權春蘭 (1539~1617)이 청량산을 유람하며 기행시집을 만들었고, 17세기 후반부터 한말까지 예안과 안동 등지의 선비들이 자주 청량산을 오르며 시문을 창작하였다. 이들은 청량산을 찾아 이황의 발자취를 더듬으며 스승에 대한 존모의 염을 펼쳤고, 상당수의 선비들은 유산기나 관련 시를 남겼다. 나아가 청량산에 대한 종합적인 인문지리서가 필요했으므로 1771년 에는 이세택李世澤(1716~1777)이 『청량지淸凉志』를 편찬하기도 했다.[36)]

지리산은 강우지역을 대표하는 산으로 전북 남원시, 전남 구례군, 경남 산청군·하동군·함양군에 걸쳐 있는 산이다. 하겸진河謙鎭(1870~1946)은 지리산을 유람하고 그 말미에 "지리산을 오고 간 사람은 전후로 계속 이어졌다. 신라의 문창후文昌侯 최치원崔致遠, 조선의 점필재佔畢齋 김종직金宗直, 탁영濯纓 김일손金馹孫, 일두一蠹 정여창鄭汝昌이 있다"[37)]라고 하면서 이 산과 관련된 사람을 소개하였다. 이어 "그 안팎의 형세를 샅샅이 살펴본 것으로는 남명 조식이 그 오묘함을 얻는 것 만함이 없다"[38)]라고 하였다. 이처럼 지리산과 조식의 관계를 명확하게 인식하고 있었던 것이다.

조식은 그가 1558년 청학동을 유람하고 남긴 「유두류록遊頭流錄」에서

---

36) 경상대학교 경남문화연구원에서는 지리산권문화연구단 자료총서(05)로 『淸凉山山誌』(이회, 2008)를 낸 바 있다.

37) 河謙鎭, 『晦峯集』卷28, 「遊頭流錄」, "往來之士 前後相望 如崔文昌 金佔畢 金濯纓 鄭一蠹."

38) 河謙鎭, 『晦峯集』卷28, 「遊頭流錄」, "若其究觀內外之形勝 無如南冥之爲得其妙矣."

한유한·정여창·조지서 등을 특별히 주목하고 있다. 한유한은 지리산의 십암에 은거하였고, 정여창은 악양에 처자를 이끌고 들어왔으며, 조지서는 지리산 옥종에 은거하며 학문을 했던 인물이다. 모두 절의로 득명得名한 분들이다. 이 때문에 조식은 이들을 일러 "높은 산과 너른 시내를 보면서 얻은 바가 많지만, 한유한·정여창·조지서 등 세 군자를 높은 산과 너른 시내에 비겨 보면 십층 봉우리 위에 놓은 옥돌과 같고, 만경의 바다 위에 돋은 달과 같다. 삼백리 길 바다와 산을 유람하면서 세 군자의 자취를 본 셈이다. 물을 보고 산을 보면서 사람을 보고 세상을 보게 된다"39)라고 하였던 것이다.

조식의 두류산 기행 후 남명학파에서는 지리산을 통해 스승을 배우고자 했다. 함양에 살았던 감수재感樹齋 박여량朴汝樑(1554~1611)은 천왕봉에 올라 남명을 기리며 "천 길이나 되는 봉우리 위에서 선생의 크게 은둔하신 기상을 상상해 보건대, 천 길 봉우리 위에서 또 천 길 봉우리를 바라보는 격이다"40)라고 하였다. 이후에도 지리산 내지 지리산 천왕봉과 조식을 일정한 관계 하에 이해한 것은 강우의 학자들에게 두루 나타났다. 하진현河晉賢(1776~1846), 하봉수河鳳壽(1867~1939) 등은 그 대표적인 인물이라 할 만하다.41)

---

39) 曹植,『南冥集』卷2,「遊頭流錄」, "看來高山大川 非無所得 而比韓鄭趙三君子於高山大川 更於十層峯頭冠一玉也 千頃水面 生一月也 海山三百里 獲見三君子之跡於一日之間 看水看山 看人看世."

40) 朴汝樑,『感樹齋集』卷6,「頭流山日錄」, "方在千仞峰頭 而想像先生肥遯氣象 千仞峯頭 又望千仞峯也."

41) 경상대학교 경남문화연구원에서는 지리산권문화연구단 사료총서(02)로 『지리산유

가야산은 강안지역을 대표하는 산으로 경상남도 합천군 가야면, 경상북도 성주군 가천면과 수륜면에 걸쳐져 있다. 이 산은 최치원崔致遠의 은둔 이후 역대 문인들의 유람과 풍류의 이상향으로 그려졌다. 이 때문에 가야산을 유람한 대부분의 선비들은 최치원을 떠올렸다. 특히 홍류동에 있는 최치원의 독서당을 지날 때면 돌에 새겨진 그의 시를 읽으면서 최치원을 생각했다. 유척기兪拓基가 「유가야기遊伽倻記」에서 "홍류동은 마을 골짜기에 있었는데 물이 여기에 이르자 더욱 커져서 요란하게 뿜어댔다. 군수郡守 김순金洵이 '홍류동문紅流洞門' 네 자를 암석 위에 새겼고 또 옆에 있는 '홍류동' 세 자는 최고운의 글씨였다. 고운孤雲의 시는 다음과 같다"[42]라고 하면서 최치원의 「제가야산독서당」을 소개한 것도 그 중 하나다.

가야산은 한강 정구에 의해 본격적으로 자세하게 소개되었다. 그가 가야산을 유람한 것은 1579년으로 37세 되던 해였다. 가야산 득검지得劍池 곁의 바위에 김종직·김굉필·김일손 등의 시가 새겨져 있는 것을 보면서 이 산이 사림파의 성장과 관련이 있다는 것을 보았다. 그리고 제일봉에 올랐을 때는 가야산 주위의 산에는 어떤 선비들이 은거하였던가 하는 것을 떠올렸다. 지리산을 보면서 정여창과 조식을, 금오산을 보면서 길재를 생각했다. 이어 비슬산의 김굉필, 팔공산의 정몽주, 덕유산

산기선집』(커뮤니케이션 브레인, 2008)을 낸 바 있다.

42) 兪拓基, 『知守齋集』 卷15, 「遊伽倻記」, "紅流洞在洞口 水至此尤大 喧豗噴薄 郡守金洵刻紅流洞門四字於巖石上 傍又有紅流洞三字 卽孤雲筆也 孤雲詩 疊石奔流吼重巒 人語難分咫尺間 常恐是非聲到耳 故敎流水盡籠山."

의 임훈, 운문산의 김대유 등도 함께 떠올렸다. 특히 지리산에 대해서는 "남쪽의 제일가는 명산으로, 다시 두 현인의 명성에 힘입어 장차 천지와 더불어 그 전해짐을 같이하니, 또한 저 산의 큰 다행이라고 하지 않을 수 없다"[43]라고 하면서 정여창과 조식을 기리기도 했다.

이후 가야산 역시 여러 사람들이 올랐다. 그 가운데 정구의 유산기는 가야산 유람의 중요한 자료로 제공되었고, 정구는 지속적인 존모의 대상이 되었다. 도우경의 경우 「유가야산수도록」을 지었는데, 이 때 그는 정구의 유람록을 자세히 읽고 고적을 보면서 인용도 하였다. 이어 중소리암에서 "지금과 한야寒爺(정구) 사이는 장차 삼백 년의 시간적 거리이니, 그 사이의 흥폐興廢가 몇 번이나 있는지 알지 못한다. 꽃 사이로 부는 바람에 어찌 느낌이 없을 수 있겠는가!"[44]라 하기도 했다. 특히 선비들은 가야산을 오르고 수도산 쪽으로 코스를 잡으면 반드시 정구의 유적인 무흘정사에 들러 그의 유품을 봉심하고 그가 남긴 책을 읽으면서 그의 인품과 학문을 생각하며 존경해마지 않았다.

당나라의 문인 유우석劉禹錫(772~842)은 「누실명陋室銘」에서 "산은 높은 데 있는 것이 아니라 신선이 살면 이름이 나고, 물은 깊은 데 있는 것이 아니라 용이 살면 신령스럽게 된다"[45]라고 한 바 있다. 하물며 높고

---

43) 鄭逑, 『寒岡集』卷9,「遊伽倻山錄」, "作鎭南方 爲名山第一 而復託名於兩賢 將與天壤同其傳 亦不可不謂妓山之大幸也."

44) 都禹璟, 『明庵集』卷2,「遊伽倻修道山錄」, "今去寒爺將三百年矣 而其間興廢不知有幾番 花風鳥得無感乎."

45) 劉禹錫,「陋室銘」, "山不在高 有仙則名 水不在深 有龍則靈."

깊은 데 있어서겠는가. 영남의 무수한 명산에 수다한 명인이 깃들어 살면서 산과 선비는 상승되었다. 이로 보아 영남 선비의 산수유람은 단순히 산수의 정취를 느끼기 위해서 시행된 것이 아니다. 선현을 기리며 자신의 삶에 대한 지표를 분명히 하고자 하는 방향으로 전개되었던 것이다. 존현의식은 여기에 깊숙이 내장되어 있었다.

5) 국토의식

산수유람 과정에 제작된 유산기나 한시에 선비들의 국토의식 역시 다량 포함되어 있다. 일찍이 김일손은 「두류기행록」의 첫머리에 "선비가 나서 한 지방의 바깥을 떠나 보지 못하고 마는 것도 운명이라고나 할까? 천하를 두루 구경하여 견식을 넓히기 어렵다 해도, 제 나라 산천은 모두 탐방하여야 한다. 그러나 어디 세상일이 그것인들 용납하겠는가?"[46]라고 하였다. 그는 선비라면 마땅히 자기 나라의 산천을 두루 탐방하며 국토를 인식하고, 이를 통해 견문을 넓힐 수 있어야 한다고 생각했다. 산수유람은 국토에 대한 애정을 전제로 하는데, 가장 두드러지는 것은 동국문화와 국토산하에 대한 재인식이라 할 것이다. 이를 차례대로 보자.

동국문화에 대한 재인식은 매우 다양하게 나타난다. 김종직은 이 방면에서 특별한 관심을 기울인 대표적인 인물이다.[47] 그는 함양군수로

---

46) 金馹孫, 『濯纓集』卷5, 「頭流紀行錄」, "士生而跼蹐一方 命也 旣不能遍觀天下 以畜其有 則域中之山川 皆所當探討者 惟其人事之喜違也."
47) 김종직의 동국문화에 대한 재인식은, 정우락, 「김종직 문학의 주제에 관한 연구—

재직하면서 "나는 영남에 자랐으니 두류산은 바로 우리 고장 산이다. 그러나 이곳저곳으로 벼슬살이를 다니느라 나이 사십이 되도록 한 번도 구경할 기회가 없었다"[48]라며 40세 되던 해 8월 14일에서 18일까지 두류산 등정의 길을 오른다. 당시 그는 4박 5일의 일정으로 지리산을 오르게 되는데, 이 일정을 마무리 하면서 지리산은 중국의 숭산이나 대산보다 나은 산이며, 무이산 혹은 형악과도 충분히 비교할 수 있는 산이라며 강한 자부심을 드러냈다.

김종직은 또한 「동도악부東都樂府」를 지어 향토문화를 재발견하기도 했다. 여기서 그는 고대국가 신라에 관심을 가지면서 설화를 작품화하기도 하고, 그네뛰기나 관등놀이 등 민간풍속을 소개하기도 했다. 그는 영남을 중심으로 오랜 관직생활을 하면서 신라의 고도 경주에 대하여 특별한 관심을 갖게 되었다. 「회소곡會蘇曲」·「우식곡憂息曲」·「치술령鵄述嶺」·「달도가怛忉歌」·「양산가陽山歌」·「대악碓樂」·「황창랑黃昌郎」 등은 그 일환으로 제출된 작품들이다.[49] 이 작품들은 모두 『삼국사기』나 『삼국유사』 등에 실려 있는 신라의 설화를 시적 상상력의 기반으로 삼은 것들이다.

김종직은 민간풍속에 대해서도 많은 관심을 가지고 있었다. 그의 다

동국문화에 대한 재인식을 중심으로」(『한국사상과 문화』 17, 한국사상문화학회, 2002)에 자세하다.
48) 金宗直, 『佔畢齋集』 卷2, 「遊頭流錄」, "某生長嶺南 頭流 乃吾鄕之山也 而遊宦南北 塵埃汩沒 年齒已四十 尙不得一遊焉."
49) 女裝을 하고 조정 사대부들의 집을 자주 드나들며 여인들과 많은 간통을 벌였던 私賤 사방지를 작품화한 「舍方知」 역시 같은 성격의 작품이다.

양한 기속시紀俗詩는 이로써 창작될 수 있었다. 지역을 순방할 때마다 그 지역의 풍속과 민요를 채집하여 다스림의 자료로 삼고자 하였는데, 향촌 백성들의 삶이 여기에 녹아 있다고 보았기 때문이다. 일찍이 그는 영암을 거쳐 월출산을 지나면서 "반평생토록 오래 이름은 들었는데, 꼭 대기에 오르지 못하고 풍속 묻기에 바쁘다"[50]라고 한 바 있다. 오랫동안 염원하였던 월출산 등정을 포기하고 그 지역의 민풍을 살폈는데, 등정이라는 개인적인 감흥보다 치자로서의 민풍관찰이 선행해야 한다는 생각이 자연스럽게 적용된 것이다.

산천에 대한 인식은 이에 대한 지리적 이해를 기반으로 한다. 이황의 경우를 보자. 그는 청량산이나 소백산을 자주 올랐고, 소백산에 대해서는 유산기를 남겼다. 여기서 이황은 거의 지리학자 수준으로 주위의 산들을 알고 있었다. 그에 의하면, 석름봉 동쪽 몇 리 되는 곳에 자개봉紫蓋峰이 있고, 날씨가 맑으면 용문산龍門山으로부터 서울까지 볼 수 있다고 했다. 그리고 서남쪽에는 월악산月嶽山, 동쪽에는 태백산太白山·청량산淸涼山·문수산文殊山·봉황산鳳凰山, 남쪽에는 학가산鶴駕山·팔공산八公山, 북쪽에는 오대산五臺山·치악산雉岳山 등의 산들이 보인다고 했고, 물은 죽계竹溪의 하류인 구대천龜臺川과 한강의 상류인 도담島潭이 보인다고 했다. 국토산하에 대한 애정 없이는 읽어내기 어려운 것이다.

조식의 경우, 지리산의 삼가식현에 올라 주위의 산천을 묘사한다.

---

50) 金宗直, 『佔畢齋集』 卷21, 「八月初一日早發靈巖過月出山」, "浮生强半聞名久 絶頂難攀問俗忙."

"동남쪽에 파랗게 가장 높이 솟은 것은 남해南海의 뒷산이고 바로 동쪽에 물결처럼 널리 가득 차서 서리어 엎드린 것이 하동河東·곤양昆陽의 산들이다. 또 동쪽으로 은은하게 하늘에 솟아서 검은 구름과 같은 것은 사천泗川의 와룡산臥龍山이다. 그 사이에 혈맥血脈과 같이 서로 꿰이고 뒤섞여 엉킨 것은 강과 바다와 포구가 경락經絡처럼 얽혀 있는 것이다"[51]라고 한 것이 그것이다. 그는 이처럼 우리나라가 산하山河의 견고함을 유지하고 있는데도 섬나라 오랑캐의 침입을 받고 있다면서 왜에 대한 경계의식을 놓지 않았던 것이다.

선비들의 국토산하에 대한 묘사는 산수유기에 일반적으로 나타나는 현상이다. 도우경이 「유가야수도록」에서 "동쪽으로는 비슬산과 팔공산이요, 그 밖은 운문산과 주왕산이며, 북쪽으로 금오산과 삼도산이요, 그 밖은 속리산과 황악산이다. 서쪽으로는 대덕산과 덕유산이며, 그 밖은 적상산과 팔령이고, 남쪽으로는 두류산의 여러 봉우리가 엄연히 서 있었다. 이른바 천왕봉은 하늘에 꽂혀 운해雲海를 걸치고 있으니, 바로 높은 봉우리 중에서도 가장 높았다"[52]라고 한 것도 같은 맥락에서의 언급이다.

산수유람을 통한 국토의식은 선비들이 산수를 지리학적 측면에서 이해하고 있었다는 것을 의미한다. 여기에서 수많은 문화가 생성되고 변화되어 왔던 사실을 확인하고, 필요에 따라 자신이 현재적 관점에서 그

---

51) 曺植, 『南冥集』 卷2, 「遊頭流錄」, "正東之彌漫蟠伏 波相似者 河東 昆陽之山也 又東之隱隱嵩天如黑雲者 泗川之卧龍山也 其間如血脈之交貫錯綜者 江河海浦之經絡去來者也."
52) 都禹璟, 『明庵集』 卷2, 「遊伽倻修道山錄」, "東琵瑟八公 其外則雲門周王 北金烏三道 其外俗離黃岳 西大德德裕 其外則赤裳八令 南頭流諸峰 儼然當立 所謂天王峰者 揷在霄漢 橫絶雲海 正是一大中丈人行也."

문화로 재구성하기도 했다. 주세붕이 청량산을 유람하면서 불교식 이름을 유가식으로 바꾸는 것 등에서 이것은 확인된다. 즉 외산을 장인봉丈人峯·선학봉仙鶴峯·자연봉紫鷰峯으로, 내산을 자소봉紫霄峰·경일봉擎日峰·축융봉祝融峰·탁필봉卓筆峰·연적봉硯滴峰·연화봉蓮花峰·향적봉香爐峰·금탑봉金塔峰·탁립봉卓立峰 등으로 그 이름을 바꾼 것이 그것이다.

조선시대 영남 선비들은 산수유람을 통해 국토를 새롭게 인식했다. 국토가 어떻게 형성되었으며 그 속에 어떤 문화가 있었던가 하는 부분에 초점을 맞추었다. 이 과정에서 하나의 문화공간으로 가꾸어가기도 했다. 즉 산수를 유가적 이념에 입각하여 명명하기도 하고, 누정 등 인공 공간을 중심으로 8경시나 10경시 등으로 집경集景을 구성하기도 했다. 때로는 성리학적 이념에 입각한 와유臥遊와 성찰省察의 공간을 만들기도 했다. 영남 선비들은 이처럼 다양한 방법으로 문화공간을 재구성하면서 국토 산하를 하나의 유가적 이념 공간으로 재구성해 나갔던 것이다.

6) 풍류의식

풍류風流는 '바람 풍'(風)과 '흐를 류'(流)가 서로 결합되어 있으니, 이 용어가 어떤 고정되거나 경직된 것을 의미하지 않는다는 것을 알 수 있다. 바람과 물이 자연이지만 자유롭듯이 풍류는 자유로운 의식을 가진 사람들의 몫이다. '풍치가 있고 멋스럽게 노는 일', '운치가 있는 일', '아취雅趣가 있는 일', '속된 것을 버리고 고상하게 즐기는 일' 등이 모두 풍류로 일컬어지는 것들이다. 풍속의 흐름으로 이해하여 일련의 문화로 보기도

하고, 음풍농월吟風弄月의 시가詩歌와 관련시켜 이해하기도 한다. 우선 다음 자료를 보자.

> 우석右釋은 허리에 찬 북을 두드리고, 천수千守는 긴 횡적橫笛을 불고, 두 기생이 이들을 따라 가면서 전대前隊를 이루었다. 나머지 여러 사람들은 혹은 앞서거니 뒷서거니 하면서 물고기를 꼬챙이에 꿴 것처럼 줄지어 전진하면서 중대中隊를 형성하였다. 강국년姜國年과 요리사와 종으로 음식을 운반하는 사람들 수십 명이 후대後隊가 되었다. 그리고 중 신욱愼旭이 길을 안내했다.[53]

위의 글은 조식이 지은 「유두류록」의 일부이다. 청학동을 오르는 장면을 기술한 것인데, 전대와 중대, 그리고 후대를 이루어 오르고 있는 것을 알 수 있다. 전대는 악공과 기생이, 중대는 유람하는 선비들이, 후대는 요리사 등 짐을 운반하는 하인들이 속해 있었다. 선비들의 산수유람에 악공과 기생은 흥을 돋우고 요리사는 먹을 것을 마련하였다. 당시 조식 등은 봉월鳳月·옹대甕臺·강아지江娥之·귀천貴千 등의 기생과 함께 악공들을 데리고 갔다. 이들은 때때로 음악을 연주하고 춤을 추며 선비들의 산수에 대한 흥취를 더욱 북돋우었다.

영남의 선비들이 지닌 풍류의식은 매우 다양하게 나타나지만, 낙동강을 중심으로 한 선유시회船遊詩會는 단연 압권이다. 영남의 강 낙동강은 그 자체로도 훌륭한 문학 생성공간이었다. 특히 배를 강물에 띄우고 여

---

53) 曺植, 『南冥集』卷2, 「遊頭流錄」, "右釋打腰鼓 千守吹長笛 二妓隨焉 作前隊 諸君或先或後 魚貫而進 作中隊 姜國年 膳夫 僕夫連續者數十人 作俊隊 僧愼旭向道而去."

는 선유시회는 오랫동안 진행되면서 독특한 문화를 만들어 냈다. 문헌에 입각해 보면 이규보李奎報(1168~1241)가 1196년 낙동강에 배를 띄우고 시회를 연 이래 19세기 후반까지 이어졌으니, 낙동강 선유시회는 7백여 년이나 지속되었다고 하겠다.

낙동강 상류에 살았던 이황의 경우도 선유시회를 즐겼다. 『퇴계집·연보』에 의하면, '4월 16일 달밤에 탁영담濯纓潭에서 뱃놀이를 하다. 형의 아들 교宿와 손자 안도安道와 문인 이덕홍李德弘이 따랐다. 청풍명월清風明月 4운으로 각각 시를 지었고, 「전적벽부」·「후적벽부」를 읊은 뒤 밤이 깊어서야 돌아왔다'[54]라고 기술하고 있으니 이황이 소식蘇軾의 풍치를 생각하며 도산서원 앞 탁영담에서 시회를 열었던 저간의 사정을 확인할 수 있다.

이황의 제자이면서 낙동강 중류를 중심으로 강력한 문파를 형성하고 있었던 정구 역시 낙동강을 중심으로 다양한 선유시회를 전개하였다. 그는 1588년(45세) 7월에 함안군수를 그만두고 낙동강을 배로 거슬러 올라와 사우들과 함께 '만경창파욕모천萬頃蒼波欲暮天'을 분운하며 시회를 열었다. 구체적인 장소는 고령의 쌍림면 개산포開山浦에서 멍드미 사망정四望亭에 이르는 구간이었다. 이때 지리산으로 유람을 가던 이기춘李起春(1541~1597)과 박성朴惺(1549~1607)도 참여하였는데 도합 7인이었다. 당시 정구는 '파波'자와 '욕欲'자의 운을 얻었으며, 선상에서 벗들과 함께 하

---

54) 『退溪先生年譜』卷2, 61歲條, "四月旣望 泛月濯纓潭 兄子宿 孫安道 門人李德弘從 以清風明月 分韻賦詩 詠前後赤壁賦 夜深乃還."

는 시주詩酒의 정취와 세속을 벗어난 아름다운 경치 등을 노래했다.[55]

정구는 안동부사로 부임하기 직전인 64세 되던 해(1607) 1월 28일 곽재우郭再祐 · 장현광張顯光 · 박충후朴忠厚 등과 함께 용화산 아래서 배를 띄워 놀기도 했다. 이상정李象靖(1711~1781)은 『기락편방沂洛編芳』의 서문에서 이를 기록하여, '한강선생께서 일찍이 퇴계선생 문하에 유학하시고 물러나와 사상泗上에서 강론하며 가르치시니 성주 · 인동 · 함안 · 영산 사이에 빛나는 군자의 풍모가 많았다. 선생께서 일찍이 여헌旅軒 · 망우당忘憂堂 · 광서匡西 · 간송당澗松堂 제공과 용화산 아래 낙수 위에서 배를 띄우고 노닐었는데, 모인 사람이 모두 35인이었으니 모두 당대의 빼어난 분들이었다'[56]고 하였다. 이상정은 정구의 선유가 이황에게서 계승되고 있음을 보인 것이다.

정구는 75세 되던 해(1617) 7월 20일에 지병을 치료하기 위하여 45일간의 동래 온천 여행을 한 적이 있었다. 당시의 기록은 『낙강분운』과 『한강선생봉산욕행록』에 자세하다. 전자에는 「한강선생봉산욕행낙강동주록」에 곽근郭近 등 10인, 「경앙대하배景釀臺下陪」에 이후경李厚慶 등 7인, 「통도사배선생동화록通度寺陪先生同話錄」에 17인이 등재되어 있고, 「선생

---

55) 정구의 이 낙강 시회는 그의 문인 세대에도 지속되었다. 「追次洛江韻」이 그것인데 이것은 李承(晴暉堂, 1552~1598)의 晴暉堂에 소장되어 오던 자료로『洛江分韻』에 정구 등의 분운 뒤에 실려 있다. 이 시회에 참여한 인물로는 정구의 아들 鄭樟(晩悟齋, 1569~1614)을 비롯해서 李道孜(復齋, 1559~1642), 李道由(滄浪叟, 1566~1649), 李堉(心遠堂, 1572~1637) 등을 들 수 있다.

56) 李象靖, 「沂洛編芳序」(『沂洛編芳』), "寒岡先生 早遊陶山之門 退而講授於泗水之上 星仁咸靈之間 盖彬彬多君子之風焉 先生嘗與旅軒 忘憂 匡西 澗松堂諸公 同泛於龍華 洛之上 會者盖三十五人 皆極一時之選."

승주욕봉산주중제자운先生乘舟浴蓬山舟中諸子韻」에 11수, 「경양대하범주호운景纝臺下泛舟呼韻」 7수가 실려 있다. 후자에는 고문서 형태로 된 『낙강분운』 등을 자료로 정구의 욕행 일정을 자세하게 기록하고 있다. 당시 정구는 사빈을 출발하여 마수원 나루, 도홍탄, 창원 경양대, 남수정, 삼차강까지는 물길로, 신산서원에서 기장을 거쳐 동래까지는 육로를 이용하였다. 돌아오는 길은 양산 통도사, 언양, 경주 포석정, 하양, 경산 등을 경유하였다. 당시 수많은 사람들이 정구의 온천행을 맞이하고 배웅하였는데, 이 과정에서 자연스럽게 많은 화차운시를 남겼다.

낙동강을 중심으로 한 정구의 시회는 그의 문인들에게도 자연스럽게 계승되었다. 대표적인 것이 서사원徐思遠(1550~1615)과 장현광張顯光(1554~1637) 등을 중심으로 한 23명의 문인들이 1601년 3월 23일에 벌인 금호강 시회(「琴湖同舟詠」)이다. 서사원이 52세 되던 해 여러 사람들과 뱃놀이를 하게 되었는데, 술이 몇 순배 돌자 장현광의 제의로 이 시회가 이루어졌다.[57] '출재장연중出載長烟重, 귀장편월경歸粧片月輕. 천암원학우千巖猿鶴友, 수절도가성愁絶棹歌聲'이라는 주자의 「무이정사잡영武夷精舍雜詠·어정漁艇」을 시운으로 삼았으며, 서사원은 '출出'자, 장현광은 '장長'자를 운으로 하여 시를 지었다. 서사원은 여기서 나아가 장현광의 '장'자 운을 다시 차운하기도 했다. 「차여헌장자운次旅軒長字韻」이 그것이다.

---

57) 『낙강분운』에도 이 시회에 대한 기록들이 있다. 여기에는 呂大老의 서문을 비롯한 3편의 서문, 17수의 시작품이 실려 있다. 그리고 이 시회는 「琴湖仙査船遊圖」라는 그림으로 그려지기도 하는데, 그림은 趙衡達가 그리고 서문은 여대로의 것을 실어 놓았다.

낙동강을 배경으로 한 시회는 '상산선유시회商山船遊詩會'를 빼놓을 수가 없다. 이 시회의 작품은 『임술범월록壬戌泛月錄』에 수렴되어 있는데, 상주의 제1경으로 알려진 경천대擎天臺에서 배를 띄워 동남쪽의 도남서원道南書院을 거쳐 관수루觀水樓에 이르는 30여리의 구간에서 시회가 개최되었고, 1607년부터 1778년까지 171년 동안 총 8회, 1663년부터 1798년까지 135년 동안 총 18회에 걸쳐 진행되었다. 이 선유시회는 대를 이어가면서 연 것으로 일찍이 그 유례를 찾아볼 수 없는 것이다. 이준李埈(1560~1635)을 중심으로 한 선유시회는 낙강시회의 한 전범이 된다는 측면에서 중요하다.

이처럼 낙동강은 그 자체가 대표적인 풍류공간이다. 산수유람의 과정에 나타난 것도 있지만 정구의 봉산욕행처럼 수로와 육로를 오가며 이루어진 유람도 있다. 배를 타고 노닐며 시회를 여는 선유시회는 강이 아니면 불가능하다. 바로 이 점에서 낙동강의 선유시회는 주요 문학행위가 아닐 수 없다. 산수유람이 주로 유산을 통해 이루어지는 것이지만, 강도 중요한 공간이 될 수 있다는 것을 보여준다. 동시에 여기에 풍류의식이 가장 확실하게 녹아있어 영남 선비들의 개방성을 살피는 데 있어 매우 중요한 자료를 제공한다.

4. 산수유람의 현대적 의미

선비들에게 있어 산수유람은 특별한 것이 아니다. 일상생활이라는 것이다. 이황이 「도산기」에서 그렇게 구분하고 있듯이, 산수를 사랑하는 사람은, 현허玄虛를 사모하여 고상高尙을 즐기는 사람도 있을 수 있고, 도의 道義를 즐기며 심성心性을 기르는 사람도 있을 수 있다. 이에 대하여 이황 은 차라리 뒤의 것을 위하여 힘쓸지언정 앞의 것을 위하여 스스로를 속이 지는 않아야 한다고 했다. 산수가 사람에게 어떤 작용을 하는지, 그 지향 점이 무엇인지를 분명히 보인 것이다. 조선후기의 선비 이유원李裕元(1814~ 1888)은 그가 유람한 명산의 목록을 만들기도 했다. 다음이 그것이다.

나는 기내畿內의 경우에는 도봉산道峯山, 수락산水落山, 남한산南漢山, 북한산 北漢山, 영평永平 팔경八景 및 송악산松岳山, 박연폭포朴淵瀑布, 마니산摩尼山, 정 족산鼎足山, 미지산彌智山, 용문산龍門山, 운악산雲岳山, 현등산懸燈山, 서운산瑞 雲山, 청룡산靑龍山 등을 들러 구경하였다. 관서의 경우에는 연광정練光亭, 담 담정澹澹亭, 통군정統軍亭, 강선루降仙樓, 황학루黃鶴樓, 백상루百祥樓 등의 누정 樓亭을 둘러보았고, 호서의 경우에는 사군四郡, 속리산俗離山, 성주산聖住山, 청라산靑蘿山, 계룡산鷄龍山, 유성儒城, 부소산扶蘇山, 백마산白馬山 등지를 둘 러보았다. 영남의 경우에는 태백산太白山, 소백산小白山, 조령鳥嶺, 용추龍湫, 통도사通度寺, 영남루嶺南樓를 둘러보았다. 호남의 경우에는 변산邊山, 격포格 浦, 법성포法聖浦, 칠양七洋, 만마동萬馬洞과 송광사松廣寺, 금산사金山寺를 둘러 보았다. 해서에 있어서는 구월산九月山, 수양산首陽山, 정방산正方山, 결포結浦 등지를 둘러보았고, 관북에 있어서는 석왕사釋王寺, 백운사白雲寺 등의 여러 절과 석문石門, 구경龜景 등의 대臺를 둘러보았고, 관동에 있어서는 내금강內 金剛, 외금강外金剛, 영동嶺東 팔경八景 및 설악산雪嶽山, 소양강昭陽江 등지를 둘러보았다. 이는 40년 동안에 유람하여 감상한 것이다.[58]

58) 李裕元, 『林下筆記』卷26, 「春明逸史」.

그가 40년 동안 유람한 산수를 이렇게 목록화한 것이다. 영남의 경우는 태백산, 소백산, 조령, 용추, 통도사, 영남루 등이라고 했다. 그 스스로가 전국의 명산을 대상으로 했기 때문에 영남의 산이 제한될 수밖에 없으나, 우리는 이를 통해 조선 선비들의 산수유람이 그들의 생애에서 어떤 위치를 차지하고 있었는가 하는 부분을 분명히 읽을 수 있게 된다. 이것은 하나의 구도과정이라 해도 과언이 아니다. 여기에는 우리가 앞서 살핀 문명·독서·수양·존현·국토·풍류의식 등 다층적 선비정신이 스며 있기 때문이다.

오늘날 우리시대는 탈근대 담론이 지속적으로 이루어지고 있다. 기계적 세계관에서 유기체적 세계관에로, 직선적 사유에서 곡선적 사유에로, 거시사에서 미시사에로, 분과학문에서 융합학문에로, 이론적 지식에서 문화적 향유에로의 전환이 대체로 이 담론 속에 존재하는 주요 내용들이다.[59] 이러한 전환을 요청받고 있는 오늘날, 조선시대 영남 선비들의 산수유람을 통해 우리는 중요한 현대적 의미를 간취해 낼 수 있다. 몇 가지로 나누어 제시해보자.

첫째, 산수유람을 통해 얻은 문명의식과 관련한 것이다. 산수는 흔히 정치현실이나 문명세계의 대척점에 있는 것으로 생각해 왔다. 근대 이후에는 자연과학적 측면에서 산수가 인간에게 유익한 무엇을 제공하는 존재로 인식되어 왔다. 그러나 선비들은 산수를 통해 문명을 꿈꾸며 새로

---

59) 정우락, 「조선시대 '문화공간- 영남'의 한문학적 독해」, 『어문론총』 57, 한국문학언어학회, 2012 참조.

운 질서를 모색하고자 했다. 공자가 태산에 올라 천하를 좁게 여기고, 영남에서는 김종직과 그의 제자들, 혹은 이황 및 조식과 그의 제자들이 산을 오르며 문명의식을 고양해나갔다. 여기서 우리는 산수유람이 정신적 가치를 새롭게 할 수 있는 발판이 될 수 있다는 것을 감지한다. 여기서 제출되는 문명은 정신적 가치를 부여한 '신문명'이라 해도 좋을 것이다.

둘째, 산수유람을 통해 얻은 독서의식과 관련한 것이다. 조선의 선비들은 산수를 유람하며 이것을 즐겨 독서에 비유하였고, 책을 읽듯이 산수를 유람했다. 산수에서 지취志趣를 찾고자 했던 것이다. 오늘날과 같은 정보가 범람하는 시대에는 무엇보다 자득을 추구하는 고인들의 독서법이 필요하다. 필요한 정보만 검색을 통해 절취할 것이 아니라, 천천히 오르며 조금씩 익히고 그 정상에 도달하여 멀리까지 조감할 수 있어야 한다. 따라서 선비들이 산수유람과 독서를 동일시하며, 유람을 통해 익혀나가고자 했던 독서법은 우리시대에 중요한 메시지로 전달되기에 충분하다.

셋째, 산수유람을 통해 얻은 수양의식과 관련한 것이다. 선비들은 산수유람을 하면서 세속적인 자아를 버리고 대자유와 맞닿아 있는 자신을 발견하고자 했으며, 또한 스스로 인지仁智의 원리를 터득하고자 했다. 이처럼 선비들은 창신暢神과 비덕比德을 동시에 강조하며 산수유람을 단행했다. 이것은 오늘날과 같은 기록과 건강을 위한 등산과는 커다란 차이가 있다. 즉 산악인의 기록을 위한 등산은 위인爲人적이며, 건강을 위한 등산도 위기爲己와는 거리가 멀다. 따라서 조선조 영남 선비들이 산수유람에 나타나는 수양의식은 현대인들이 등산을 어떤 차원에서 해야 하는가 하는 문제를 제기한다. 바로 수양으로서의 산수유람이다.

넷째, 산수유람을 통해 얻은 존현의식과 관련한 것이다. 존현은 삶에 대한 지표를 설정하는 데 있어 매우 중요하다. 조선조 영남의 선비들은 지리산·청량산·가야산 등을 오르며 이들 산과 관련된 선현을 생각했다. 나아가 그들이 오른 산의 제일봉에서는 목하目下에 펼쳐진 주위의 산을 보면서도 그 산과 관련된 선현들을 떠올렸다. 명인이 명산을 만들 듯이, 산을 사람과 결합시켜 이해하고, 그 사람을 통해 자신의 현재적 지표를 설정했다. 이러한 사유방식은 우리시대에 있어서도 역시 중요하다. 산수에서 구현된 선현의 삶이 자신의 현재적 삶에 어떤 지표로 작용할 수 있기 때문이다.

다섯째, 산수유람을 통해 얻은 국토의식과 관련한 것이다. 조선시대 영남 선비들은 자신이 오른 산에 대한 지리학적 이해가 풍부했다. 이 때문에 산의 제일봉에 올라 발 아래 펼쳐진 산들의 이름을 두루 말할 수 있었고, 자신이 오른 산은 그 가운데 어떤 위치에 있는가 하는 부분을 제시할 수 있었다. 나아가 국토산하가 지닌 문화적 의미를 극대화하거나 사물에 이름을 부여하여 문화를 재구성하기도 했다. 이러한 측면에서 선비들의 국토의식은 단순한 국토강역에 대한 인식이 아니라, 문화지리적 성격을 내포하고 있다고 할 것이다.

여섯째, 산수유람을 통해 얻은 풍류의식과 관련한 것이다. 영남 선비들이 산수를 유람하면서 즐기는 풍류는 다양하다. 악공과 기생을 데리고 다니며 산수흥을 돋우기도 하고, 낙동강에서 선유시회를 열며 동지애를 느끼기도 했다. 오늘날 강을 중심으로 한 곡선적 사유는 생태나 치유적 기능과 결합되며 새롭게 주목받고 있다. 여기서 속도를 위주로 하는 근대의 직선적 사유를 반성하는 계기를 마련할 수 있다. 따라서 영남 선비들이 산수유람 과정에서 시행하였던 다양한 풍류나 강을 중심으로 전개하였던 선유시회는 새로운 문화를 만들어 갈 수 있다는 계기를 제공하기도 한다.

오늘날 우리는 근대가 가져다준 다양한 병리현상을 극복해야 하는 인문학적 과제를 안고 있다. 이러한 측면에서 영남 선비들의 산수유람과 그 지향정신을 주목한다. 영남의 선비들은 그들의 생활공간을 중심으로 산수를 유람하였고, 이를 통해 문명의식 등 다양한 의식을 표출하였다. 우리 현대인 역시 산수유람을 하지 않는 바 아니나, 산수를 통한 내적 정서적 교섭을 이룩하는 방향으로 전개되고 있다고 보기 어렵다. 관공서에서 옛길을 다시 만들어 주민들에게 제공하기도 하나 이 역시 내적 문화적 콘텐츠를 갖추고 있지 못하다. 이러한 측면에서 조선조 영남 선비들의 산수유람은 특별히 주목되어 마땅하다.

제2장

선비, 어진 마음을
품은 사람

고전에서 인仁의 의미*

- 송대 성리학자들이 펼친 인의 향연 -

이치억

(성균관대 학부대학)

> 1. 공자는 왜 인을 정의하지 않았나?
> 2. 인仁은 사랑(愛)이 아닌 사랑의 씨앗
> 3. 인仁은 생명의 근원
> 4. 만물은 나와 하나
> 5. 인의 체득을 기약하며

1. 공자는 왜 인을 정의하지 않았나?

인仁은 어렵다. 인은 유학사상의 많은 개념들 중에서도 가장 난해한 개념에 해당한다. 그것이 난해한 이유는 태극太極이나 리理처럼 형이상학적이고 고원해서가 아니다. 역설적이게도 인은 우리의 삶과 너무나 밀접하기 때문이다. 비유하자면 이는 마치 너무 가까이에 있는 것을 우리

---

* 글은 2015년 8월 14일 한국국학진흥원에서 개최된 경북선비아카데미포럼 〈선비의 배려정신〉에서 발표한 「고전에서 인仁의 의미」를 수정·보완하여 『국학연구』 제28집 (2015.12)에 게재한 논문 「송대 성리학자들의 인사상에 관한 소고」를 부분 수정한 것입니다.

눈이 보지 못하는 것과 같다.

인은 공자가 수없이 강조한 덕목이자 공자사상의 핵심이다.[1] 만일 유가儒家를 도가道家나 법가法家처럼 그 사상의 핵심 개념어로 이름을 붙였다면 아마도 인가仁家 내지는 인학仁學으로 불렸을 법하다. 공자가 제자들에게 제시한 인간의 표준이 인이고 제자들의 학습 목표도 인의 구현이었으며, 후대의 많은 유학자들이 지향한 학문의 목적도 결국은 '인을 구해서 성인이 되는 것'(求仁成聖)이었으니, 인은 유학의 시작과 끝이라고 하기에 손색이 없다.[2] 이와 같이 인이 중요한 핵심개념임에도 불구하고 정작 인학의 창시자인 공자는 그 개념에 대한 정의를 내리지 않았다.[3] 왜 공자는 인에 대한 정의를 내리지 않았을까? 정의할 수 없는 것이기 때문일까? 아니면 정의할 필요성이 없었기 때문일까? 필자는 아마도 이두 가지 이유가 모두 작용했을 것이라고 생각한다.

---

1) 『논어』에 '仁'자는 58개 장에 걸쳐 109회 등장한다. 참고로 '學'자는 65회, '禮'자는 74회 등장한다.
2) 신정근, 『사람다움의 발견』, 2005; 남상호, 『육경과 공자 인학』, 예문서원, 2003.
3) 이에 대해 윤용남은 인은 정의할 수 있는 개념이 아니라, 지칭의 대상인 명칭이라고 주장했다. 그 주장에 따르면 동서양의 '개념'과 '명칭'의 접근방법은 다음과 같은 차이가 있다. "類와 種差에 의한 정의를 가장 모범적인 것으로 여겨 중시하는 서양철학과는 달리, 체용이론에 입각한 동양철학에서는 지시하고자 하는 대상에 '명칭'을 붙여 지칭한다. 이때 서양철학의 방식인 종차의 정의는 대상의 본질적 속성을 주로 반영하고 그 대상의 형체나 부수적 속성 등은 모두 버리기 때문에 논리적 정의를 통하여 형성된 '개념'은 현실세계 속에 존재하는 대상과 어느 정도의 괴리가 있어, 현실세계 속에 존재하는 대상을 사실대로 반영할 수 없다. 반면 명칭은 사물의 性과 그 德을 주로 반영하는데, 性은 사물의 임무나 역할이며, 덕은 그 임무를 수행할 수 있는 능력이 된다." 따라서 "인은 '개념'으로 이해할 것이 아니라, 실재하는 대상을 지칭하는 '명칭'으로 보아야 한다"는 것이다. 윤용남, 「공자 인사상의 체용이론적 분석-주자의 『논어집주』설을 중심으로」, 『동양철학연구』 제32집, 2003, 121~122쪽 참조.

첫째, 인을 정의하는 것은 어려운 일이다. 인이 지칭하는 범위가 너무나 넓고 포괄적이기 때문이다. 인을 우리말로 하자면 '사람다움', 혹은 '사람으로서 가장 사람다운 속성'이라고 할 수 있을 것인데, 이는 '인仁'이라는 한자를 우리말로 풀이한 일종의 번역어에 해당할 뿐, 인의 개념 정의는 될 수 없다. 인을 논하면서 개를 비유로 드는 것이 적절할지는 모르겠지만, 다음과 같이 생각해보자. '사람다움'처럼 '개다움'이라는 개념을 설정했다고 가정하자. 가장 개다운 개는 어떤 개라고 할 수 있을까? 주인과 다른 사람을 구분해서 주인에게 충성을 다하는 개가 가장 개다운 것일까? 인간보다 40배 뛰어난 후각, 인간보다 4배나 먼 거리의 소리를 들을 수 있는 청력, 200개 이상의 인간 언어를 알아듣는 능력, 이러한 것들은 분명 '좋은 개'의 조건이라고 할 수 있을 것이다. 그러나 이러한 조항들을 한 가지 개념으로 뭉뚱그려 정의해서 설명하기는 쉽지 않다. 하물며 개보다 훨씬 복합적인 존재인 사람은 어떠하겠는가?

둘째, 실질적 교육의 측면에서 보았을 때, 인이 무엇이라고 정의하는 일은 그다지 중요한 일이 아니다. 인을 무엇이라고 정의하는 순간, 인의 의미는 언어 속에 갇히게 될 것이며, 이로써 그 가르침을 받은 제자는 그것만 바라보고 그것만을 인의 기준으로 삼으려 할 것이기 때문이다. 예를 들어 목표지점에 도달할 수 있는 여러 갈래의 길이 있거나, 혹은 길이 제대로 나 있지 않은 곳에서 어떤 목적지를 찾아간다고 상상해 보자. 길을 가는 사람에게 최종 목적지의 특징만을 설명해 준다면 그는 길을 찾는 데 상당한 어려움을 겪을 것이다. 노련한 길잡이라면 눈앞에 보이는 지점을 명확히 설명해 줄 것이나, 최종 목적지만을 말해 주는 것은 그다지 효과적인 지침이 되지 않는다.

이와 같은 이유로 공자가 제자들에게 말했던 인에 대한 언설은 인을 행하는 방법이지 인의 정의는 아니라고 말할 수 있다.4) 그러나 공자가 인을 정의하지 않았다고 해서 서운해 하거나 불만을 가질 필요는 없다. 오히려 이로 인해 후대의 학자들은 인에 대한 경직되고 교조적인 이해 없이 열린 자세로 인을 받아들일 수 있게 되었을 것이다. 이로써 인의 해석은 후대 학자의 과제로 남겨졌고, 다양한 해석과 치열한 논의가 등장하게 되었으니, 공자의 교육은 성공적이라고 할 수 있다. 가까이는 맹자로부터 송대의 신유학자들에 이르기까지 인에 대한 다양한 해석이 내려졌는데, 맹자孟子는 '사람의 편안한 집'5)에 비유하며 '사람의 (사람다운) 마음'6)을 인이라 했고, 당唐대의 한유韓愈는 인을 '박애博愛'라고 정의했으며,7) 송宋대의 이정二程 형제는 만물일체萬物一體8)와 공公9)으로 인을 설명했다. 성리학의 집대성자인 주자는 '천지가 만물을 살게 하는 마음'(天地生物之心)10)과 '마음의 힘이자 사랑의 원리'(心之德, 愛之理)11)로 설명했다.

이와 같이 다양하게 해석되고 설명된다 하더라도 인의 의미가 실제

---

4) 『性理大全』 권35, 「仁」, "論語言仁處, 皆仁之方也. 若正所謂仁, 則未之嘗言也."
5) 『孟子』, 「離婁上」, "仁, 人之安宅也."
6) 『孟子』, 「告子上」, "仁, 人心也."
7) 『昌黎先生集』, 「原道」, "博愛之謂仁."
8) 『二程粹言』, 「論道」, "仁者以天地萬物爲一體, 莫非我也."
9) 『二程遺書』 권15, 「入關語錄」, "公而以人體之, 故爲仁."
10) 『朱子全書』 권67, 「仁說」, "天地以生物爲心者也, 而人物之生, 又各得夫天地之心以爲心者也."
11) 『論語集註』, 「學而」 2장, 註, "仁者, 愛之理, 心之德也."

로 여러 가지로 갈라진 것은 아닐 것이다. 인이 하나의 진리라고 한다면 이러한 다양한 설명들이 일관성을 가지고 하나로 꿰어져야 할 것이다. 그리고 그 일관성을 해석해 내는 것은 또한 우리 후대 학자들에게 남겨진 몫이다. 본고에서는 이러한 다양한 설명들 중, 송대 신유학자들의 인에 대한 여러 설명을 중심으로 인의 의미를 살펴보고, 그것이 어떻게 하나로 이어질 수 있는지 탐구해 보고자 한다.

2. 인仁은 사랑(愛)이 아닌 사랑의 씨앗

> 번지가 인仁에 대해서 물으니 공자가 "사람을 사랑하는 것이다"라고 하셨다. 지知에 대해 물으니 "사람을 아는 것이다"라고 하셨다.[12]

이 구절은 종종 인을 '사랑'이라고 정의하는 근거로 활용된다. 그러나 두 번째 물음을 보면, 공자는 '지知'에 대한 질문에 '사람을 아는 것'이라고 대답하고 있다. '사람을 아는 것'이 지에 대한 완전한 정의가 아니라는 점을 고려하면, 앞 절의 사람에 대한 사랑 역시 인에 대한 정의는 되지 못함을 알 수 있다. 공자가 제자의 질문에 각자의 성향과 수준에 따른 구체적인 실천 덕목을 제시하는 데 그쳤다는 것은 이미 언급할 필요도 없는 상식이다. 이에 비추어 본다면, 여기에서 번지에게 말한 '사람을

---

12) 『論語』, 「顔淵」 22, "樊遲問仁. 子曰, '愛人.' 問知. 子曰, '知人.'"

사랑함'(愛人)이 비록 인의 보편적 설명에 근접한 것이기는 하지만, 보편적 정의가 아닌 다른 공자의 언설과 마찬가지로 번지의 성향과 수준을 고려한 하나의 구체적 실천 덕목의 하나로 파악해야 할 것이다.

송대 유학자들은 '사랑'을 인의 정의로 보기에 부족하다고 여긴다. 그들의 사상체계 속에서 인은 마음에 드러난 특정 형태의 감정(情)이 아닌, 인간의 본성(性)으로 파악했기 때문일 것이다.

> 인(仁)에 대해 물으니, 이천(伊川)이 대답했다. "이는 여러분들이 스스로 생각해야 하니, 성현이 인에 대해서 말한 것을 종류별로 모아 보아, 체득해 내야 한다. 맹자가 '측은지심이 인이다'라고 하자 후대 사람들이 마침내 사랑을 인이라고 여기게 되었다. 측은함은 진실로 사랑이지만, 사랑은 본래 정(情)이고 인은 본래 성(性)이니, 어찌 사랑을 온전히 인이라고 할 수 있겠는가? 맹자가 '측은을 인'이라고 말한 것은 아마도 앞에서 이미 '측은지심이 인의 단서이다'라고 했기 때문일 것이다. 이미 인의 단서라고 하였으니 이를 바로 인이라고 할 수 없는 것이다. 퇴지(退之)가 '널리 사랑함(博愛)을 인이라고 한다'고 말한 것은 잘못이다. 인은 진실로 널리 사랑하는 것이지만, 널리 사랑함을 바로 인이라고 하면 안 된다."[13]

주지하다시피 『맹자』 「공손추 상」 3장에서 맹자는 "측은지심은 인의 단서이다"(惻隱之心, 仁之端也)라고 했고, 「고자 상」 6장에는 곧바로 "측은

---

13) 『二程遺書』, 권18, "問仁. 曰: '此在諸公自思之, 將聖賢所言仁處, 類聚觀之, 體認出來. 孟子曰, '惻隱之心仁也', 後人遂以愛爲仁. 惻隱固是愛也, 愛自是情, 仁自是性, 豈可專以愛爲仁? 孟子言惻隱爲仁, 蓋爲前已言'惻隱之心, 仁之端也'. 旣曰仁之端, 則不可便謂之仁. 退之言'博愛之謂仁', 非也. 仁者固博愛, 然便以博愛爲仁則不可.'"

지심은 인이다"(惻隱之心, 仁也)라고 했다. 그런데 여기서 "측은지심은 인이다"라고 한 것은 '측은지심=인'이라는 의미가 아니라 인의 단서라고 했던 「공손추 상」 3장의 축약형에 해당하는 것이니, 측은지심이라는 일종의 드러난 정情 그 자체를 인이라고 할 수는 없다는 것이다.

송대의 유학자들에 따르면 인은 의·예·지·신을 포함한다고 주장했고,[14] 이후 인의예지신을 하나의 인으로 포괄해서 보는 시각이 일반화되었다. 이는 원형이정元亨利貞을 하나의 원元으로 귀결시키는 것과 같은 논리로서, 나누어서 말하면 각각 다른 네 가지이지만, 하나로 말하면 인 하나일 뿐이라는 것이다.[15] 이 논리에 따르면 인은 하나의 근원, 즉 하나의 성性으로 존재하면서, 상황에 따라 다른 형태의 정情으로 드러난다. 즉, 인은 꼭 '측은지심'이나 '사랑'이라는 어떤 특정 형태의 감정으로만 발출되는 것이 아니다. 이는 우리가 경험적·상식적으로 유추·확인해 볼 수 있는 것이지만, 가령 공자가 "오직 인한 사람이라야 사람을 좋아할 수도 미워할 수도 있다"[16]라고 한 데서 볼 수 있듯이 '미움'이라는 감정 역시 인에서 근원한 감정일 수 있을 것이다. 불의를 보고 그것을 미워하는 마음인 수오지심의 뿌리도 또한 인에 있음은 물론이다. 여기에서 정자程子의 위의 말이 설득력을 얻는다. "인한 사람은 반드시 사랑하지만, 사랑을 가리켜 인이라고 하면 안 된다."

이러한 논의를 발전시킨 주자朱子는 인을 '마음의 덕德이자 사랑의 이

---

14) 『二程遺書』 권2상, "義禮知信皆仁也."
15) 『伊川易傳』, 「乾卦·象傳」, "四德之元, 猶五常之仁, 偏言則一事, 專言則包四者."
16) 『論語』, 「里仁」 3, "子曰, '唯仁者能好人, 能惡人.'"

치'(理)라고 한 바 있다. 이에 대한 주자의 설명을 들어보자.

> '인은 마음의 덕'이란 것은 비유하자면 적시는 것이 물의 덕이고, 마르게
> 하는 것이 불의 덕이라고 하는 것과 같다. '인은 사랑의 이치'란 말은 나무
> 의 뿌리, 물의 원천이라고 하는 것과 같다.[17]

덕德(Virtue)은 일종의 '능력', '힘'을 의미한다. 덕은 개별적으로 각각
다르다. 그리고 사물마다 특징적이고 핵심적인 능력이 있다. 가령 물은
사물을 젖게 하는 것이 그 특징적·핵심적 능력이고, 불은 젖은 것을
마르게 하거나 태우는 것이 그것의 특징적·핵심적 능력이다. 이 비유를
가지고 추론해 보면 주자가 '마음의 덕(心之德)이라는 말로 가리키고자
했던 인의 의미는 '사람의 가장 특징적·핵심적 능력'이라고 가정해 볼
수 있다. 물론 사람의 능력은 언어·도구사용, 직립보행, 사회생활, 규칙
준수, 지적능력 등 여러 가지가 있을 것이다. 그런데 그 중에서 가장
특징적이고 핵심적인 것은 무엇일까? 그것이 바로 인이다. 남을 해치거
나, 내 것만을 챙기거나, 남과의 경쟁에서 이기는 것이 아닌, 남을 따뜻하
게 대할 수 있는 능력이다. 이 능력이 외면적으로 발휘되었을 때, 우리는
그것을 '사랑'이라고 이름 붙인다.

당연한 것이지만, 그 능력은 외재적 조건에 의해 결정되는 것이 아니
라, 인간이 고유하게 가지고 있는 것이다. 위의 인용문에서 주자도 이를

---

17) 『朱子全書』 권60, 「答曾擇之」, "仁者, 心之德', 猶言潤者水之德, 燥者火之德. '愛之
理', 猶言木之根, 水之源."

'나무의 뿌리', '물의 원천'이라고 비유했거니와, 이러한 의미에서 송대의 학자들은 인을 종종 뿌리 혹은 씨앗을 틔워내는 힘에 비유하곤 했다.

> 리理는 성性이니, 내면에 이 사랑의 이치가 있기 때문에, 우러나오는 것은 사랑하지 않음이 없는 것이다. 정자가 '마음은 씨앗과 같은 것이니, 싹을 틔워내는 성(生之性)이 바로 인이다'라고 했으니, 싹을 틔워내는 성이 바로 사랑의 이치이다."[18] (주자)

> 인은 뿌리이고, 사랑은 싹이니, 싹을 바로 뿌리라고 할 수 없다. 그러나 이 싹은 틀림없이 뿌리로부터 나온 것이다.[19] (주자)

싹이 나올 수 있기 위해서는 그 싹을 틔워주는 근거가 필요할 것이다. 그 근거는 씨앗 안에 내재된 싹을 틔우는 힘에 있다. 그래서 위의 인용문에서는 씨앗 그 자체를 인이라고 하지는 않고, 씨앗이 싹으로 틔워지는 내재적인 힘인 성性을 인이라고 보았다. 두 번째 인용문에서는 싹과 뿌리의 관계를 설정하여, 싹의 보이지 않는 근거인 뿌리를 인으로 비유하고 있다.

사랑의 원리·근거로서의 인은 씨앗 그 자체이기도 하다. 실제로 의서醫書에서 '도인桃仁', '행인杏仁'과 같이 씨앗을 '인仁'이라고 했는데,[20] 이

---

18) 『朱子語類』 권20, 110조목, "理便是性. 緣裏面有這愛之理, 所以發出來無不愛. 程子曰, '心如穀種, 其生之性, 乃仁也.' 生之性, 便是愛之理也."

19) 『朱子語類』 권20, 88조목, "仁是根, 愛是苗, 不可便喚苗做根. 然而這箇苗, 却定是從那根上來."

20) 『本草綱目』 권2.

정二程의 고제高弟인 사상채謝上蔡(謝良佐) 또한 인을 씨앗에 비유했다.

> 심어서 살아날 수 있는 복숭아나 살구의 씨앗을, 도인桃仁, 행인杏仁이라고
> 하니, 살아있음을 말하는 것이다. 이를 미루어보면 인을 알 수 있다.[21]

심어서 살아날 수 있는 식물의 씨앗처럼, 인은 사람의 마음에서 사랑
이 우러나올 수 있는 씨앗에 비유될 수 있다. 인은 사랑의 씨앗이다.
씨앗의 비유와 같은 맥락으로 필자는 다음과 같은 현대적 문법을 적용해
볼 수 있으리라 생각한다. 사람이 어진 마음을 가지고, 서로를 사랑할
수 있는 것, 즉, 인의 발현은 사람의 마음에 프로그램화되어 있는 것이다.
다시 말하면 인간의 내면에는 본래 남을 사랑할 수 있는 프로그램이 설정
되어 있는데, 그것을 인이라 할 수 있다. 그렇다면 사람은 인이라는 사람
본연의 프로그램을 어길 수 없도록 설계되어 있는 존재인 것이다.

그럼에도 불구하고 사람은 가끔씩 혹은 종종 그것을 어기는 것처럼
보인다. 다른 사람을 사랑하기보다 미워하고, 경쟁을 하면서 그 과정에
서 자기 것만 챙기는 이기적인 모습을 보이며, 타인에게 해를 입히기도
하는 모습을 보면, 도무지 사람의 본성이 정말 인한 것인가 의문이 들
때도 있다. 그러나 조금 더 깊이 들어가 생각해 보면 그렇지 않다는 점을
발견할 수 있다. 인을 어긴 결과는 그리 호락호락하지 않다. 개인적 차원
으로 보았을 때, 남들을 괴롭히거나 해를 입히고서 사람답고 행복하게

---

21) 『上蔡語錄』 권1, "桃杏之核可種而生者, 謂之桃仁杏仁, 言有生之意. 推此, 仁可見矣."

사는 길은 없다. 설령 그에 대한 일시적인 보상이 두둑하게 주어진다 하더라도 내 안에 있는 인의 씨앗은 그것을 편안히 여기지 않을 것이다. 사회 전체의 차원에서 본다면 그 결과는 더욱 명백하다. 세상의 모든 고통과 혼란이 인이라는 사람의 길을 벗어난 결과이기 때문이다. 이 점은 실례實例를 들지 않더라도 많은 사람들이 경험적으로 동의할 수 있는 부분일 것이다.

요컨대 인은 사람이 사람다울 수 있는 근거가 되는 마음의 씨앗이다. 이렇게 본다면 인은 『중용』에서 말한 바 '하늘이 명한 성'(天命之謂性)이라는 것과도 동의어라고 할 수 있다. 사족을 붙이자면, 그 씨앗이 줄기와 잎과 꽃으로 정상적으로 자라나는 길이 '성을 따르는 도'(率性之謂道)이고, 그 길을 그대로 틔워주는 것이 교육(修道之謂敎)이다. 여기에 공자의 인간론과 교육론이 집약되어 있음을 볼 수 있다.

3. 인仁은 생명의 근원

살펴본 바와 같이 인仁은 사람이 의무적으로 지켜야 할, 이른바 도덕률이 아니다. 사람의 본래성, 즉 사람의 마음에 내재된 씨앗이다. 인은 사람이 사람의 형체로 생겨나고, 사람이라는 이름으로 살 수 있는 근거 내지는 원리이다. 그러한 의미에서 인은 주체적이고 자발적이며 매우 자연스러운 이치이다. 이러한 의미에서 사상채는 인을 다음과 같이 설명했다인仁은 하늘의 이치이니, 근거 없이 지어낸 것이 아니다. 그러므로 '죽음에 곡하여 슬퍼하는 것은 살아 있는 사람에게 보이기 위해서가 아니고, 변함없는 덕을 지키며 간사하지 않도록 하는 것은 봉복을 구하려 해서가 아니며, 언어를 반드시 미덥게 하는 것은 행실을 바르게 하려고 해서가 아니다.'(『맹자』「진심 하」 – 필자 주) 천리天理가 마땅히 그러한 것일 뿐이다. 마땅히 그러하여 행한 것은 하늘이 행하는 것이다. 성인聖人의 문하에서 배우는 자들의 큰 요점은 '자신의 사욕을 이기는 것'(克己)을 근본으로 하는 것이다. 사욕을 극복하여 예로 돌아가 사사로운 마음이 없게 되면, 바로 하늘과 같이 된다.22)

도덕적 심성과 행위는 사람에게 인위로 의무 지어지거나 어떠한 합의에 의해 도출된 행위원칙이 아니다. 남에게 보이기 위해 그런 체하는 것도 결코 아니다. 천리가 저절로 그러한 것, 즉, 그렇게 프로그램 되어 있는 것이다. '천리의 그러함'으로 '씨앗'처럼 내재되어 있는 이 인仁을 조금 더 구체적으로 표현하자면 무엇이라 할 수 있을까? 바로 주자가 말한 '천지가 만물을 살게 하는 마음'(天地生物之心)23)을 들 수 있을 것이다.

---

22) 『上蔡語錄』권1, "仁者天之理, 非杜撰也. 故哭死而哀, 非爲生也; 經德不回, 非干祿也; 言語必信, 非正行也. 天理當然而已矣. 當然而爲之, 是爲天之所爲也. 聖門學者大要以克己爲本. 克己復禮, 無私心焉, 則天矣."

23) '天地生物之心'의 일반적 해석은 '천지가 만물을 낳는 마음'이다. 그러나 필자는 이를 '천지가 (혹은 자연이) 만물을 살게 하는 마음'으로 번역하고자 한다. '낳다'는 말에는 생성의 의미만 들어있지만, '살게 하다'는 말에는 생성과 생육의 의미가 모두 포함된다. 예컨대 "부모님은 나를 살게 해 주신 분이다"라고 하면 낳아서 길러주는 의미까지 포함되지만, "부모님은 나를 낳아 주신 분이다"라고 하면 거기에는 출산의 의미밖에 가지지 않는다. 천지는 부모와 마찬가지로 우리를 생성만 하는 것이 아니라 생육하게 하는 존재이다.

천지天地는 만물을 살게 하는 것을 마음으로 삼고, 사람과 사물이 생겨날 때에 또 각각 저 천지의 마음을 얻어서 마음으로 삼는다. 그러므로 마음의 덕을 말하면 비록 그것이 총괄하고 관통하여 갖추어지지 않은 것이 없지만, 한 마디로 포괄하면 인仁일 뿐이다. 천지의 마음은 그 덕에 네 가지가 있으니 원元 · 형亨 · 이利 · 정貞인데, 원元이 통괄하지 않음이 없다. 그 운행에 있어서는 봄 · 여름 · 가을 · 겨울의 순서가 되는데, 봄에 생겨나게 하는 기운이 통하지 않음이 없다. 그러므로 사람의 마음도, 그 덕에 또한 네 가지가 있으니, 인仁 · 의義 · 예禮 · 지智이고, 인仁이 포괄하지 않음이 없다.[24]

과학적 세계관을 베이스로 삼고 살아가는 현대인들에게 천지의 '마음'이라는 말이 혹 쉽게 와 닿지 않을 수도 있다. 그러나 "만물이 함께 자라면서 서로를 해치지 않는"[25] 생명으로 가득한 이 오묘한 이 세계를 보고, 현대와는 다른 세계관을 바탕으로 사유를 펼쳤던 주자는 그 속에서 이 생명을 생성하고 자라게 하는 하나의 '마음'이 자리하고 있다는 직관을 얻었을 것임에 틀림없다.

'인한 사람은 산을 좋아한다'[26]고 한 공자의 말도 이와 관련지어 볼 수 있다. 인자仁者가 산을 좋아하는 이유는 무엇일까? 산은 상상할 수 없을 만큼 다양한 생명이 서로 엉키어 살아가고 있는 곳이다. 이 점은

---

24) 『朱子全書』 권67, 「仁說」, "天地以生物爲心者也, 而人物之生, 又各得夫天地之心以爲心者也. 故語心之德, 雖其總攝貫通無所不備, 然一言以蔽之, 則曰仁而已矣. 請試詳之. 蓋天地之心, 其德有四, 曰元亨利貞, 而元無不統. 其運行焉, 則爲春夏秋冬之序, 而春生之氣無所不通. 故人之爲心, 其德亦有四, 曰仁義禮智, 而仁無不包."

25) 『中庸』 제30장, "萬物並育而不相害."

26) 『論語』, 「雍也」, "仁者樂山."

물속도 마찬가지이기는 하지만, 물과는 달리 산 속에는 사람이 직접 들어가서 생명의 조화를 가장 밀접하게 느낄 수 있다. 다양한 모습의 생명체들이 서로가 서로에 의지하며 각각의 생生을 영위해 나가는 모습에서, 공자와 같은 민감한 감성과 뛰어난 직관의 소유자라면 거기에서 생명의 근원, 즉 인을 느끼기에 충분했을 것이다. 그러한 이유에서일까, 인을 체득한 군자는 생명 하나하나를 매우 소중하게 생각한다.

> 주무숙周茂叔은 창문 앞의 잡초를 뽑지 않았다. 그 이유를 묻자, 대답했다. "살고자 하는 뜻이 나와 같다."[27]

염계濂溪는 창밖의 풀 한 포기에서도 생명의 의지를 느꼈다. 생명의 약동에서 인의 발현을 보는 것이다. 같은 의미에서 정명도程明道는 "병아리를 보면, 여기서도 인仁을 볼 수 있다"[28]고 했다. 갓 태어나 약동하는 새 생명은 생명의 근원성에 더 가깝고, 그 순수성을 덜 가리고 있다. 유학자들은 이러한 곳에서 만물을 살게 하고자 하는 우주의 마음을 느끼지 않을 수 없었을 것이다.

물론 천지 사이에서는 삶과 더불어 죽음이라는 사건도 발생한다. 자연의 순환을 떠올려 보자. 자연 속에서 분명 죽음과 삶이 공존하는 것 같다. 모든 생물은 필사必死의 숙명을 타고 태어난다. 또 개체가 살기 위해서는 필연적으로 다른 개체로부터 죽음이라는 형식의 도움을 받아

---

27) 『二程遺書』卷3, "周茂叔窓前草不除去. 問之, 云與自家意思一般.'"
28) 『二程遺書』권3, "觀雞雛, 此可觀仁."

야 한다. 그러나 인자仁者의 눈은 거기에서 죽음(死)의 스산함보다 생생生의 순환을 보는 방향으로 시선이 옮겨갈 것이다. 떨어져 쌓인 나뭇잎, 죽어 쓰러진 나무, 각종 동물의 사체 등은 바로 그 자리가 새로운 삶이 움트는 지점이 된다는 사실을 그들은 정확히 파악하고 있다. 이러한 의미로 『역전易傳』의 저자는 "복復에서 천지의 마음을 본다"29)고 했을 것이다.

또한 간괘艮卦에 대한 해석에도 삶과 죽음, 시작과 끝의 교차와 관련된 의미가 담겨 있다. 유학자들은 이러한 오묘한 순환에 대해 다음과 같이 말했다.

> 동지冬至는 하나의 양이 생겨나는 시점이지만 도리어 반드시 매우 추워야 하니, 이는 바로 마치 새벽이 되려 할 때가 오히려 어두운 것과 같다. 음양의 사이는 또한 무 자르듯 서로 무관할 수 없고, 이렇게 침투된 것이 도이고 이치이다. 천지 사이에는 이와 같은 것이 매우 많다. 간괘艮卦의 의미는 만물의 끝이면서 만물의 시작인 것이니, 이 이치가 매우 묘하다. 반드시 이 이치를 완색해야 한다.30)(정자)

29) 『주역』「복괘・단전」에 "복復이 형통함은 강剛이 돌아오기 때문이니, 움직여서 순조롭게 행하기 때문에 '출입하는 데 병이 없고 벗이 오는 것이 허물이 없는'(出入无疾朋來无咎) 것이다. 그 도道를 반복하여 7일 만에 와서 회복하는 것은 하늘의 운행이고, 가는 바를 두는 것이 이로움은 강剛이 자라나기 때문이니, 복復에서 천지의 마음을 볼 수 있다"(復亨, 剛反, 動而以順行, 是以出入无疾, 朋來无咎. 反復其道, 七日來復, 天行也. 利有攸往, 剛長也. 復, 其見天地之心乎!)고 했는데, 정이천의 전傳에는 "도道는 반복・왕래하여 번갈아 사라지고 자라난다. 7일 만에 와서 회복한다는 것은 천지의 운행이 이와 같다는 것이니, 쇠퇴하고 자라나는 것이 서로 이어지는 것은 하늘의 이치이다.…… 하나의 양陽이 아래에서 회복하는 것이 바로 천지가 만물을 낳는 마음이다"(其道反復往來, 迭消迭息. 七日而來復者, 天地之運行如是也, 消長相因, 天之理也.…… 一陽復於下, 乃天地生物之心也)라고 했다.
30) 『二程遺書』卷2上, "冬至一陽生, 却須隆寒, 正如欲曉而反暗也. 陰陽之際, 亦不可截

대저 음양이 줄어들고 자라는 이치상 하나의 기도 갑자기 줄어들거나 갑자기 자라나지 않는다. 줄어들려는 기는 도리어 처음 자라나는 것 속에 섞여 있고, 처음 자라나는 기는 도리어 줄어들려고 하는 것 속에 섞여 있다. 무릇 추위와 더위, 어두움과 밝음이 교차하는 처음은 반드시 두 가지가 모두 섞여 있다. 그래서 간艮은 팔괘의 가운데에 있으면서 단지 만물을 멈추게 하기에 적합한 것이다. 그러나 동쪽과 북쪽 사이에 나뉘어 있어 한쪽은 감坎의 죽음의 기운에 접해 있기 때문에 진실로 만물의 끝이 되고, 한쪽은 진震의 생生의 기운에 접해 있어 또한 만물의 시작이 된다. 진震에서 어떻게 갑자기 생生할 수 있겠는가? 단지 죽음의 기가 다하기 전에 이미 이러한 생의 기가 섞여 있기 때문에 진震에 이르러서 비로소 생生을 발산하는 것이다.[31](진식)

팔괘의 간괘는 현상이 멈추는 지점이 바로 시작되는 지점이고, 죽음이 있는 바로 그 곳이 생이 있는 곳이라는 점을 가리키고 있다. 이와 같이 삶과 죽음, 시작과 끝이 뒤섞여서 무궁하게 순환하는 현상 속에서 유학자들은 죽음보다는 삶에 눈과 귀를 기울이고 거기에 집중하는 것이다.

이제 생生으로서의 인의 의미를 명시한 선유들의 말을 몇 가지 더 살펴보기로 하자.

然不相接, 厮侵過便是道理. 天地之間如是者極多. 艮之爲義, 終萬物始萬物, 此理最妙. 須玩索這簡理."

[31] 『木鐘集』卷10, "大率陰陽消長之理, 一氣不頓消, 不頓長. 欲消之氣, 却侵帶些在初長之中; 初長之氣, 却侵帶些在欲消之中. 大凡寒暑晦明之交接頭處, 須兩下侵帶些. 所以艮居八卦之中, 宜只是止萬物. 然分於東北之間, 一頭接坎之殺氣, 固是終萬物; 一頭接震之生氣, 又爲始萬物. 蓋震豈能頓生? 惟於殺氣未盡之時, 已是侵帶些子氣了, 故至震方發生也."

'천지의 큰 덕을 생生이라고 한다.', '천지가 밀접하게 교류하여 만물이 두텁게 엉긴다', '생겨난 그대로(生)를 성性이라고 한다'라고 한 데서 만물의 생의生意를 가장 잘 볼 수 있으니, 이것이 '원元은 선善의 으뜸이다.'란 것이며, 이것이 이른바 인仁이다.32)

마음이란 무엇인가? 인仁이 이것이다. 인이란 무엇인가? 산 것(活)이 인이며, 죽은 것이 불인不仁이다. 지금 사람의 몸이 마비되어 아프고 가려움을 모르는 것을 불인이라고 한다.33)

생명이 없는 것은 불인不仁이라면, 인은 사람과 만물의 생의 원리 또는 근거가 된다. 실로 만물을 생으로 인도하는 마음이 있기에 생명이 존재하고 만물이 어울려 조화를 이루며 살 수 있는 것이다. 그러므로 이를 조금 더 미루어 나가 보면 인한 마음으로 살아가는 것은 제대로 사는 것이고, 그렇지 못한 것, 즉 불인한 삶은 살아도 산 것이 아니라고 할 수 있다. 생이 인의 실질적 의미이기 때문이다.

4. 만물은 나와 하나

천지의 마음이라는 것을 과연 이렇게 철학적으로 깊이 사색해 보아

---

32) 『二程遺書』 권11, "'天地之大德曰生', '天地絪縕, 萬物化醇', '生之謂性', 萬物之生意最可觀, 此'元者, 善之長也', 斯所謂仁也."
33) 『上蔡語錄』 권1, "心者, 何也? 仁是已. 仁者, 何也? 活者爲仁, 死者爲不仁."

야만 알 수 있을까? 공자의 말대로라면[34] 인은 그렇게 멀리 있는 것은 아니며, 우리의 일상에서 시시각각 징험할 수 있는 것이어야 한다. 사람이 일상 속에서 가장 가까이 느낄 수 있는 천지의 마음은 무엇일까? 장횡거張橫渠의 「서명西銘」에서 그 일단을 찾을 수 있으리라 생각된다.

> 하늘을 아버지라 할 수 있고, 땅을 어머니라 할 수 있다. 나는 매우 자그마한 몸으로 그 안에 살고 있다. 따라서 천지를 가득 채운 기氣가 내 몸이 되고, 천지를 이끌어가는 원리가 내 본성이 된다. 사람들은 나와 한 핏줄이고, 만물은 나와 더불어 살아가는 존재들이다.[35]

한 차원 높은 시각에서 보면, 저 하늘과 대지는 나의 부모와 같은 존재이다. 하늘과 땅 사이에서 우리는 태어나고 그 품 안에서 살아간다. 이처럼 하늘과 땅이 우리를 살게 하는 마음과 가장 비슷한 사람의 마음이 있다면, 그것은 자식에 대한 부모의 마음이라고 할 수 있을 것이다. 실로 자식을 향한 부모의 마음은 무한한 사랑 그 자체이다. 새로운 생명은 부모의 마음에서 잉태되고, 그 품 안에서 어린 시절을 보낸다. 부모는 자식을 살게 하는 마음을 그 마음의 본질로 삼은 사람이다.

우리가 천지의 마음을 헤아리고 느끼지는 못하더라도 부모의 마음은 가장 가까이서 느낄 수 있다. 이미 부모가 된 사람이라면 더 말할 필요가

---

34) 『論語』, 「述而」, "子曰, 仁遠乎哉? 我欲仁, 斯仁至矣."
35) 『張子全書』 권1, 「西銘」, "乾稱父, 坤稱母. 予玆藐焉, 乃混然中處. 故天地之塞, 吾其體; 天地之帥, 吾其性. 民吾同胞, 物吾與也."

없거니와, 부모가 되지 못했더라도 그 마음을 느낄 수 없는 것은 아니다. 부모는 지극히 가까운 존재이며, 노력만 한다면 자식은 부모의 마음을 헤아릴 수 있을 것이다. 바로 여기에서 '효孝'의 의미가 부각된다. 효에는 다양한 의미가 들어있고, 그 중요성과 실천방법도 여러 가지로 말할 수 있겠지만, 필자는 인을 행하는 근본으로서 효의 의미36) 중 하나가 바로 여기에 있다고 생각한다. 효는 부모의 마음을 헤아리는 것이다. 자식이 부모의 마음을 헤아려 보았을 때, 무엇을 알 수 있을까?

정상적이라면, 자식을 타인으로 여기는 부모는 아마도 없을 것이다. 부모의 관점에서 보면, 자식은 남이 아닌 나와 하나인 존재다. 또한 부모의 눈으로 보면, 자식들이 몇 명이든 모두 각각 분리된 개체가 아닌 하나일 것이다. 즉 부모의 입장에서는 부모와 자식도 하나이고, 각각의 자식들도 모두 하나다. 따라서 부모의 입장에서 자식을 바라보는 마음은 우리가 일상에서 가장 가까이 확인할 수 있는 '한마음', 즉 인이다. 자식이 부모의 마음을 헤아린다는 것은 바로 부모와 자신 사이의 한마음을 회복하는 일이며, 나아가 형제들과도 하나가 된다는 것을 의미한다. 그러므로 효孝에는 필연적으로 제悌가 따르게 되어 있다.37)

---

36) 『論語』,「學而」, "유자有子가 말했다. '그 사람됨이 효성스럽고 공손하면서 윗사람을 범하기를 좋아하는 자는 드무니, 윗사람을 범하기를 좋아하지 않고서 난亂을 일으키기를 좋아하는 자는 있지 않다. 군자는 근본에 힘쓰니, 근본이 확립되면 도道가 생겨나는 것이다. 효孝와 제弟; 悌는 인仁을 행하는 근본일 것이다.'"(有子曰, '其爲人也孝弟, 而好犯上者鮮矣, 不好犯上, 而好作亂者未之有也. 君子務本, 本立而道生. 孝弟也者, 其爲仁之本與)

37) 인을 '한마음'으로 풀이하고 효와 제를 인과 연결하여 해석한 상세한 이론은 이기동, 『논어강설』, 성균관대학교출판부, 2013, 58~59쪽 참조.

이를 다시 천지의 마음으로 확대해보자. 횡거는 「서명」에서 '사람들은 나와 한 핏줄이고, 만물은 나와 더불어 살아가는 존재'라고 천명한 바 있다. 이렇게 나의 존재를 천지의 차원으로 확장한다면, 만인·만물이 천지라는 부모를 나와 공유하는 존재이기에, 나는 천지만물과 하나인 존재가 된다. 정명도의 만물일체사상은 바로 이 점을 이야기하고 있다.

> 인仁한 사람은 천지 만물을 한 몸으로 삼으니, 내가 아닌 것이 없다. 만일 모두가 다 나라면, 어느 것인들 지극히 하지 않겠는가? 그것을 나에게 두지 못한다면, 천지만물과의 거리가 천 리 만 리일 뿐이겠는가?38)

나와 만물이 하나라는 것은 구체적으로 무엇을 의미하는 것일까? 하늘과 땅 사이에 있는 만물은 각각 다른 몸을 가지고 있지만 궁극적으로는 하나이다. 유학자들은 자주 사람과 만물은 천지의 리理와 천지의 기氣를 공유하는 하나의 존재라는 점을 즐겨 말한다.

> 사람이 사람이 되는 데, 그 리는 천지의 리이고, 그 기는 천지의 기이다.39)

> 무릇 사람이 태어남에 똑같이 천지의 기를 얻어서 몸이 되고, 똑같이 천지의 리를 얻어 성性이 되는데, 리와 기가 합한 것이 심心이 된다. 그러므로 한 사람의 심이 곧 천지의 심이고, 한 몸의 심이 곧 천만인의 심이므로,

---

38) 『二程粹言』, 「論道」, "仁者以天地萬物爲一體, 莫非我也. 如其皆我, 何所不盡? 不能有諸己, 則其與天地萬物, 豈特相去千萬而已哉?"
39) 『朱子語類』 권6, 78조목, "人之所以爲人, 其理則天地之理, 其氣則天地之氣."

애초에 내외內外와 피차彼此의 다름이 없다.[40]

사람은 하나의 리와 천지 사이의 하나의 기를 얻은 본래 하나인 존재이다. 비록 각각의 몸체가 있는 개체이기는 하지만, 그것이 전체가 하나라는 사실에 위배되는 것은 아니다. '하나'에 대한 비유를 들어보자. 사람 몸에는 대략 60조 개의 세포가 있다고 한다. 세포는 개체인가, 몸 안에서 하나 된 존재인가? 하나라고만 한다면 60조 개라고 하는 숫자는 의미를 가지지 못한다. 숫자로 셀 수 있다는 것은 구획을 나눌 수 있는 단위가 있다는 것이기 때문이다. 만일 세포에게 의식意識이 있다고 한다면, 세포들은 각각 독립된 개체라고 여기지 않을까? 그들이 자신을 독립된 개체라고 주장한다고 해서 실제로 독립된 개체가 아닐 것이다.

필자는 이러한 논리에서 '천지만물일체'의 이론이 주자가 말한 '사랑의 원리'와 같은 의미를 담고 있는 것이라고 생각한다. 사람은 '남이 아닌 것'을 사랑하지, '남'을 사랑하지 않는다. 가족, 친구, 연인, 동료를 사랑할 수 있는 것은 그들을 남이 아니라고 여기기 때문이다. 만물을 한 몸으로 여기는 사람은 당연히 만물을 빠짐없이 사랑하게 될 것이다. 그것은 결국 '사랑의 원리'이다. 그리고 이 점이 바로 명도明道가 인을 구하는 것을 학문에서 가장 중요한 요소로 여겼던 까닭일 것이다.

---

40) 『退溪先生文集』권18, 「答奇明彦論改心統性情圖」, "夫人之生也, 同得天地之氣以爲體, 同得天地之理以爲性, 理氣之合則爲心. 故一人之心, 卽天地之心, 一己之心, 卽千萬人之心, 初無內外彼此之有異."

배우는 자는 반드시 먼저 인仁을 알아야 한다. 인은 혼연히 만물과 한 몸이다. 의·예·지·신이 모두 인이다. 이 이치를 알아서 성誠과 경敬으로 그것을 보존할 뿐이니, 막고 단속할 필요가 없고, 궁구하여 찾을 필요도 없다. 만약 마음이 게을러지면 막을 것이 있겠지만, 마음이 진실로 게으르지 않다면 무엇을 막을 것이 있겠는가? 리를 아직 알지 못하기 때문에 반드시 궁구하여 찾아야 한다. 보존하는 것이 오래되면 저절로 밝아지는데, 어찌 궁구하여 찾을 것이 필요하겠는가? 이 도는 상대할 물건이 없으니, '크다'는 말로도 충분하게 형용할 수 없다.[41]

주자는 이것이 너무 고원하여 당장 추구할 것이 아닌 것으로 여겼다. 과연 이것만을 치우치게 추구한다면 선가禪家와 비슷해질 우려도 있다. 다만 이 의미를 '마음의 덕, 사랑의 이치', '천지가 만물을 낳는 마음'과 같은 의미로서 정확히 이해하기만 한다면, 고원한 언설이 아니라, 매우 절실하고 가까운 인의 의미로 받아들일 수 있을 것이다.

5. 인의 체득을 기약하며

물고기에게 가장 인식하기 어려운 대상은 무엇일까? 바로 물일 것이다. 가장 밀접하고 절실하면서, 또 그것으로 인해 살 수 있음에도 불구하

---

41) 『二程遺書』 권2상, "學者須先識仁. 仁者, 渾然與物同體, 義禮知信皆仁也, 識得此理, 以誠敬存之而已, 不須防檢, 不須窮索. 若心懈則有防, 心苟不懈, 何防之有? 理有未得, 故須窮索; 存久自明, 安待窮索. 此道與物無對, 大不足以名之."

고 물고기는 아마도 물의 존재를 전혀 알지 못하고 살아갈 것이다. 이점에서는 사람도 마찬가지이다. 현상계에 존재하는 다른 대상물과는 달리, '공기'의 존재에 대해 배우기 전까지는 그것이 무엇인지 전혀 알지 못한다. 알고 있다 하더라도, 평소에는 우리와 가장 밀접한, 그것이 없으면 단 몇 분도 살아남을 수 없는 공기의 존재를 거의 자각하지 않고 살아간다. 대기오염이 심하거나, 강한 바람이 불어야만 비로소 공기의 존재를 언뜻 느끼게 되는 것이다.

인(仁)도 마찬가지이다. 사람은 인으로 인해 이 세상에 생겨났고 그것으로 말미암아 살아가고 있음에도 불구하고 인을 시시각각 자각하고 있지는 않다. 가끔씩 인에 위배되는 현실을 만날 때, 인의 단서가 발현됨으로써 나에게 인이 본성으로 내재되어 있음을 알게 된다. 맹자가 어린 아이가 우물에 들어가는 비유를 들어 측은지심을 설명한 것은 바로 이것을 일깨워주려는 뜻이었을 것이다.

인의 개념을 머리로 파악하는 일보다 중요한 것은, 그것을 참으로 느끼고 체화하는 일일 것이다. 인을 편안히 여기고[42], 불인을 미워할 수 있는 것은[43] 인을 개념적으로 파악한다고 되는 것이 아니라, 인을 느끼고 체화함으로써 가능한 일일 것이며, 이로써 그것을 실천하며 거기에 위배되지 않는 삶을 살 수 있을 것이다. 공자가 인의 정의를 내리지

---

42) 『論語』, 「里仁」, "子曰, '不仁者不可以久處約, 不可以長處樂. 仁者安仁, 知者利仁.'"
43) 『論語』, 「里仁」, "子曰, '我未見好仁者, 惡不仁者. 好仁者, 無以尙之, 惡不仁者, 其爲仁矣, 不使不仁者加乎其身. 有能一日用其力於仁矣乎? 我未見力不足者. 蓋有之矣, 我未之見也.'"

않고, 세세한 실천방법을 제시하여, 실질적 실천을 통해 그것을 알아가도록 유도한 이유가 여기에 있었으리라 생각된다.

송대 유학자들이 문제의식 역시 인의 개념적 이해는 아니었다. 따라서 그들은 인의 의미를 세세하게 따지고 들어가는 대신, 스스로 체득한 인의 핵심적인 의미를 매우 집약적으로 때로는 은유적으로 표현했다. '마음의 덕, 사랑의 이치', '천지가 만물을 살게 하는 마음', '만물을 하나로 여기는 마음'이라는 인에 대한 설명은 바로 그러한 직관과 체화의 산물일 것이다.

필자는 송대 유학자들의 인에 대한 언설을 일관된 의미로 이해해 보고자 했다. 인은 마치 싹을 틔워내는 씨앗처럼 사람의 마음에 내재된 '사랑하는 마음의 씨앗'이라 할 수 있다. 그리고 그것의 근원은 천지의 마음, 즉 천지가 만물을 생성하고 생육하는 마음에 있다. 그 천지의 마음을 체득한 인인仁人은 더 이상 타인과 만물을 남으로 여기지 않을 것이다. 그러므로 사랑의 궁극은 모두를 하나로 여기는 마음, 타자를 남으로 여기지 않는 마음일 것이다. 반복되는 말이지만 결국 그 마음은 이 우주자연과 같은 마음이다. 송대 유학자들의 인에 대한 언설은 이와 같이 동일한 의미의 다른 표현이다.

필자는 다양한 비유와 예시, 분석의 방법으로 송대 유학자들의 인사상을 이해하려 노력했지만, 이러한 방식으로 써 놓은 장황한 글 또한 단면적인 이해해 불과하다는 한계를 안고 있음을 인정한다. 사람으로 태어난 이상, 사람의 가장 사람다운 모습, 인을 실현하는 것은 누구에게나 주어진 필연적 숙제이다. 이러한 노력이 인을 체득하는 진지眞知에

만분의 일이나마 도움이 될 수 있다면 다행이라 생각한다. 인을 체득한 군자들의 가르침을 기대하며 글을 마친다.

애민으로서의 인술,
1612년 허준의 『신찬벽온방』

김호

(경인교대 사회과교육과)

|

1. 서론
2. 온역瘟疫의 원인과 증세
3. 온역瘟疫의 치료
4. '불전염법不傳染法'의 중요성
5. 결론

1. 서론

1612년(광해군4) 12월 22일 승정원은 함경도와 강원도 나아가 경성과 전국에 여역(瘟疫)[1]이 전염되어 걱정이 크다고 진언했다. 대비하는 차원에서 『벽온방辟瘟方』을 인쇄하여 전국에 나누어 주자고도 요청했다. 이 책은 쪽수가 많지 않아 만들기 쉽다는 점이 강조되었다.[2] 언급된 『벽온

---

1) 티프스성 감염병 전반을 지칭한다.(三木榮, 『朝鮮醫學史及疾病史』, 1962, 30~31쪽 참조)
2) 『광해군일기』권61, 광해군 4년 12월 22일 신해, "政院啓曰 目今癘疫熾發 非徒咸鏡上

방』은 1525년 부호군 김순몽, 예빈시 주부 유영정, 그리고 전 내의원 정正 박세거 등이 왕명을 받고 온역 치료법을 정리한 후 언해한 『간이벽온방簡易辟瘟方』(1책)이었다.[3]

언급한 바대로 1612년 가을 함경도에서 시작한 온역이 강원도를 거쳐 서울과 전국으로 번지자, 정부는 발 빠르게 내의원에 소장 중이었던 『간이벽온방』을 배포하기로 했다. 그러나 쪽수가 많지 않아 인쇄가 어렵지 않다는 장점은 도리어 단점으로 부각되었다. 너무 소략하여 제대로 대응하기 어려웠다는 지적이었다. 이듬해 봄 광해군은 허준을 불러 새롭게 『벽온방』을 편찬할 것(新撰)을 주문했다. 이 글에서 살펴볼 허준의 역병 매뉴얼 『신찬벽온방』은 이렇게 탄생했다. 저간의 사정은 책이 완성된 후 1613년 2월 이정구가 지은 『신찬벽온방』의 「서문」에 자세하다. 약간 길지만 중요하므로 옮겨본다.

"1612년(광해군 4) 관북지방에서 번진 역병은 처음 변방 6진에서부터 시작하여 남으로 전염되어 더욱 기세가 심해져 죽은 사람이 수천에 달했다. 가을부터 겨울을 거쳐 1613년 봄에 이르자 조선 팔도 전역에 역병이 번지지 않은 곳이 없었다. ①주상께서 이를 우려하시어 일기가 고르지 않고 역기疫氣가 전염하여 재앙이 된 것은 실로 자신에게 허물이 있음이니 내가 어찌 힘쓰지 않을 수 있겠는가라 하고 근신近臣들을 보내어 향촉香燭을 가져다

原兩道 如京城及諸道 已爲傳染 處處皆然 將來之患 亦不止此 不可不預爲之備 辟瘟方
一書 張數不多 工役易就 速令校書館多數印出 廣布中外 以爲救急之地何如 傳曰允."

3) 이윤심 외, 「簡易辟瘟方에 기재된 돌림병의 예방과 치료」, 『한국한의학연구원논문집』 13-1, 2007, 29~35쪽; 이경록, 「조선 중종 19~20년의 전염병 창궐과 그 대응」, 『중앙사론』 39, 2014 참조.

제사를 지내고 망자의 명복을 빌어주도록 했다. 신하들은 분주히 지방에 내려가고 약재와 의원은 길에서 교차했다. 또한 유사有司에 명하여 죽은 이를 조문하고 집안사람들을 구휼하도록 했다. 무릇 기도와 벽양辟禳의 방법 등 모든 치료법을 찾아내도록 하고, 내의원에 소장되어 있던 『간이벽온방』을 수백 본 인출하여 각도에 반포하도록 명하면서 도리어 그 거칠고 소략함을 걱정했다.

경연을 펼치던 중 임금이 백성들의 재난에 말이 이르자 측은하게 여기고 근심하는 기색이 가득했다. ②대신들과 해당 관료들이 내의원의 노련한 의원들로 하여금 여러 의서에서 치료법을 찾아내고 이를 다시 전국에 알려야 한다고 청했다. 임금이 드디어 양평군 허준에게 명하여 새롭게 책을 만들어 널리 전파하도록 했다. 오호라, 타고난 천성이 어질고 자애로운 임금이 한결같은 마음으로 정성을 다하니 세상이 화평해지고 상서로운 기운을 다시 불러일으킬 수 있을 것이다. 우리 임금의 늘 걱정하는 마음으로 그 은택이 이처럼 지극함에 이르렀으니, 신은 이 책의 반포로 역병을 앓고 있는 백성들이 기뻐하면서 모두 다시 살아날 수 있다는 희망을 가지게 되었음을 알 수 있었다. ③백성들이 건강하고 천수를 누릴 수 있게 하는 정치가 이 책을 한번 간행하는 사이에 놓여 있으니 어찌 위대하지 않은가? 책이 완성되자 신 이정구로 하여금 책의 앞머리에 저간의 사정을 간단히 적도록 하였으므로 이와같이 서문을 쓴다."4)

---

4) 李廷龜, 『新纂辟瘟方』, 「서문」, "萬曆壬子 關北疫癘 始自六鎭 傳熾于南 死者以千數 自秋徂冬 迄于癸丑春 八路無不然 上甚憂之 以爲天時不齊 沴氣爲災 是固在予 予曷 敢不力 分遣侍臣 齎香祝祭禱之 冠蓋絡屬 藥醫交道 又命有司弔死恤其家 凡祈禳之方 治療之法 靡不畢擧 醫局舊有簡易辟瘟方 命印累百本 頒布各道而尙慮其粗率 乃於筵 中 上語及民災 惄然不怡 大臣及該官 請令內局老醫 博採諸方 更論中外 上遂命陽平君 臣許浚 撰定以進 俾廣其傳 噫 天心仁愛 人君一念之誠 足以召和致祥 我聖上 眷眷如 傷之 澤至於此極 臣知是書之布 域中疲病之民 欣欣咸有更生之望 壽域春臺之治 只在 於一轉移之間 豈不韙哉 書成 命臣略記其事于卷面 時萬曆四十一年二月下澣 崇祿大夫 行禮曹判書兼弘文館大提學藝文館大提學知春秋館成均館事世子右賓客同知經筵事 臣

1612년 겨울 『간이벽온방』 수백 부를 인쇄하여 전국에 배포했다고 하였으니 대략 조선시대 군현의 수를 300개 안팎으로 감안한다면 군현의 지방관들에게 한권씩 나누어 준 셈이다. 우선 사또와 지역의 의학교수 혹은 의생들을 중심으로 『벽온방』을 숙지하여 지역의 감염이나 전염에 대처하도록 했던 것이다. 지방의 사족들 가운데 일부 『벽온방』을 공부하여 村民들의 환난에 대비한 경우도 있었던 것으로 보인다. 이후 『신찬벽온방』이 간행되고 대략 군현의 지방관들에게 한 권씩 보내졌다.

이정구의 「서문」을 보면, 광해군은 온역의 발생 원인을 왕의 정치가 바르지 못한데서 찾았다.(밑줄 친 ①참조) 의례적인 레토릭으로 볼 수도 있지만 조선의 왕들은 공구수성恐懼修省의 자세를 온역 발생에 대처하는 가장 근본적인 방법으로 생각했다. 단지 자연의 운기運氣 변화에만 온역 발생의 원인이 있지 않았기 때문이다.

앞으로 살펴보겠지만 조선의 의서는 오늘날의 전문의서와 달랐다. 현대의서와 비교하여 단순하게 순수한 의학지식을 담고 있는 그릇으로 생각할 수 없다는 말이다. 조선시대에 의학이 인술仁術로 불릴 때, 이는 단지 의료기술의 차원에 국한되지 않았다. 인술은 인정仁政의 표현이었고 정치는 기술보다 많은 것을 함축했다. 의서는 테크닉의 제공이라기보다 정치적 프로파간다였다. 조선의 의서를 읽는 데는 의학적인 접근과 더불어 정치적·문화적인 독법讀法이 요구된다고 하겠다.

공구수성하는 왕의 태도는 『신찬벽온방』을 한 권씩 받아들게 될 지

李廷龜, 奉教謹序."

방관들에게 그대로 전달되었다. 지방관이 공정한 정치를 베풀지 않는 지역은 백성들의 원기가 쌓여 온역이 발생할 수 있다는 해석은 그 자체로 정치적이었다.

1612년 이미 허준은 당대 최고의 의학자로 평가받고 있었다. 그는 『동의보감』의 편찬을 마무리한 상태로 간행을 기다리고 있었다.[5] 『동의보감』, 「온역문瘟疫門」 편찬의 경험을 바탕으로 허준은 『신찬벽온방』을 신속하게 편찬할 수 있었다. 허준이 『신찬벽온방』을 저술하면서 단순히 『동의보감』을 전재하거나 축약한 것은 아니었다. 향촌의 현장에서 활용될 수 있는 이른바 실용적인 의서가 되어야 했기 때문이다.[6]

조선시대 의서의 '실용성'을 어떻게 이해할 것인가? 문제에 대한 대답은 그렇게 단순하지 않다. 역병은 개인의 차원이라기보다 향촌 전체 나아가 국가 수준에서 해결해야 할 골칫거리였다. 단방單方의 활용이나 약재 가짓수의 축소만으로 완전히 해결될 수 없었다. 지방관의 청렴한 정치가 요구되었고, 억울한 귀신을 위로하는 여제를 성실히 지내는 것도 필요했다. 이외 향촌 구성원들 모두가 역병의 예방과 치료를 위해 협동해야만 했다. 예방 약물을 함께 나누어 먹기 위해 지방관이나 사족들을 중심으로 한 향촌의 상호 부조가 필수적이었다.

한편, 역병의 치료법에서도 선진 의학의 정보를 수용하는 것만큼, 귀

---

5) 김호, 『허준의 동의보감 연구』, 일지사, 2000, 130~131쪽 참조.
6) 김상현 외, 「『新纂辟瘟方』의 瘟疫 인식 및 辟疫書로서의 의의에 대한 고찰－東醫寶鑑·瘟疫門과의 비교를 중심으로」, 『대한한의학원전학회지』 26-4, 2013. 한의학자들은 두 책에 실린 처방전의 의학적 비교를 통한 실용성에 주목할 뿐이다. 조선의 의서를 '역사적으로 독해'할 필요가 있다.

려鬼厲를 퇴치해 온 오래된 주문과 습속이 존중되었다. 신기술만으로 반복되는 역병의 위험에 대처하기 어려웠다. 새로운 처방들 사이에 오래되어 자연스러운 방법들이 삽입되었다. 허준은 그의 책에 조선의 속방俗方을 효과적으로 인용했다. 또한 처방과 약재의 정보와 함께 성공 사례담이 제공되었다. 효과를 확증하는 '이야기'(傳說)들은 역병에 대한 우려와 두려움을 누르고 치료와 예방법을 사회 구석구석에 신속하게 전달하는 역할을 수행했다.

『신찬벽온방』은 1612~3년 조선 팔도로 번진 온역을 종식시키기 위한 정부의 신속한 조처 그리고 허준과 같은 노련한 의학자의 공조共助가 이루어낸 성과였다. 이 책에는 지방관과 향촌사회의 시족들의 역할 그리고 민인民人들의 처지에 맞추어, 온역의 예방과 치료를 위한 다양한 방법들이 간단하지만 체계적으로 기술되어 있다.

요컨대, 1612~3년의 온역 유행과 극복 과정은 허준 한 개인의 고투苦鬪를 넘어, 당시 조선의 향촌 및 가족 공동체의 유지를 목표로 한 성리학 국가의 대민 정치 기획 속에서 고찰될 필요가 있다. 본고에서 필자는 인술仁術의 조건을 한 명의 학자나 혹은 의사 개인의 역량으로 바라보기보다는 한 사회가 온역과 같은 위험을 이해하고 또 극복하는 역사적 과정 속에서 고찰하고자 했다.

2. 온역瘟疫의 원인과 증세

먼저 허준은 1612년 온역 유행의 원인을 해명했다. 허준이 꼽은 온역 발생의 원인은 '화운火運'이라는 천지의 운세였다.[7] 『신찬벽온방』의 첫 장은 「화운지세다역려火運之勢多疫癘」로 시작한다. "오운五運 가운데 무戊·계癸는 화火에 속하고 화火에는 군화와 상화가 있는데, 군화는 소음이요 상화는 소양이다. 소음이 천기를 주도하면 온 세상에 疵疫이 성행한다.…… 축丑·미未의 해에 소음이 겹치면 백성들에게 온역이 성행하여 주위의 모든 이들이 온역을 앓는다."[8] 광해군 5년인 1613년은 계축년癸丑年으로 이른바 화에 속하는 '계癸'와 온역의 발생가능성이 높은 '축丑'년에 해당했다. 이때 주기와 객기 모두 소음으로 겹치게 되면 열기가 치성하여 온역이 치발한다는 설명이었다.

허준은 온역 발생의 원인을 설명하는 데 운기론을 동원했다. 운기론에 의하면, 1612~3년은 온역이 발생할만한 자연적 조건이 충분했다. 그러나 역사적으로 보면 모든 화운의 해에 역병이 발생하는 것은 아니었다. 하필이면 1612~3년과 같은 특정한 해에 역병이 발생하는지 부연설명이 필요했다.

---

7) 진주표, 「劉完素의 火熱論이 許浚의 瘟疫治療法에 미친 영향」, 경희대 박사학위논문, 2010.
8) 『新纂辟瘟方』, 「火運之勢多疫癘」, "五運之中 戊癸屬火 火有君火相火 君火爲少陰 相火爲少陽 少陰司天 天下疵疫 少陽司天 疫癘大行 丑未之歲 少陰加臨 則民病瘟疫盛行 遠近咸若 火運之歲 熒惑光明 天下疫癘. [內經]"

이에 허준은 여러 의서들을 인용하여 "역병은 오운五運의 태과太過와 불급不及에서 발생한다. 모든 것은 적절하게 유지되어야 한다. 또한 육기의 역종逆從이나 승복의 차이도 온역을 야기한다"9)고 주장했다. 태과와 불급은 모두 균형과 조화를 잃은 상태이다. 인간의 신체도 기의 균형이 깨지면 병이 나듯이 자연의 기운이 조화를 잃게 되면 역병이 발생한다는 논리이다. 역병의 발생은 무언가 자연의 질서에 균열이 일어났음을 경고하는 것이었다.

특정한 해의 운기가 균형을 잃어 역병이 발생하더라도, 특정 계절에 특별한 역병이 발생하는 이유는 무엇인가? 이에 대한 설명도 불가피했다. 허준에게 천지자연의 운행과 인간의 생활은 모두 氣의 항상적인 균형 속에 가능했다. 천하의 만물은 '중화中和'가 요구되었다. 지나쳐서도 안 되고 모자라서도 안 되었다. 가장 적절해야 했다. 적중的中이나 시중時中은 물리적인 중간이 아니라 사실 '최선의 상태'였다.

사계절이 최선의 상태를 유지한다는 것은 무엇인가? 허준은, "봄에는 따뜻해야 하는데 도리어 춥거나, 여름에 더워야 하는데 도리어 서늘하거나, 가을에 서늘해야 하는데 도리어 덥거나, 겨울에 추워야 하는데 도리어 따뜻하여, 해당 계절에 적당한 기氣가 아닌 경우라고 말했다. 이렇게 되면 시행병時行病이 유행하고, 연중 어른아이 할 것 없이 대부분 역병을 앓게 된다"고 주장했다.10) 한마디로 자연의 기운이 최선의 상태를 유지

9) 『新纂辟瘟方』, 「運氣之變成疫」, "夫五運六氣 乃天地陰陽運行升降之常道也 五運流行 有大過不及之異 六氣升降 有逆從勝復之差 凡不合於德化政令者 則爲變眚 皆能病人 故謂之時氣也. [三因]"

하지 못하면 역병이 발생할 수 있는 자연적·물리적 조건이 마련된다는 것이다.

그런데 역병은 단지 자연적 (그리고 물리적) 조건만으로 발생하지 않았다. 그것은 필요조건일 뿐이었다. 자연의 운행으로 역병의 불균형한 발생 '시기'와 발병 '지역'을 모두 설명할 수 없었다. 어느 지역에서는 역병이 발생하는 데 비해 다른 곳은 발생하지 않기 때문이다. 1612년 당시에도 함경도와 강원도에 먼저 역병이 돌았다. 왜 지역적인 차이가 생기는 것일까? 또 어느 집에는 온역 환자가 발생하는 데 비해 다른 집은 발생하지 않는가? 어떤 사람은 역병에 걸리는 데 비해 어떤 이는 걸리지 않는가? 이 모든 것이 충분하고도 합리적으로 설명되어야 했다.

이쯤에서 허준은 억울한 기운 즉 '귀려'야말로 역병의 중요한 발병 원인이라고 강조했다. 『의방유취』를 인용하여 허준은 '돌아갈 곳이 없는 귀신'에 대해 설명했다. "이른바 귀려지기鬼厲之氣가 돌아갈 곳이 없을 경우 재앙의 빌미(厲)가 된다. 천지의 바르지 못한 기운이 있는데 귀려가 이에 의지하여 해악의 원인(崇)이 된다."[11]

바르지 못한 여귀(귀려), 즉 억울한 귀신은 무엇인가? 허준은 땅에 죽은 자의 시신이 많이 묻혀 있어 사기가 뭉쳤다가 발산되면 역병이 된다고 보았다.(①②)[12] 죽은 자들이 제대로 매장되지 않아 사기邪氣가 쌓여 있다

---

10) 『新纂辟溫方』, 「四時失節亦爲疫」, "凡時行病者 春應暖而反寒 夏應熱而反涼 秋應涼 而反熱 冬應寒而反溫 非其時而有其氣 是以一歲之中 病無長幼 大率多相似此 則時行 瘟疫之氣 俗謂之天行 是也. [活人]"

11) 『新纂辟溫方』, 「疫雜鬼厲」, "疫疾如有鬼厲相似 故曰疫癘. [入門] ○又謂鬼厲之氣 夫 鬼無所歸 乃爲厲爾 若夫天地有不正之氣 鬼厲依而爲崇. [類聚]"

가 온역의 원인이 된다는 주장이다.

임진·정유년의 왜란은 조선사회에 여러 가지 후유증을 남겼다. 수많은 사람이 왜적에게 살해되고 피난 중 굶어죽었다. 길가와 구렁에 버려지는 이들이 비일비재했다.13) 부모가 자식을 제대로 거두어 먹일 수 없었고, 자식과 손자라 해도 죽은 조상들을 제대로 장사지낼 수 있는 상황이 아니었다. 전쟁 통에 죽은 자들을 충분히 위로하지 못했다. 여제厲祭가 제대로 행해지지 않았으므로 주기적으로 온역이 발생할만한 조건이 성숙되었다. 온역의 치료와 예방을 위해서라도 전쟁 중 혹은 연고 없이 죽은 자들을 위로하는 '사회적 의례'가 절실했다.14)

이뿐만이 아니었다. 허준은 온역의 발병 원인을 다음과 같이 추가했다. "온역의 원인은 도랑의 물이 빠지질 않아 더러운 오물이 씻겨나가지 못한 경우 훈증되어 발생한다. 관리가 법을 굽혀 억울함이 쌓여 역병이 발생한다. 세상에 이른바 옥온獄溫, 묘온墓溫 등이 모두 이러한 것들이다."15)

허준은 적체된 오물의 악기惡氣가 온역의 원인이 된다고 보았다. 청결은 온역을 예방하고 치료하는 중요한 방법으로 취급되었다. 이러한 온역 발생의 소인所因을 안다면 예방과 치료를 위해 지방관은 여귀를 위

---

12) 『新纂辟溫方』,「瘟疫各有所因」, "斯疾之召 ① 或溝渠不泄 穢惡不修 熏蒸而成者 ② 或地多死氣 鬱發而成者 ③ 或官吏枉抑 怨讟而成之者 世謂獄溫場溫墓溫廟溫社溫山溫海溫家溫竈溫歲溫天溫地溫等 不可不究. [三因]"

13) 신병주, 「16세기 일기 자료 『쇄미록』 연구 – 저자 오희문의 피난기 생활상을 중심으로」, 『朝鮮時代史學報』 60, 2012 참조.

14) 조선시대 여제에 대해서는 이욱, 「조선시대 국가 祀典과 厲祭」, 『宗教研究』 19, 2000; B. 왈라번, 「조선시대 여제의 기능과 의의」, 『東洋學』 31, 2001 참조.

15) 각주12) ③참조.

로하는 여제厲祭를 주관하고, 또 사족이나 민인들과 협력하여 해당 치소治所의 환경을 청결히 해야 할 것이다. 이것만으로도 상당한 효과를 거둘 수 있었다.

나아가 허준은 온역 발생의 원인으로 관리들의 공평치 못한 정치를 문제 삼았다. 지방관이 관할 지역 백성들의 억울함을 해소하지 못하여 원망의 기운이 쌓이면 이른바 옥온獄溫이 발생한다는 것이다. 온역 발생의 원인은 자연이나 물리적 조건만이 아니라 확실히 '사회적 원인'과도 깊이 연관되어 있었다.

온역의 예방과 치료를 위해 청결한 환경만큼이나 청렴한 정치가 요구되었다. 조선의 의학은 정치적으로 맥락화되었다. 인술仁術은 곧 인정仁政의 이면이었다. 지방관은 치소 근처의 여단厲壇에서 향촌민들과 더불어 여귀를 위로할 뿐이 아니라, 자신의 정치가 폭정暴政이 아닌지 돌이켜봐야 했다. 역병이 하늘의 경고였다면 지방관에게 배송된 『신찬벽온방』은 임금의 경고였다.

『신찬벽온방』의 편찬은 단지 의서 한권을 전국에 배포하여 감염병을 치료하는 '기술상의 문제'가 아니라, 인정仁政의 의지가 의술과 결합한 '인술仁術의 실천'이었다. 서문을 지은 이정구는 이렇게 언급했다. "백성들이 건강하고 천수를 누릴 수 있게 하는 정치가 이 책을 한번 간행하는 사이에 놓여 있으니 어찌 위대하지 않은가?"(「서문」③)

정치란 백성들의 고통을 위로하고 이에 신속하게 대응하는 것이 아니었던가. 광해군은 온역이 번지자 허준으로 하여금 한두 달의 짧은 기간에 『신찬벽온방』을 편찬하도록 하고 즉시 전국에 반포했다. 이 책에는 치료를 위한 의학지식과 더불어 지방관의 정치, 향촌의 상호부조, 가家의 존립을 위한 구제적인 방법들이 수록되었다. 수신修身-제가齊家-치국治國의 인정仁政은 의학의 영역으로 관통되었다.

3. 온역瘟疫의 치료

1) 약물

허준은 『신찬벽온방』에 온역의 증상과 더불어 다양한 치료법을 소개했다. 치료에 앞서 증상의 진단이 중요했다. 온역瘟疫은 사계절에 따라 각각 그 특징이 달랐다. 허준은 온역을 계절에 따라 각각 온역溫疫(봄), 조역燥疫(여름), 한역寒疫(가을), 습역濕疫(겨울)로 구분했다.

① 봄 : 겨울에 추워야 하는데 도리어 따뜻하면 봄에 '온역溫疫'이 생긴다. 증상은 열이 나고 허리가 아프면서 뻣뻣하고 다리가 오그라들어 펴지지 않고 정강이가 끊어질 듯 아프고 눈앞에 꽃이 떠다니듯 하고 오한이 왕래한다.
② 여름 : 봄에 따뜻해야 하는데 도리어 서늘하면 여름에 '조역燥疫'이 생긴다. 증상은 몸이 떨려 멈추지 않고 몸에 열이 나고 입이 마르고 혀가 터지고 목구멍이 부어 막히고 목소리가 쉰다.
③ 가을 : 여름에 더워야 하는데 도리어 추우면 가을에 '한역寒疫'이 생긴다. 증상은 머리가 무겁고 목이 뻣뻣하며 피부가 뻣뻣하고 저리거나 목구멍과 인후에 멍울(結核)이 진다.

④ 겨울 : 가을에 서늘해야 하는데 도리어 흐리고 비가 오면 겨울에 '습역濕疫'이 생긴다. 증상은 잠깐 추었다가 잠깐 더웠다가를 반복하고 기침을 심하게 하고 구토하고 몸에 열이 나고 발진이 생긴다. 가쁘게 기침하며 숨을 헐떡인다.16)

계절에 따른 온역의 명칭(溫·燥·寒·濕)은 구체적으로 증상의 이미지를 포착했다. 증세의 설명은 실질적이면서도 분명했고, 치료법은 간결하고 체계적이었다. 허준은 명대 의서의 최신정보를 기술했다. 봄의 온역溫疫은 갈근해기탕과 가미패독산을 치료법으로, 조역은 조중탕과 대시호탕을, 한역은 창출백호탕과 오적산을, 습역은 감길탕과 오령산을 처방했다.17) 처방은 『의학입문』과 같은 최신 의서에서 인용되었다. 명明의 이천李梴이 수년(1575~1580)에 걸쳐 편찬한 이 의서는 조선에 수입된 지 30여 년이 안 되는 신간이었다.18) 당시 서애 유성룡(1542~1607)은 『침경요결』(1600)을 저술하였는데, 「서문」에서 『의학입문』의 효용성에 대한 높은 기대감을 표출한 바 있다.19)

---

16) 『新纂辟瘟方』, 「瘟疫形證」, "冬合寒反暖 春發溫疫 其證發熱 腰痛強急 脚縮不伸 肵中欲折 目中生花 或灑灑增寒復熱. ○春合暖反涼 夏發燥疫 其證身體重掉 不能自禁 或內熱口乾舌破 咽塞聲嘶. ○夏合熱反寒 秋發寒疫 其證頭重頸直 皮肉強痺 或蘊而結核 起於咽喉頸項之側. ○秋合涼反陰雨 冬發濕疫 其證乍寒乍熱 暴嗽嘔逆 或體熱發癍 喘咳引氣. [三因]"

17) 『新纂辟瘟方』, 「瘟疫治法」, "春發溫疫 宜葛根解肌湯 夏發燥疫 宜調中湯 秋發寒疫 宜蒼朮白虎湯 冬發濕疫 宜甘桔湯. [入門] ○春發溫疫 宜加味敗毒散 夏發燥疫 宜大柴胡湯 秋發寒疫 宜五積散 冬發濕疫 宜五苓散. [得效]"

18) 차웅석 외, 「醫學入門의 편제분석」, 『경희한의대논문집』 22-1, 1999 참조.

19) 『西厓先生文集』 권17, 「鍼經要訣序」, "近取諸身 百物皆備 自五臟六腑十二經絡三百六十五穴 上與大地陰陽之運 膠合無間 非心通造化之妙 而洞觀三才者 其孰能知之 醫

온역 처방은 계절에 따라 달랐을 뿐 아니라 감염된 일수와 감염 정도에 따라 달라졌다. 허준은 이를 역병의 기운이 밖(表)에서 안(裏)으로 깊어지는 과정으로 진단했다. 각각 ① 표증表症, ② 반표리증半表裏症, ③ 리증裏症의 단계로 구분되었다.

먼저 감염된 지 얼마 되지 않았을 때인 표증이다. "온역에 걸린 지 2~3일이 되었을 때, 머리가 아프고 몸이 쑤시고 추웠다 열이 났다 하는데 이는 사기邪氣가 표층에 있기 때문이다. 마땅히 땀을 내야 한다."[20] 허준은 구미강활탕 등 땀을 내는 처방과 단방 3가지를 소개했다. 각각 복숭아 잎을 달여 먹는 도엽탕桃葉湯, 흰 파뿌리를 달여 먹는 총백죽蔥白粥, 겨자씨앗을 가루 내어 배꼽에 마사지하는 개채자법芥菜子法이다. 복숭아 잎, 파의 흰 뿌리 등은 일상에서 구하기 쉬운 것들이었다.

다음 반표리증의 단계이다. 허준은 사기를 화해和解시켜야 한다고 설명했다. "온병에 걸린 지 4~5일이 되어 머리와 몸이 아프고 열이 몹시 나고 가슴이 답답해지면서 갈증이 나고 혀가 누렇게 되고 오줌이 붉고 코피가 나는 경우, 청량淸凉한 약물을 사용하여 화해和解시켜야 한다." 그리고 소시호탕 등 5가지 처방을 제시했다.[21]

之道其至矣乎 近世中原 有醫學入門書 乃深於素難 而折衷諸家者也…… 余自少多病 得此書 累年披閱 未嘗不欣然而喜."

20) 『新纂辟瘟方』, 「瘟疫表證宜汗」, "瘟疫初得二三日 頭痛身疼 或寒或熱 此邪氣在表 宜汗之 用九味羌活湯‧十神湯‧聖散子‧香蘇散‧十味芎蘇散‧加味敗毒散‧柴胡升麻湯‧淸熱解肌湯‧單方三."

21) 『新纂辟瘟方』, 「瘟疫半表裏證宜和解」, "瘟病四五日 頭身痛 壯熱煩渴 舌黃尿赤 或衄血 用淸凉之藥 和解之 宜小柴胡湯‧蒼朮白虎湯‧竹葉石膏湯‧淸熱解毒散 衄血者 犀角地黃湯合小柴胡湯 主之."

마지막으로 이증의 단계이다.[22] "온역에 걸린 지 6~7일이 되어 눈이 붉고 혀가 검고 발광하여 헛소리를 하고 갈증이 몹시 나는 경우, 열독이 속(裏)에 침투한 때문이다." 허준은 사기邪氣를 토하고 설사하는 하제下劑를 처방했다. 인진환 등 6가지 처방과 단방 10가지였다. 단방 열 가지를 보면, 각각 인분즙人糞汁, 저분즙猪糞汁, 납설수臘雪水, 지룡즙地龍汁, 남엽즙藍葉汁, 죽력竹瀝, 월경수月經水, 녹두죽綠豆粥 그리고 수지법水漬法이다. 아홉 가지 단방 모두 한 가지 재료를 복용하는 매우 간단한 치료법이었다. 간단하지만 구체적인 복용법을 함께 알려주었다. 조선후기에도 널리 활용된 인분즙(혹 野人乾水)의 경우 마른 똥을 끓는 물에 담갔다가 먹거나 혹 마른 똥을 항아리에 담아 깨끗한 모래로 덮은 후에 우물물을 부어두었다가 위의 맑은 물을 마시도록 했다.[23] 한편 수지법은 물에 베를 적셔 환자의 가슴과 몸을 닦아주는 방법으로 열을 내리는 방법으로 매우 효과적이었다.[24]

허준의 처방은 간단하면서도 실용적이었다. 지방에서 약재를 구할 수 없었던 상황을 고려해 볼 때 생활 속에서 어렵지 않게 구할 수 있는 재료가 무엇보다 중요했다. 1538년 남원에서 『촌가구급방村家救急方』을 편찬한 김정국(1485~1541)은 지방에 거주할 때 자신에게 찾아온 시골 사

---

22) 『新纂辟瘟方』, 「瘟疫裏證宜下」, "瘟病六七日 目赤舌黑 發狂譫妄大渴 是熱毒入裏極盛 宜用大柴胡湯・茵蔯丸黑奴丸・九味淸心元・三黃石膏湯・單方十."

23) 『新纂辟瘟方』, 「瘟疫裏證宜下」, '單方十', "人糞汁 主天行瘟疫 大熱狂走 取乾者 沸湯漬飮之 或取乾者 盛器中 淨沙覆之 澆井水 取淸飮之 治熱病 最佳 一名野人乾水. [本草]"

24) 上同, "水漬法 天行瘟疫 大熱發狂 不能制伏 靑布五六尺疊摺 新水浸之 搭病人心胸上 須臾蒸熱 又浸水搭之 日數十易 自止. [得效]"

람들에게 처방전을 알려주었지만 결국 약물이 없다면 무용지물이라는 사실을 절실하게 깨달았다고 회고한 바 있다.

환자에게 처방을 알려 줄 즈음에 생각하여 보니 무슨 탕湯이라 하고 무슨 산散이라 하고 무슨 원元이라 하고 무슨 단丹이라 한 것들은 의국醫局에서 만들어지는 것이지 궁벽한 시골의 백성들이 얻을 수 있는 것이 아니었다. 책을 덮고 탄식하기를, '포정庖丁의 손에 칼이 없다면 몽둥이로 때려죽이는 것만 같지 못하고 양유養由의 손에 활이 없다면 단도를 쥐고 붙어서 싸우는 것만 같지 못하듯이, 방서에 있는 처방이 약재가 없다면 차라리 쉽게 구할 수 있는 약재를 찾아 치료하는 것이 낫겠'다고 하였다. 이에 처방이 온전히 기록된 방서方書들을 다 버리고, 단지 민간에서 쉽게 얻을 수 있는 것들만을 고르고, 아울러 노인들의 경험에서 나온 것으로 효험이 있는 것들을 모아 『촌가구급방村家救急方』이라고 했다.[25]

약물이 없다면 아무리 최신 의학정보라 해도 무용지물이었다. 허준은 향촌의 현실을 고려하여 온역의 치료법을 제공했다.

2) 양禳 · 벽법辟法

조선처럼 수백 년의 역사를 지닌, 그 이전 왕조까지 고려하면 천년

---

25) 『村家救急方』, 「序文」, "余負累居村 患無已病之醫 多求得醫方藥書 遇有病人來問 則認其症 閱其書 得其藥 喜其藥病之相適 且命之先後 思之則曰湯曰散曰元曰丹 醫局所劑 有非窮村之民所能得者 因廢書而嘆曰 庖丁之手無刃 則不如得一棒而斃 養由之手無弓 則不如操短兵而接 方書之劑無材 則不如得常材以救 於是 盡棄全方之書 只取其民間所易得者 兼採其出於父老之聞見而有效者 編集一卷 曰村家救急方."

이상의 문명을 누려온 경우 역병 치료의 전통과 경험이 적지 않았다. 이른바 노인들의 경험과 효험 있는 방법들은 최신 의학정보에 못지않게 중요했다. 허준은 약물 요법에만 기대지 않고, 오래된 주문이나 부적에 관심을 기울였다.

온역이 심하면 고을의 육합六合을 주재하는 곳(역자주: 동·서·남·북·상·하를 주재하는 곳으로, 지방관의 治所이다)의 땅을 깊이와 너비 모두 3자로 파고 깨끗한 모래 3섬을 채운 후 좋은 술 3되를 붓고 사또로 하여금 축문을 외도록 한다. 역려를 없애는 좋은 방법이다.26)

해당 지역의 지방관은 민심의 이반을 막고 위무하기 위해 치소治所 근처, 혹은 고을마다 설치된 여단厲壇에서 제사를 지내 온역을 예방했다. 좋은 술을 대접하고 주문을 외는 제의祭儀는 여귀의 위로뿐만 아니라 백성들의 안정에 특별히 효과적이었다. 가장 쉽게 사용할 수 있는 방법으로 부적만한 것이 없었다. '원元·범梵·회恢·막漠'의 네 글자를 붉은 글씨로 써서 패용하거나 환자 모르게 환자의 방 네 구석에 쑥뜸을 뜨는 방법이 제안되었다. 『의방류취』에서 인용한 쑥뜸은 조선전기 이래 사용되었던 것으로 보인다.27)

허준은 일종의 예방법에 가까운 벽법辟法에 관해 꽤 많은 처방을

---

26) 『新纂辟瘟方』, 「瘟疫禳法」, "瘟疫熾發 可於州治六合處 穿地深至三尺 闊亦如之 取淨沙三斛實之 以醇酒三升 沃其上 俾使君祝之 斯亦消除疫癘之良術也. [得效]"
27) 上同, "又方 元梵恢漠四字 朱書佩之 且吞服. ○又方 密以艾灸病人床四角 各一壯 勿令病人知. [類聚]"

수집하여 기록했다. 병들기 전에 미리 대비하는 예방이야말로 향촌 사회의 연대와 공조가 절실했다. "온역이 돌 때 향소산香蘇散을 큰 솥에 달여 사람마다 한 잔씩 마시면 예방할 수 있다." 혹은 "소합향원蘇合香元 9환을 청주 한 병에 타서 수시로 마시면 귀역鬼疫의 기운을 물리치는 데 가장 좋다."28)

향소산과 소합향원은 조선전기부터 역병이 창궐하면 사용되던 약물들로 일반백성들이 사용하기 어려웠다.29) 주로 관리나 사족 등 지위가 높은 사람들만이 이용했을 가능성이 높은데, 이를 큰 솥에 달이거나 술에 풀어 여러 사람이 복용하도록 했다.

허준은 도소음을 처방하기도 했다. 이 처방은 백출白朮, 대황大黃, 길경, 천초川椒, 계심桂心, 호장근虎杖根, 천오川烏 등 방향성 약재를 포함한 약물들을 붉은 주머니에 담아 12월 그믐 마을 우물에 담가두었다가 정월 초 새벽에 꺼내어 청주 2병에 달인 후 어린이부터 노인들까지 동네 사람들 모두 나누어 마시는 방법이었다. 그리고 찌꺼기를 다시 우물에 넣어 동네사람들이 이 물을 마시도록 했다. 허준은 이 방법에 대해, "한 사람이 이 물을 마시면 온 집안에 온역이 없고, 한 집안이 이 물을 마시면 온 마을에 온역이 없게 된다"고 강조했다.30)

---

28) 『新纂辟瘟方』, 「瘟疫辟法」, "凡瘟疫初起 取香蘇散 煎一大鍋 每人服一盞 可以辟瘟預防. [必用] ○蘇合香元 每取九丸 浸一瓶淸酒中 時時飮之 最辟鬼疫之氣 且絳囊盛三丸 當心帶之 亦妙."

29) 『簡易辟瘟方』, 「疫癘病候」, "香蘇散 治四時瘟疫傷寒"; "蘇合香元 治鬼氣時氣鬼魅 每服四丸溫水."

30) 『新纂辟瘟方』, 「瘟疫辟法」, '屠蘇飮', "辟疫氣 令人不染瘟病 白朮一兩八錢 大黃桔梗

역병의 대처는 개인의 문제에 그치지 않았다. 향촌 구성원들이 연말에 도소음을 우물에 넣어 두었다가 새해 모두 모여 약물을 함께 마시면서 온역의 예방과 마을의 안전을 기원했다. 이를 주재한 사람은 여러 가지 약재를 마련할 여력이 있어야 했다. 당연히 지방관이나 향촌 사족들을 중심으로 향촌의 연대와 공조가 자연스럽게 이루어졌다.

허준은 도소음을 비롯하여 노군신명산, 무성자형화환, 태창공벽온단, 이자건살귀원, 신성벽온단, 칠물호두원, 태을유금산 등 여러 가지 벽법을 소개하고 단방 15가지를 부록했다. 벽법은 온역뿐 아니라 각종 사기와 악귀 등을 물리치는 등 범용이었다. 무성자형화환의 경우, 온역瘟疫은 물론 악기惡氣, 백귀百鬼, 오병五兵(다섯가지 무기), 도적盜賊, 호랑虎狼 등을 물리칠 수 있었다. 처방은 다음과 같다. "웅황雄黃, 자황雌黃 그리고 형화螢火(반딧불), 귀전우鬼箭羽(화살나무), 질려자蒺藜子, 백반, 영양각羚羊角, 단조회鍛竈灰(용광로의 재), 철퇴병鐵槌柄(철을 단련하던 망치자루) 등을 가루 내어 계란 노른자와 수탉의 붉은 피로 버무려 살구 씨 크기의 환을 만들어 붉은 주머니에 5환을 넣어 입구를 봉한 후 왼쪽 팔에 차고 다니거나 혹 문에 걸어둔다."31)

대부분 주술에 가까운 처방들이었다. 사용되는 약재 본연의 약성보

川椒桂心各一兩半 虎杖一兩二錢川烏六錢右剉盛絳囊 十二月晦日日中 沈井中 正月朔日早曉 出藥 入二瓶淸酒中 煎數沸 從少至老 東向飮一杯 其滓還沈井中 常飮之 一人飮 一家無疫 一家飮 一里無疫. [千金]"

31) 『新纂辟瘟方』, 「瘟疫辟法」, '務成子螢火丸', "辟瘟疫惡氣百鬼五兵盜賊虎狼 雄黃雌黃各二兩 螢火鬼箭羽蒺藜子白礬燒各一兩 羚羊角煆竈灰鐵槌柄取入鐵處 各二錢半 右爲末 以鷄子黃幷雄鷄冠血 一具和之 如杏仁大 縫三角絳囊盛五丸 帶左臂上 又掛於戶上. [千金]"

다 외형과 이름에서 그 효능을 빌렸다. 가령 화살나무와 질려자 그리고 영양의 뿔처럼 그 모양이 뾰족하거나 가시가 있어 귀신 등을 물리칠 수 있어 보이는 것들이다. 아울러 쇠망치로 철을 단련하는 대장간의 망치와 재 그리고 수탉의 피도 마찬가지였다.

온역의 예방을 위한 주문도 빼놓을 수 없었다. 허준은 새벽닭이 울 때 마음을 청결히 하고 사해신四海神의 이름을 3번씩 외우면 백귀百鬼와 온역을 물리칠 수 있다고 설명했다. 그리고 구체적으로 동해신의 이름은 아명, 남해신의 이름은 축융, 서해신의 이름은 거승, 북해 신의 이름은 옹강이라고 기록했다.[32]

당시에도 주문 혹은 주술요법에 대한 민인民人들의 신뢰는 그리 높지 않았던 듯하다. 때문에 허준은 무성자형화환을 소개하면서 전설 하나를 부록해 놓았다. 옛날 유자남이라는 장군은 무성자형화환을 몸에 차고 있었는데, 북변 국경에서 오랑캐와 전투 중에 포위되어 화살이 비오듯 했으나 화살은 유자남을 피해 몇 자 되는 거리에 모두 떨어지고 말았다는 것이다. 오랑캐들이 그를 신인神人이라 여겨 추적을 그쳤고 유자남은 포위를 풀고 달아날 수 있었다는 전설이다.[33]

주문과 주술의 성공담은 해당 주문이나 주술에 대한 민인民人들의 신뢰를 높이는 데 기여했다. 믿기 어려운 방법이나 단방처럼 간단한 처방

32) 『新纂辟瘟方』, 「瘟疫辟法」, "常以鷄鳴時 淨心存誦 四海神名三遍 則辟百鬼及瘟疫 甚效 東海神名阿明 南海神名祝融 西海神名巨乘 北海神名禹(音雍)强. [類聚]"
33) 『新纂辟瘟方』, 「瘟疫辟法」, '務成子螢火丸', "昔冠軍將軍劉子南 受得此方 後於北界 與虜戰敗被圍 矢下如雨 未至子南馬數尺 矢皆墮地 虜以爲神人 解圍而去 故一名冠軍丸. [千金]"

에는 '이야기'가 따라붙었다. 성공담은 역병의 공포를 이겨내는 데 효과
적이었다.

   3) 단방單方

   허준은 궁벽한 향촌의 생활을 고려하여 단방單方에 주목했다. 오신五
辛(다섯가지 辛菜: 파, 마늘, 부추, 염교, 생강)이나 따뜻한 무즙(蕪菁汁)을 복용해
도 온역의 기운을 물리칠 수 있으며,34) 창포의 뿌리를 청주에 담아 달인
후 이를 복용해도 좋다.35) 향을 태우거나 폭죽으로 악기를 물리치는 방
법도 있다. 창출이나 마른 소똥을 태워 연기를 훈증하고36) 안식향을 태
우거나37) 혹 납월에 잡은 쥐를 태워 악기惡氣를 예방하거나38) 제야除夜
에 폭죽을 터뜨리는 방법들이다.39)
   벽사의 처방 가운데는 조선에서 전통적으로 사용되던 '속방俗方'들이
포함되었다. 예를 들어 호두虎頭는 호랑이의 머리뼈인데, 머리뼈로 베개

---

34) 『新纂辟溫方』, 「單方十五」, '五辛', '溫蕪菁汁', "五辛 元日食五辛 以辟疫氣 一曰葱 ·
   二曰蒜 · 三曰韭 · 四曰薤 · 五曰薑 [本草]. 溫蕪菁汁 辟瘟疫氣 立春後初庚子日 取溫
   蕪菁汁 合家大小人 並服之. [本草]"

35) 『新纂辟溫方』, 「單方十五」, '菖蒲酒', "辟疫氣 五月五日 菖蒲根細切 投淸酒中 煮一沸
   又入雄黃末少許 日中飮之. [本草]"

36) 『新纂辟溫方』, 「單方十五」, '蒼朮', "燒之 辟疫氣 乾牛糞燒之 亦好. [本草]"

37) 『新纂辟溫方』, 「單方十五」, '安息香', "燒之 辟瘟疫鬼氣 降眞香 尤好. [本草]"

38) 『新纂辟溫方』, 「單方十五」, '臘月鼠', "辟瘟疫 正旦朝 所居處 埋之. ○又燒之 辟疫氣
   惡氣. [本草]"

39) 『新纂辟溫方』, 「單方十五」, '爆竹', "除夜 爆竹庭中 辟疫氣鬼魅. [本草]"

를 만들어 베고 자면 역기疫氣와 귀사鬼邪를 물리칠 수 있다는 것이다. 함께 부록되어 있는 전설(俗說)은 호랑이 뼈의 효과를 칭송했다. "옛날에 어떤 이가 역병에 걸려 거의 죽게 되었다. 꿈에 한 관인을 보았는데 아전과 노비들이 많았다. 그가 방에 들어와 앉는데 아전 하나가 나아가 말하기를 '이 집에는 무서운 것이 있으니 오랫동안 머물 수 없습니다. 나갑시다'라고 청했다. 관리는 서둘러 일어나 말을 타고 갔다. 환자가 잠에서 깨어나 보니 시렁 위에 호랑이 가죽 하나가 있었다. 이후 즉시 병이 나았다. 사람만 호랑이를 무서워하는 것이 아니라 귀신도 역시 두려워하는 법이다."40)

속방俗方이 세속에 널리 퍼져 받아들여진 데는 그만한 이유가 있었다. 역병을 이겨낸 환자들의 성공담은 호랑이 뼈에 대한 인민들의 신뢰를 더했고 세간世間으로 확산되었다.

가령 웅황雄黃 또한 귀기鬼氣를 물리치는 데 효과가 큰 약재였다. 허준은 "역기疫氣와 귀사鬼邪를 물리친다. 웅황 한 덩이를 머리맡에 두거나 허리에 차고 다니면 귀사가 감히 접근하지 못한다. 가루 내어 온수에 타먹으면 더욱 좋다"고 설명했다.41) 웅황의 효능에 빼놓지 않고 전설이 덧붙여졌다. 중국 성도 사람 유무명劉無名의 이야기다. 그는 웅황을 30년 동안 복용했는데 어느 날 귀사鬼使(저승사자)가 와서 말하기를 '나는 태산

---

40) 『新纂辟瘟方』, 「單方十五」, '虎頭, "辟疫氣鬼邪 虎頭骨作枕 常枕之佳. ○昔有人染疫垂死 夢見一官人 騶從甚盛 入室而坐 一吏進曰 此家有可畏之物 不可久留 請出 其官人 遽起乘馬去 病者窹而視之 架上張一虎皮爾 其病卽瘥 非但人畏之 鬼亦畏之. [俗說]"

41) 『新纂辟瘟方』, 「單方十五」, '雄黃, "辟疫氣鬼邪 以一塊繫頭上 又佩之 鬼邪不敢近 作末和溫水 服一錢 尤佳."

의 직사直史로 그대를 쫓아 삼일을 왔는데 그대에게 접근할 방법이 없다. 누런 광채가 그대의 머리 위에서 비쳐 몇 자나 뻗치니 이는 웅황의 효능이 아니겠는가?'라고 인사하고 가버렸다는 이야기다.[42]

약효와 관련한 전설은 단방의 신뢰를 높이는 만큼 향촌 내 처방의 전파를 가속화하는 데 일조했던 것으로 보인다. 처방전에 부록된 다양한 이야기들은 조선의 속방俗方 전통을 만들어 내면서 의료 문화의 한 축을 이루었다. 예를 들어 '붉은색'의 효과이다. 『신찬벽온방』에는 온역의 예방법 가운데 붉은 말의 발굽을 가루 내어 붉은 주머니에 넣어 남자는 왼쪽에 여자는 오른쪽에 차거나,[43] 속방俗方으로 천금목千金木을 이용하는 방법이 소개되어 있다. 허준은 천금목을 '붉나모'라고 언해하였다. 옻나무의 일종인 천금목은 붉(은)나무라는 이름을 가졌던 만큼, 갓끈을 만들거나 혹은 구슬을 만들어 패용하면 온역을 물리치는 데 효과를 발휘했다.[44] 허준은 붉은색의 효능과 관련한 속방을 또 하나 소개했다. 적소두赤小豆 즉 팥이다. "정월 초하루에 베에 싸서 우물에 넣어두고 3일 만에 꺼내어 온 집안사람들이 먹는다. 남자는 10알을 먹고 여자는 20알을 먹는다. 동지에 팥죽을 먹어도 좋다. 속방俗方이다."[45]

팥죽과 붉나무 갓끈은 조선후기의 세시풍속이 되었다. 정초에 향

---

42) 上同, "劉無名 服雄黃三十餘年 一朝有鬼使至 曰泰山直史 追躡子故 我已三日 無計近子 子之黃光 照灼於頂 迨高數尺 得非雄黃之功乎 遂辭而去. [廣記]"

43) 『新纂辟溫方』, 「單方十五」, '赤馬蹄', "辟瘟疫 赤馬蹄屑二兩 絳囊盛 帶男左女右. [本草]"

44) 『新纂辟溫方』, 「單方十五」, '千金木', "붉나모 辟瘟疫氣 取作笠纓子 或作珠佩之. [俗方]"

45) 『新纂辟溫方』, 「單方十五」, '赤小豆', "辟瘟疫 正旦 布裹置井中 三日出之 擧家服 男十枚女二十枚 冬至日 作粥食佳. [俗方]"

촌의 구성원들이 모여 도소음을 마시고 우물물을 길어 온역의 예방을 기원했듯이, 동지에 팥죽을 쑤어 동네 사람들과 더불어 나누어 먹었다. 허준 당대의 시속(俗)은 이후에도 온역을 예방하는 조선의 오랜 전통이 되었다.

조선후기 대표적인 일상서 『산림경제』에는 여러 가지 생활에 필요한 정보와 지식이 가득하다. 여기에는 별도의 「벽온辟瘟」편이 수록되어 있다. 그 「서문」에 "시기時氣가 조화를 잃어버리면 온역이 치성한다. 간혹 온 집안과 마을전체가 서로 전염되는데 아주 위험하고 두려운 일이다. 혹 부적을 붙이거나 약을 먹거나 불에 태우거나 문 위에 붙이는 등 예방할 만한 것은 모두 상고하여 실행해야 한다. 온귀瘟鬼가 있는 곳도 살펴서 출입해야 한다. 벽온辟瘟의 방법을 기록하여 제12편을 삼는다"[46]고 했다. 내용을 읽어보면 『신찬벽온방』의 벽법辟法 그리고 단방單方의 전통을 그대로 이어받았음을 알 수 있다.

요컨대, 허준의 『신찬벽온방』은 명대 최신의 처방뿐 아니라 조선의 오랜 전통인 속방을 수록했다. 또한 온역에 대처하는 여러 처방들은 개인의 신체를 넘어 환난상휼의 연대로 확장되었다. 의술은 '사회적 연망連網' 속에서 구현되었고, 개인은 자연스럽게 상호부조와 공공의 영역으로 자리매김 되었다.

---

46) 『山林經濟』, 「辟瘟序」, "時氣失和 歲熾瘟疫 間有闔家擧村 轉相傳痛 殊可危怖 或佩 或服 或燒或帖凡可以預防者 可考而行 至於瘟鬼臨在之所 亦宜審察出入 玆錄辟瘟之 方 爲第十二."

4. '불전염법不傳染法'의 중요성

의료의 사회적 실천과 관련하여 『신찬벽온방』에 주목할 만한 부분이
또 있다. 이른바 '전염되지 않는 방법'이다. 일견 '불전염법'은 의서에 있
을 법한 그래서 특별할 것이 없어 보인다. 그러나 '가家'를 강조한 성리학
의 가치를 고려해 보면 조금 더 생각해볼 여지가 있다.

조선시대의 각종 사료史料들에는 역병이 창궐하는 시기마다 이와 관
련한 효자(녀)들의 이야기가 전한다. 가령 부모가 역병에 걸렸지만 이를
두려워하지 않고 자식 된 도리를 다하여 부모를 완치시켰다는 내용들이
다. 사실 역병의 유행은 부모자식 간의 도리마저 저버리게 만들었다. 죽
음의 두려움을 잊은 채 부모를 병간호했다는 사실만으로도 효행으로 장
려되기에 충분했다.

허준은 불가피하게 온역 환자를 접촉해야 하는 이들을 위한 주의사
항을 자세하게 소개했다. 환자를 방문해야 하는 의원이나 부모 자식의
도리를 다해야 하는 이들에 대한 배려였다. "우선 문을 열어두고 큰 솥에
물 2말을 채워 집 한 가운데 두고 소합향원 20환을 넣고 달인다. 향기가
역기疫氣를 흩어버릴 수 있다. 환자가 한 그릇을 마신 후 의원이 들어가
진찰한다. 이렇게 하면 서로 전염되지 않는다." 혹은 "온역을 앓는 집에
들어갈 때는 행동을 조심한다. 좌측으로 들어가는데 남자환자는 더러운
기운(穢氣)이 입으로 나오고 여자환자는 음문陰門으로 나온다. 환자를 상
대하여 앉거나 설 때 반드시 등지도록 한다."[47]

온역을 치료하고 예방하는 것만큼이나 집안이나 주변의 온역 환자로부터 전염되지 않는 방법은 사회적으로 큰 의미를 지니고 있었다. 의원은 한 번의 방문에 그칠 수도 있다. 그러나 부모를 모시는 자식이라면 자식을 돌보는 부모라면 이야기가 달랐다. 일상에서 환자와 함께 생활해야 하는 이들을 위한 정보가 절대적으로 필요했다.

전염되지 않는 방법을 취하지 못한 채 온역 환자를 맞이했다면 독기를 빨리 밖으로 뱉어내야 한다. 특히 악기惡氣는 니환궁泥丸宮(두뇌)으로 올라가 백맥百脈으로 흩어져 전염된다. 창졸간에 약이 없는 경우 참기름을 코끝에 바르고 종이심지로 콧구멍을 후벼 재채기를 한다. 웅황가루를 참기름에 개어 콧구멍 속에 바르면 환자와 침상을 함께해도 전염되지 않는다.[48]

웅황雄黃은 온역의 예방과 전염방지에 필수적이었다. 웅황환雄黃丸을 만들어 복용하는 방법이다. 웅황, 적소두, 귀전우 그리고 단삼丹蔘 등을 가루 내어 환약을 만들어 매일 아침에 5환씩 복용하는데 환자와 한 방에 거주해도 전염되지 않는다는 것이다.[49]

---

47) 『新纂辟溫方』, 「不傳染法」, "凡入瘟疫家 先令開啓門戶 以大鍋盛水二斗 置堂中 取蘇合香元二十丸 煎之 其香能散疫氣 病者各飮一器後 醫者乃入診視 不致相染. [得效] ○凡入疫家 行動從容 左位而入 男子病穢氣 出於口 女人病穢氣 出於陰戶 其相對坐立之間 必須識其向背. [回春]"

48) 上同, "凡瘟家 自生惡氣 聞之卽上泥丸 散入百脈 轉相傳染 若倉卒無藥 以香油抹鼻端 又以紙撚探鼻嚔之 爲佳 又雄黃末調香油 濃塗鼻骹中 雖與病人同床 亦不相染 朝夕點之. [得效]"

49) 『新纂辟溫方』, 「不傳染法」, '雄黃丸', "治瘟疫 令不相染 雄黃一兩 赤小豆炒鬼箭羽丹參各二兩 右爲末 蜜丸 梧子大 每日空心 溫水吞下五丸 可與病人 同衣床 亦不相傳染. [易老]"

환자와 더불어 침상을 사용하거나 한 방에 거주해도 온역에 걸릴 염려가 없다는 정보는 이른바 '가家'의 존립을 위해 매우 중요했다. 부모에 대한 효행과 자식에 대한 자애를 다하려 해도 온역의 전염과 죽음의 두려움으로 끝내 가정이 존립하기 어려웠기 때문이다.

허준은 전염될 걱정이 전연 없는 방법이라며 옷을 삶거나 찌는 방법도 소개했다. 그는 온역의 전염을 환자의 땀으로 독기가 배출되어 감염되는 데 있다고 보았다.(熱病傳染者 因聞大汗穢毒 以致傳染) 따라서 환자의 옷을 삶거나 쪄서 소독한다면 전염의 우려를 제거할 수 있다. 허준은 「증의법蒸衣法」에서 "집안에 시역時疫이 유행하면 처음 병이 걸린 사람의 옷을 깨끗하게 세탁한 후 밥 시루에 넣어 찐다. 이렇게 하면 전염될 걱정이 없다"고 강조했다.[50]

앞서 조선후기의 『산림경제』「벽온」의 처방이 허준의 『신찬벽온방』의 그것과 거의 동일하다고 언급한바 있다. 『산림경제』이 내용 대부분은 『신찬벽온방』과 동일하지만 조선후기에 증보된 부분이 없지 않다. 이를 살펴보면 상당부분 불전염법과 관련되어 있다. 조선의 일상에서 전염되지 않는 방법은 그만큼 중요했다. 『산림경제』에 채록된 처방들은 조선후기의 윤씨 의원 혹은 오씨 의사의 경험방(尹方, 吳方)이었다. 오방吳方은 온귀瘟鬼의 출처를 미리 알려주었다. "자일子日에는 온귀瘟鬼가 오시午時에 집에 들어왔다가 신시申時에 나가며 대문大門에 깃든다. 축일丑日에는 미

---

50) 『新纂辟溫方』, 「不傳染法」, '蒸衣法', "家染時疫 取初病人衣服 浣洗令淨 飯甑中蒸之 卽無傳染之患矣. [類聚]"

시에 들어왔다가 유시酉時에 나가며 대청에 있다. 인일寅日에는 신시에
들어왔다가 술시에 나가며 집앞에 있다. 묘일에는 유시에 들어왔다가
해시에 나가며, 집 안의 환자에 있다.……"51) 이 사실을 미리 알고 있다
면 때와 장소를 피하여 안심하고 환자를 돌볼 수 있을 것이다. 한편,
尹方은 악기를 내뱉는 재채기요법(嚔藥)이었다. 현호색玄胡索, 조각자, 천
궁, 척촉화 등의 약재를 가루내어 조금씩 콧속에 넣어 재채기를 하는
법이다. 날마다 이 약을 사용하여 재채기하면 전염되지 않으며, 10일을
지나 온역이 저절로 낫는다는 것이다.52)

조선후기에 이러한 경험방의 증가 현상은 온역과 관련한 '불전염법'
의 중요성을 반증하고 있다. 대부분 가족들이 역병 환자를 집안에서 구
료했던 조선의 의료 상황을 고려해 볼 때, 생활의 기본 단위인 '가家'의
존립과 직접적으로 연관된 불전염법이야말로 가장 중요한 정보였다.

한편, 일상과 관련하여 개인의 생활태도 역시 중요했다. 허준은 생활
의 금기로, 온열병을 앓고 난후 백일 안에 성교를 하면 죽는다든지 술을
마시면 반드시 재발하고 고기를 구워먹어도 재발한다고 주의했다. 또한
온역에 걸렸을 때 순채(蓴)를 먹으면 죽고 아욱(葵)을 먹으면 실명한다고
도 강조했다.53) 성교로 인해 쇠약해지거나, 순채나 아욱 등 미끌한 식감

---

51) 『山林經濟』 권3, 「辟瘟」.
52) 上同.
53) 『新纂辟瘟方』, 「禁忌」, "溫熱病 熱退後 百日內 犯房室者死 死時 必吐舌數寸而死.
○飮酒 必再發 食羊肉 尤甚. [仲景] ○溫病 勿食蓴 食者多死. ○天行病後 食葵菜
頓喪明. [本草]"

의 채소들이 기운을 쇠하게 한다고 보았기 때문이다.[54)]

5. 결론

조선시대 인술仁術은 인정仁政의 주요한 방법 중 하나였다. 허준의 『신찬벽온방』은 1612년 온역에 대처한 '인술仁術'의 실천 사례를 잘 보여주고 있다. 당시 광해군은 기왕의 『벽온방』을 전국에 배포하여 온역에 대응토록 하는 동시에, 허준으로 하여금 새로운 벽온방을 편찬하도록 하고 전국에 배포했다.

역병의 치료와 예방을 위해 무엇보다 역병의 발생 원인이 합리적으로 설명되어야 했다. 또한 대처 가능한 다양한 정보가 제공되어야 했다. 개인의 감염을 예방하거나 치료하는 것 이외에 환자를 보호하는 최소 단위인 '가家'의 보호, 그리고 향촌 구성원 전체의 연대와 공공성 등이 고려되었다.

허준은 운기론이라는 당대의 합리적인 설명 틀로 온역의 발생 원인을 상세하게 해설했다. 그는 운기의 변화를 논하면서 1612~3년의 온역 발생이 충분히 자연스러운 결과일 수 있음을 알렸다. 허준은 운기론 이

---

54) 순채는 물가에서 자라는 식물로 조선 학자들의 시문집에 이에 대한 칭송이 상당하다. 가령 『東文選』에 실린 서거정(1420~1488)의 「蓴菜歌」에는 식감이 잘 표현되어 있다. "순채는 남국에서 생산된다…… 미끄럽디 미끄럽고 가늘디 가늘어서 / 실보다 가볍고 타락죽보다 보드랍네 / 나는 본래 채식이라 / 평생에 담박한 것을 즐기는데 / 나물이 내 식성에 꼭 맞는지라 / 내가 몹시 좋아하노라."

외에 위로받지 못한 여귀들의 존재나 청결하지 못한 환경, 그리고 청렴하지 않은 정치 등을 문제 삼았다. 자연의 운기는 어찌할 수 없다지만 여귀들을 위로하고 스스로의 정치를 반성하는 지방관의 공구수성은 온역의 예방과 종식을 위해 필수적이었다.

온역은 개인의 문제가 아니라 공동체 전체의 고통이었다. 환난상휼의 덕목이 필요했다. 온역의 예방을 위해 미리 상당한 양의 약물을 준비하고 향촌 구성원 전체가 모여 예방을 위한 일종의 의례를 치렀다. 약물을 나누어 마시고 팥죽을 함께 하면서 역병에 대처하는 사회적 연대를 강화했다.

허준은 향촌사회의 형편을 고려하여 단방을 선호했지만, 단방에만 의존할 수는 없었다. 고가의 약물을 부조하고 나누어야만 했다. 이를 감당할만한 사족들이 나서야 했다. 공공의 책임을 기꺼이 떠안으려는 자들만이 '진정한 선비'(士)로 대접받을 수 있었다.[55]

나아가 허준은 온역 환자의 간호 환경을 세심하게 고려했다. 역병은 부모자식간의 인륜을 무색하도록 했다. 역병의 두려움으로 인간다움의 근간이 흔들렸다. 두려움을 극복할 수 있어야 했다. 허준이 강조한 '불전염법'은 의술(학)이 사회 속의 지식이자 실천행위였음을 다시 한 번 상기

---

55) 조선후기에 이르러 향촌의 사족들은 국가를 대신하여 온역 등 재난 극복의 지식을 직접 수집하고 편찬했다. 조선후기의 『산림경제』는 이러한 사례의 전형이다. 『동의보감』의 정보가 다시금 주목되었다. 허준이 모아놓은 의학지식과 정보는 사족들에게 필수적인 생활의 지혜가 되었다.(김호, 「五洲 李圭景의 醫藥論」, 『진단학보』 121, 2014; 김호, 「풍석의 의학론: 『인제지』의 '이용후생'을 중심으로」, 실시학사 편, 『풍석 서유구 연구(上)』, 사람의무늬, 2014 참조)

시킨다.

허준의 『신찬벽온방』은 1책에 불과한 작은 온역 매뉴얼이다. 현대과학의 수준에서 보면 보잘 것 없거나 믿을 수 없는 정보일 수 있다. 하지만 이 책을 통해 우리는 조선의 의료대책이 인간의 삶을 충분히 고려하여 마련되었음을 알 수 있다. 인술의 실천은 몇몇 영웅적인 의학자나 의사의 개인적 고투(苦鬪)로 조명할 일이 아니다. 인술은 인간의 삶을 깊이 고민하고 사회의 의미를 충분히 생각하는 공공의 실천행위이기 때문이다. 허준의 『신찬벽온방』은 작지만 간단한 책이 아니었다.

현대 사회에서 인仁은
어떻게 실천되어야 할까?

-공자의 '선난후획先難後獲'의 논리를 중심으로-

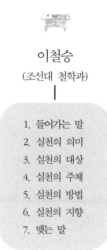

이철승

(조선대 철학과)

1. 들어가는 말
2. 실천의 의미
3. 실천의 대상
4. 실천의 주체
5. 실천의 방법
6. 실천의 지향
7. 맺는 말

1. 들어가는 말

도덕적 가치보다 경제적 이익을 추구하는 경향이 강한 오늘날, 유가에서 중시하는 인仁[1]은 여전히 이 사회에 필요한 덕목일까? 만약 그것이

---

[1] 인仁은 공자의 핵심 사상이다. 공자는 이 개념을 하나의 의미가 아니라 여러 의미로 사용하였다. 그것을 간략하게 정리하면 다음과 같다. 첫째, '人'을 의미한다. 『論語』

오늘날에도 여전히 중시되어야 할 덕목이라면 그것은 어떻게 실천되어야 할까?

경제적 이익 추구는 자본주의 사회의 일상화된 모습이다. 특히 미국과 영국을 중심으로 하는 경제 선진국들과 한국의 자본주의는 신자유주의 이념을 광범위하게 수용하고 있다. 그런데 신자유주의 이념은 이기심을 적극적으로 권장할 뿐만 아니라, 인간을 목적이 아니라 수단으로 대하도록 유도한다. 이 때문에 이러한 사회에서는 배타적 경쟁의식이 일반화되면서 경쟁력이 강한 소수와 약한 다수 사이에 소유의 유무有無 혹은 다소多少 문제로 인한 사회적 갈등이 증폭된다.

또한 이러한 사회는 법실증주의를 토대로 하는 법치주의가 일반화되어 합법이라는 이름 아래 비윤리적인 행위조차 묵인되는 경우가 비일비재하다. 이 때문에 문제에 대한 책임의식이 방기되거나 약화되고, 사회적 약자들의 인권 유린이 증가한다.

「雍也」의 "雖告之日 : '井有仁焉.' 其從之也?"에서 '仁'은 '人'의 의미이다. 둘째, '克己復禮'로 상징되는 사욕의 극복을 의미한다. 셋째, '孝悌'의 의미이다. 넷째, '愛人'으로서 '사랑'의 의미이다. 다섯째, '修己治人·安人'과 '博施濟衆'의 의미이다. 여섯째, '忠恕'의 의미이다. 이처럼 그는 이 개념을 상황과 사람에 따라 다르게 설명했지만, 공통된 의미는 인간의 정체성에 해당하는 인간다움의 원리이다. 그리고 그 인간다움은 내부에 함유된 도덕성의 자율적인 발현을 통해 드러난다. 따라서 인仁은 내 안에 간직된 도덕성을 자율적으로 발현하여 타인과 평화로운 어울림의 공동체 사회를 구성할 수 있는 근원적인 덕목이라고 할 수 있다. 이에 대한 더 자세한 내용은 이우의 「논어와 맹자 중의 '仁' 자에 관한 연구」(한국중국학회, 『중국학보』 18권 0호, 1977)와 정대환의 「『논어』에 비친 공자의 인간성-仁의 경지와 그 행동적 성향」(고려대학교 철학연구소, 『철학연구』 8권 0호, 1984)과 신정근의 「고대 중국의 사람(人)에서 仁의 발견-『좌전』의 仁의 의미와 『논어』의 인 의미의 단초를 중심으로」(한국철학회, 『철학』 53권 0호, 1997) 등을 참조하기 바람.

이러한 현상은 그 사회의 구성원 각자가 평화롭게 어울리는 건강한 공동체 문화와 거리가 멀다. 이것은 신자유주의 이념과 법실증주의를 토대로 하는 법치주의가 현대 사회의 병폐를 근원적으로 해결하는 데에 제한적일 뿐만 아니라, 새로운 대안 이론이 필요함을 역설한다.

유가의 인(仁)은 이러한 현대 사회의 문제를 근원적으로 해결하는 데에 중요한 역할을 할 수 있다. 인간을 도구가 아니라 목적으로 대하고, 도덕성을 인간다움의 기준으로 여기는 유가는 인(仁)을 핵심 사상으로 한다. 유가는 이기심을 인(仁)의 실현에 장애가 되는 것으로 생각하여 경계한다. 왜냐하면 자기중심주의적인 성향을 강하게 띠는 이기심은 타인을 평화로운 어울림의 대상이 아니라, 배제의 대상으로 여기기 때문이다. 비록 타인과 어울리는 이기심이 있을지라도, 그 어울림은 자신의 더 큰 이익을 위해 방법적인 면에서 필요로 한 것이다. 이기심의 이러한 특성 때문에 평화로운 어울림을 중시하는 유가의 인(仁)관은 이기심을 조절하거나 극복해야 할 대상으로 여긴다. 만일 공공의 의로움을 실현해야 할 상황에서 이기심을 적절하게 조절하거나 극복하지 않는다면 책임의식은 사라지고 탐욕만 남을 것이다. 탐욕이 지배하는 사회는 약육강식의 법칙이 통용되는 사회이므로 공정함과 공평을 기초로 하는 정의가 사라진다. 정의가 사라진 사회는 유가가 추구하는 바람직한 사회가 아니다.[2]

이 때문에 공자는 "어려움을 먼저 하고 얻음을 뒤로 한다"[3]고 지적한

---

2) 2014년 4월 16일에 한국에서 발생한 '세월호' 침몰 사태는 인간의 이기심에 근거한 탐욕의 문제가 얼마나 심각한지를 총체적으로 드러낸 대표적인 사건 가운데 하나다.
3) 『論語』, 「雍也」, "先難而後獲."

다. 이것은 위기에 처한 상황에서 자신의 이익을 먼저 생각하기보다 휴머니즘의 자세로 어려운 일을 먼저 처리하는 것이 매우 중요함을 지적하는 것이다. 곧 위기의 상황을 책임지고 극복해야 할 위치에 있는 인간이, 직면한 일을 공정하게 해결하지 않고 자신의 이익만을 좇아 책임을 회피한다면 짐승과 구별되는 인간의 고유한 사회적 질서의식은 붕괴될 수밖에 없다. 이러한 사회는 가치관의 혼란으로 인해 불안감의 증가와 병든 욕망이 확산될 수 있다. 따라서 인仁의 실천에 대한 유가의 이러한 관점은 현대 사회의 문제를 해결하는 면에도 유효한 방법 가운데 하나라고 할 수 있다.

지금까지 유가철학의 현실적 의의에 관한 연구는 적지 않다. 필자 역시 이와 관련된 연구를 지속적으로 해왔다.[4] 그러나 신자유주의 이념이 빚어내는 현대 사회의 문제를 해결하기 위해 '선난후획先難後獲'의 논리를 적용한 논문은 거의 발견되지 않고 있다.

---

[4] 이와 관련된 필자의 연구는 대략 다음과 같다. 「유교자본주의론」의 논리 구조 문제」, 한국중국학회,『중국학보』제51집, 2005; 「선진 유가에 나타난 '어울림' 사상의 논리 구조와 현실적 의미」, 동양철학연구회,『동양철학연구』제46집, 2006; 「세계화'시대 '유교공동체주의'의 의의와 문제」, 한국철학사상연구회,『시대와 철학』제18권 3호, 2007; 「유가철학에 나타난 충서忠恕관의 논리 구조와 현실적 의미」, 한국중국학회,『중국학보』제58집, 2008; 「군자에서 시민까지-유가적 인간과 근대적 인간」,『철학, 문화를 읽다』, 동녘출판사, 2009; 「현대사회의 문제와 유가사상의 현실적 의의-개인과 사회의 관계 윤리를 중심으로」, 한국유교학회,『유교사상연구』제43집, 2011; 「장재철학에 나타난 생태관의 사상적 근거와 의의」, 동양철학연구회,『동양철학연구』제73집, 2013; 「『논어』속 군자관의 논리 구조와 정치의식」, 한서대학교 동양고전연구소,『동방학』제29집, 2013; 「현대사회의 외로움 문제와 치유의 유가철학-한국사회의 자살 현상과 극복 방안을 중심으로」, 한국유교학회,『유교사상문화연구』제53집, 2013; 「민주주의 법치와 유가의 덕치 문제-법실증주의 법의식과 초기 유가의 도덕의식을 중심으로」, 철학연구회,『철학연구』제106집, 2014 등.

이 글은 '선난후획先難後獲'의 논리를 중심으로 하여 현대 사회의 문제
를 해결하기 위해 유가철학에서 중시하는 인仁의 실천 방법을 조명할
것이다. 이러한 연구는 유가철학의 현대적 의의를 규명하는 면과 실천의
방법론 탐구에 도움이 될 수 있다.

2. 실천의 의미

실천이란 무엇인가를 실제로 행하는 것을 말한다. 유가에서는 앎(知)
과 대비되는 행行의 개념을 통해 이러한 실천의 의미를 드러낸다.5) 이
행行은 『갑골문甲骨文』에서 "ㄐ"6)로 표시하여 인간이 다니는 사거리의 의
미를 담고 있다. 『설문해자說文解字』에서는 이것을 "인간의 걸음걸이이
며, 척(彳)과 촉(亍)으로 구성되었다"7)고 하고, 『설문해자주說文解字注』에
서는 "보步는 행行이고, 추趨는 주走이다. 둘 가운데 하나는 천천히 가는
것이고, 하나는 빨리 가는 것이니, 모두 가는 것을 말한다"8)고 하여, 걸
음걸이의 빠름과 느림의 차이는 있을지라도 멈춤이 없이 가는 것을 의미

---

5) 전통의 유가철학에서는 이 知와 行의 관계에 대한 이론이 풍부하다. 知行先後, 知行
輕重, 知行難易, 知行竝進 등의 논의가 여기에 해당하는 대표적인 내용이다.
6) 『甲骨金文字典』, "ㄐ", 巴蜀書社, 1993, 155쪽.
7) 許愼 撰, 段玉裁 注, 『說文解字注』, "人之步趨也, 從彳亍." 天工書局印行, 中華民國
76年, 78쪽.
8) 許愼 撰, 段玉裁 注, 『說文解字注』, "步, 行也 ; 趨, 步也. 二者一徐一疾, 皆謂之行."
天工書局印行, 中華民國 76年, 78쪽.

한다. 이것은 결국 行이란 인간이 직접 몸으로 행하는 것으로 오늘날의 실천의 의미와 다르지 않다고 할 수 있다. 유가에서는 이 行 이외에도 위爲, 습習, 이履 등의 개념을 통해 실천의 의미를 드러낸다.

그런데 유가에서 중시하는 실천이란 주로 생물학적인 행함이나 과학적인 실험이나 경제적인 생산 활동을 의미하는 것이 아니라, 인간의 아이덴티티에 해당하는 도덕성을 현실 사회에 구현하는 것을 의미한다. 공자가 "아우와 자식은 들어오면 효도하고, 나가면 공손하며, 삼가며 진실하고, 널리 백성을 사랑하되, 인仁한 인간과 친해야 하니, 행하고도 남은 힘이 있거든 글을 배워야 한다"9)고 지적한 것이 여기에 해당하는 대표적인 내용이다. 공자에 의하면 인간이란 가정에서는 반드시 부모의 뜻을 살펴 부모에게 할 도리를 다해야 하고, 집밖의 세상에서는 인간들에게 공손한 태도로 대하여 예의를 다해야 하며, 늘 진실한 마음으로 신중하게 임하고, 나의 가족뿐만 아니라 이웃과 민족의 구성원들을 조건 없이 사랑하며, 도덕성을 갖춘 품격이 높은 현명한 인간들과 친하게 지내야 한다. 이러한 삶이 실천의 진정한 의미이다. 이러한 지성인의 삶을 실천하고도 남은 힘이 있을 경우에 이론 공부를 해야 한다. 그래야 실천과 이론이 괴리되지 않고 통일되어 사회의 모범이 된다.

이것은 공자가 실천을 인간의 정체성과 깊게 관련시키는 것이다. 곧 공자는 이 글에서 인간을 사회적 관계를 떠나 독립적인 삶을 추구하는 대상으로 설정하지 않고, 관계 윤리를 정립해야 하는 사회적 존재로 규정

---

9) 『論語』, 「學而」, "弟子入則孝, 出則弟, 謹而信, 汎愛衆, 而親仁, 行有餘力, 則以學文."

한다. 그에 의하면 현존하는 인간은 어느 날 갑자기 자신의 의지에 의해 세상에 나타난 존재가 아니라, 자신의 의지와 무관하게 어머니와 아버지라는 존재에 의해 세상에 태어났다. 이것은 자신이 부모를 선택한 것이 아니라, 부모에 의해 자신이 선택되었음을 의미한다. 그리고 단지 생물학적인 관계에 국한하지 않고, 공경하는 마음이라는 도덕적 가치를 반영한 부모에 대한 봉양을 자식의 도리로 여긴다.[10] 공자는 부모에 대한 자식의 이러한 가치를 가정 안에 제한시키지 말고, 사회로 확대하여 이웃에게 실천하기를 요구한다. 유가에 의하면 부모에 대한 효도와 그것의 사회적 실천인 공손한 삶의 태도야말로 인간이 인간일 수밖에 없는 인간의 정체성에 해당하는 인仁의 근본이다.[11]

이처럼 관계 윤리를 중시하는 유가는 실천의 의미를 생물학적인 본능을 맹목적으로 추구하거나 경제적인 이익의 사유화를 위한 이기심의 적극적인 발현이 아니라, 살아가고 있는 현실 사회에서 인仁이라는 인간의 정체성을 구현하는 것으로 여긴다.

3. 실천의 대상

사욕을 토대로 하는 개인주의가 심화되고 있는 현대 사회에서 실천

---

10) 『論語』, 「爲政」, "今之孝者, 是謂能養. 至於犬馬, 皆能有養 ; 不敬, 何以別乎?" 참조.
11) 『論語』, 「學而」, "君子務本, 本立而道生. 孝弟也者, 其爲仁之本與!" 참조.

해야 할 유가의 인(仁)의 구체적인 내용은 무엇일까? 그리고 그것은 현대의 신자유주의 이념과 어떻게 조응할 수 있을까? 신자유주의의 이념은 케인즈(John Maynard Keynes, 1883~1946)의 수정자본주의 경제학과 롤스(John Rawls, 1921~2002)의 수정자유주의의 관점을 비판한다. 이 사조는 국가의 간섭을 반대하며 사적인 소유를 옹호하는 스미스(Adam Smith, 1723~1790), 리카도(David Ricardo, 1772~1823), 맬서스(Thomas Robert Malthus, 1776~1834) 등의 고전파 경제학자들과 로크(John Locke, 1632~1704)와 루소(Jean-Jacques Rousseau, 1712~1778) 등의 자유주의자들의 관점을 계승한다. 이 신자유주의는 프리드만(M. Friedman)과 칼 브루너(K. Brunner)를 중심으로 하는 통화주의, 래퍼(Arthur B. Laffer)와 펠드슈타인(Martin S. Feldstein) 등을 중심으로 하는 공급중시 경제학, 무쓰(John Muth)와 루카스(Robert Lucas)와 사전트(Thomas Sargent) 등을 중심으로 하는 합리적 기대론, 부캐넌(James Buchanan)과 털록(Gordon Tullock)과 니스카넨(William Niskanen)과 올슨(Mancur Olson)을 중심으로 하는 공공선택 이론, 하이예크(Friedrich August von Hayek, 1899~1992)를 중심으로 하는 신오스트리아 학파를 아우른다. 이기심에 근거한 사적인 소유의 확대를 중시하는 이 신자유주의는 시장에 대해 국가 기관의 간섭 없이 개인의 이익 확보를 위해 자생적으로 형성된 공간으로 여기며, 개인의 이익을 끊임없이 확장하기 위해 시장의 자율적인 활성화가 보장되어야 할 것으로 생각한다. 신자유주의자들은 이기심의 확대 과정에서 나타나는 배타적인 경쟁의식이 빚어내는 온갖 사회적인 불평등의 문제에 대해 심각하게 생각하지 않고, 자연스러운 모습으로 여긴다. 이 때문에 그들은 이러한 이념이 실현되는 과정에 구조적으로 나타날 수밖에 없는 사회적 양극화를 비롯한 사회적 약자들에 대한 차별 현상에 대해 책임의식을 통감하지 않는다.[12]

실천 대상으로서 유가의 인仁은 이러한 신자유주의 이념과 본질적으로 구별된다. 유가는 신자유주의 이념과 유기적으로 결합하기보다 신자유주의의 비인간적인 모습을 극복하여 문명의 패러다임을 새롭게 건설하기를 요구한다.

사욕을 긍정하는 토대 위에 부국강병책의 추구가 빚어내는 온갖 비인간적인 모습을 몸소 체험했던 공자는 이기심의 확장이 파생시키는 문제의 심각성을 인식하고, 이기심을 토대로 하여 사적인 소유를 중시하는 인간을 소인小人으로 여기며,[13] 극복의 대상으로 삼는다.[14]

비록 공자가 살던 시대와 오늘날의 시대가 외형적으로 차이가 있는 것이 사실이지만, 이기심의 확대가 빚어내는 사회적 갈등의 문제가 적지 않게 발생하고 있는 점에서 공통점을 보인다. 곧 춘추 시대와 현대 사회

---

12) 강상구, 『신자유주의의 역사와 진실』, 문화과학사, 2000, 95~102쪽; 이철승, 「세계화'시대 '유교공동체주의'의 의의와 문제」, 한국철학사상연구회, 『시대와 철학』 제18권3호, 2007, 139~144쪽; 이철승, 「현대사회의 문제와 유가사상의 현실적 의의-개인과 사회의 관계 윤리를 중심으로」, 한국유교학회, 『유교사상연구』 제43집, 2011, 258~259쪽 참조. 신자유주의 이념의 문제와 한계에 대한 더 자세한 내용은 하랄트 슈만(Harald Schumann)·크리스티아네 그레페(Christiane Grefe)의 『신자유주의의 종언과 세계화의 미래』(김호균 옮김, 영림카디널, 2009)를 참조하기 바람.

13) 『論語』, 「里仁」, "小人喩於利."

14) 『論語』, 「顔淵」, "克己." 주희는 이 '己'에 대해 '자신의 사욕'으로 해석하는데, 많은 학자들이 주희의 이러한 해석에 동의한다. 필자 역시 '己'를 '자신의 사욕'으로 여기는 주희의 해석에 이의가 없다. 朱熹, 『論語集註』, 「顔淵」, "己, 謂身之私欲也" 참조. 이에 대한 더 자세한 내용은 임명희의 「仁의 실현은 왜 私欲의 제거가 되었나?」(한국철학사연구회, 『한국철학논집』 43권 0호, 2014)를 참조하기 바람.

는 정치 제도의 측면에서 군주중심주의와 민주주의라는 커다란 차이가 분명히 존재한다. 그러나 자기중심주의적인 이기심은 그 자체로 배타적 경쟁의식에 의해 타인을 포용의 대상이 아니라 배제의 대상으로 삼는다. 이 때문에 이기심을 적극적으로 권장하는 체제에서는 필연적으로 소유의 집중화와 권력의 편중으로 인한 소외와 생태계 파괴 현상이 광범위하게 발생한다.[15] 비록 법적인 제도를 통해 그러한 문제를 해소하려고 시도할지라도, 법실증주의를 토대로 하는 현대 법치주의의 제한성으로 말미암아 사회적 갈등이 근원적으로 해결되지 않는다.[16]

따라서 이기심을 극복해야 할 대상으로 여기는 유가의 관점은 이기심의 확대가 빚어내는 현대 사회의 문제를 해결하는 면에 유효하게 적용될 수 있다. 이익의 문제에 대해 유가는 개인의 사적인 소유를 극대화하는 방향이 아니라, 공공의 의로움과 긴밀하게 연계시킨다.[17] 이것은 이기심이 공동체의 보편적인 도덕의식에 어긋나서는 안 되고, 그 사회 구성

---

15) 이에 대한 더 자세한 내용은 이철승의 「현대사회의 문제와 유가사상의 현실적 의의－개인과 사회의 관계 윤리를 중심으로」(한국유교학회, 『유교사상연구』 제43집, 2011), 「장재철학에 나타난 생태관의 사상적 근거와 의의」(동양철학연구회, 『동양철학연구』 제73집, 2013), 「현대사회의 외로움 문제와 치유의 유가철학－한국사회의 자살 현상과 극복 방안을 중심으로」(한국유교학회, 『유교사상문화연구』 제53집, 2013) 등을 참조하기 바람.

16) 법치주의의 문제에 대한 더 자세한 내용은 이철승의 「민주주의의 법치와 유가의 덕치 문제－법실증주의의 법의식과 초기 유가의 도덕의식을 중심으로」(철학연구회, 『철학연구』 제106집, 2014)를 참조하기 바람.

17) 『國語』 「晉語二」의 "大義者, 利之足也 ;…… 廢義則利不立,…… 反義則富不爲賴"와 『春秋左傳』 「成公」의 "禮以行義, 義以生利, 利以平民, 政之大節也"와 『周易』 「乾卦, 文言」의 "利者, 義之和也"와 『論語』 「憲問」의 "見利思義"와 『論語』 「子路」의 "無欲速, 無見小利. 欲速, 則不達. 見小利, 則大事不成" 등 참조.

원들의 평화로운 어울림 문화 건설의 방면에 사용되어져야 함을 말한다.

이 때문에 공자는 사욕을 극복하여 보편적인 질서의식을 회복하는 것을 구체적인 인仁의 실천 대상으로 여기고,[18] 그 인仁을 남이 아닌 자신이 먼저 실천하기를 요구한다.[19] 공자는 이렇게 인仁을 날마다 실천하면 세상의 정의가 구현될 수 있을 것으로 생각한다.[20]

곧 공자를 중심으로 하는 유가가 중시하는 실천해야 할 인仁의 구체적인 내용은 자신의 인격 수양과 이를 토대로 하는 사회 정의의 실현이다. 이것은 이른바 '내성외왕內聖外王'의 논리가 반영된 것으로, 개인의 도덕성과 사회적 관계 윤리의 유기적인 통일의 상태를 의미한다. 공자가 "자기를 닦음으로써 백성을 편안하게 한다"[21]고 한 내용은 자신의 인격 수양이 전제되지 않은 상태에서 사회 정의의 실현이란 불가능함을 지적함과 아울러, 사회 정의의 실현과 무관한 자신의 인격 수양 역시 바람직한 자세가 아님을 지적하는 것이다.

실천 대상으로서의 보편적 삶의 원리에 대한 공자의 이러한 관점은 오늘날의 사회에서 적지 않게 나타나고 있는 정의롭지 않은 가치관에 무비판적으로 동조하거나, 혹은 사회적 실천에 무관심하며 자신의 즐거움만 추구하는 삶의 태도에 대해 비판적일 수밖에 없다. 왜냐하면 유가는 자신이 몸담고 있는 사회의 문제를 해결하기 위해 정의롭지 못한 현실

---

18) 『論語』, 「顏淵」, "克己復禮爲仁." 참조.
19) 『論語』, 「顏淵」, "爲仁由己, 而由人乎哉?" 참조.
20) 『論語』, 「顏淵」, "一日克己復禮, 天下歸仁焉" 참조.
21) 『論語』, 「憲問」, "修己以安人."

에 타협하거나 도피하는 방법을 택하지 않고, 참여라는 실천적 삶을 선호하기 때문이다.

4. 실천의 주체

　도덕성의 구현을 통해 사회를 건강하게 구축하고자 하는 유가에서 인仁을 실천할 수 있는 인간은 누구일까? 유가는 인간이 인간다움을 추구할 수 있는 이유를 내부에 함유한 도덕성을 현실 사회에 구현하는 것으로 여긴다. 따라서 이러한 도덕성을 자각하는 인간이라면 누구든지 인仁을 실천할 수 있다. 군자君子는 이러한 역할을 수행할 수 있는 대표적인 인간 유형 가운데 하나다.

　공자에 의하면 모든 인간은 태어날 때부터 이러한 도덕성을 실현할 가능성을 갖추고 있지만, 모든 인간이 이러한 도덕성을 즉시 실현할 수 있는 것은 아니다. 왜냐하면 이러한 도덕성은 생물학적인 본능의 영역이 아니라 인간의 고유한 정체성과 관련되는 가치의 영역이므로, 이것을 자각하지 못하는 상태에서는 제대로 발현될 수 없기 때문이다. 따라서 이러한 도덕성의 실현은 이것을 깊게 자각하지 못하는 인간들이 감당할 수 있는 영역이 아니다. 이 때문에 현실적으로 선택할 수 있는 것은 이러한 역할을 완벽하게 수행하는 성인聖人의 삶을 본받는 태도이다. 비록 성인만큼 완벽하지는 않을지라도, 인격과 재능이 평범한 인간보다 뛰어난 군자는 이러한 일을 의미 있게 구현할 수 있다.[22]

공자는 군자를 이익의 사유화를 중심 가치로 여기지 않고, 사회 정의의 실현을 중요하게 생각하는 인간으로 여긴다. 공자에 의하면 개인의 이익 추구를 중심 가치로 여기는 소인은 군자의 대척점에 있는 유형으로서 자신의 이익을 위해서라면 비도덕적인 행위조차도 서슴지 않는다. 소인은 타인을 포용의 대상이 아니라, 자신의 이익 확보를 위한 수단으로 여긴다. 비록 사회적인 지위가 높거나 경제적인 여유가 풍부하거나 지식이 많은 인간이라도, 자신의 이익만을 추구한다면 이러한 인간은 군자가 아니라 모두 소인이다. 따라서 사회 정의에 대한 의식이 약하고, 이기적인 욕망을 맹목적으로 추구하는 인간은 모두 소인이다.[23]

결국 유가에서는 인仁을 실천할 수 있는 군자에 대해, 이익의 사유화를 위해 분파를 형성하지 않고,[24] 정의로운 사회를 구축하는 데 온 힘을 기울이는 인간으로 생각한다.[25] 유가에 의하면 군자는 잘못의 원인을 남에게 핑계대지 않고 자신에게로 돌리며,[26] 같은 잘못을 반복적으로 저지르지 않고,[27] 화냄을 남에게 옮기지 않으며,[28] "의로움으로 바탕을 삼고, 예로 행하며, 공손함으로 표출하고, 진실함으로 이루"[29]고, "문文을

---

22) 이철승, 「군자에서 시민까지─유가적 인간과 근대적 인간」, 『철학, 문화를 읽다』, 동녘출판사, 2009, 16~17쪽 참조.
23) 이철승, 「군자에서 시민까지─유가적 인간과 근대적 인간」, 『철학, 문화를 읽다』, 동녘출판사, 2009, 16쪽 참조.
24) 『論語』, 「爲政」, "君子周而不比" 참조.
25) 『論語』, 「里仁」, "君子喩於義" 참조.
26) 『論語』, 「衛靈公」, "君子求諸己" 참조.
27) 『論語』, 「雍也」, "不貳過" 참조.
28) 『論語』, 「雍也」, "不遷怒" 참조.

널리 배우고, 예로 단속하"며[30], 항상 "근심하지 않고 두려워하지 않는
다."[31] 이처럼 인仁을 실천하는 군자는 사회적인 지위, 경제적인 풍요,
화려한 경력과 같은 외적인 배경과 직접으로 관련되지 않는다. 이것은
자신의 내적인 도덕성의 발현을 통해 자신의 가치 있는 삶과 사회 정의의
실현을 긴밀하게 관련시키는 것이다.[32]

유가는 이러한 군자를 인仁을 현실 사회에 제대로 실현할 수 있는
인간 유형으로 생각한다. 그렇다면 이러한 인仁을 현대 사회에서는 누가
실천할 수 있을까?

현대 사회는 신자유주의 이념의 영향으로 인해 사회적 약자의 인권
침해가 적지 않게 발생하고 있지만, 집단으로부터 독립된 개인의 인권을
존중해야 한다는 민주주의의 이념이 보편적 가치로 자리 매김하고 있다.
자유와 평등을 중시하는 이 민주주의 이념은 개인의 인권 침해에 무감각
한 봉건주의의 문제점을 극복하면서 등장한 부르주아 민주주의를 계
승·비판하고 있다. 곧 부르주아에 대해 프롤레타리아를 착취하고 억압
하는 것으로 여기고 부르주아민주주의의 문제점을 강하게 비판하며 등장
한 사회주의 국가나, 부르주아민주주의에서 구조적으로 발생할 수밖에
없는 차별의 문제를 '차등의 원칙'과 '공제의 법칙'을 통해 개선하고자

---

29) 『論語』, 「衛靈公」, "義以爲質, 禮以行之, 孫以出之, 信以成之."
30) 『論語』, 「顔淵」, "博學於文, 約之以禮."
31) 『論語』, 「顔淵」, "不憂不懼."
32) 이철승, 「군자에서 시민까지−유가적 인간과 근대적 인간」, 『철학, 문화를 읽다』,
동녘출판사, 2009, 17쪽; 이철승, 「『논어』 속 군자관의 논리 구조와 정치의식」, 한서
대학교 동양고전연구소, 『동방학』 제29집, 2013, 20쪽 참조.

수정자유주의 이념을 반영하는 사회민주주의 국가 역시 민주주의 이념을 중시한다. 곧 현대의 지구촌 사회는 비록 부르주아 민주주의를 중시하는 자유민주주의, 프롤레타리아를 정치의 전면에 부각시키는 인민민주주의, 복지 정책을 통해 사회적 약자들의 삶을 개선하는 사회민주주의 등의 서로 다른 정치 이념이 여러 나라에서 시행되고 있지만, 그러한 서로 다른 체제와 이념이 각 나라에서 폐쇄적으로 운영되지 않고 긴밀하게 관계하고 있다. 현대 사회가 비록 이념과 체제의 차이로 인한 대립의 측면이 있지만, 많은 사람들이 자유와 평등을 중시하는 민주주의 이념을 보편적 가치로 여긴 점에서 공통점을 보인다.

이처럼 민주주의 이념이 중시되는 현대 사회에서 인仁으로 상징되는 유가의 덕목은 여전히 유효하다. 이익의 사유화를 극단적으로 확대시키는 신자유주의 이념이 거의 모든 나라에 강하게 영향을 미치고 있는 오늘날, 이것의 폐해를 극복하고자 하는 사람들에게 유가철학은 의미 있는 사상으로 여겨지고 있다. 유가의 핵심 덕목인 인仁은 점점 황폐해져가는 인간의 정신과 문화를 건강한 방향으로 이끄는 방면에 의미 있게 적용될 수 있다. 특히 자유와 평등의 양립을 중시하며 공정하고 정의로운 사회를 건설하고자 하는 민주적인 멋쟁이와 내재된 도덕성의 자율적인 발현을 통해 균등하며 공의로운 사회를 구축하고자 하는 군자 사이에 공통점이 적지 않다.

유가의 군자와 현대의 멋쟁이가 비록 정치권력의 중심을 군주와 백성으로 설정한 점에서 차이가 있지만, 인간의 정체성을 자율적인 의지의 발현에 의한 평화로운 어울림의 관계 윤리를 통해 균등한 사회를 건설하

고자 한 점에서 공통점을 보인다.[33]

특히 자유와 평등을 양립할 수 없는 것으로 여기는 신자유주의의 이념이 빚어내는 사회적 불평등의 문제를 비판하며, 이성의 공적 합리성을 신뢰하는 가운데 자유의 확대와 평등의 실현을 유기적으로 결합하여 공정한 사회를 건설하고자 하는 민주적인 멋쟁이들에 의해 유가의 인(仁)은 현대 사회에서 실천될 수 있다.

곧 현대 사회에서 유가의 인(仁)은 평화로운 관계윤리의식을 토대로 하여 배타적 경쟁을 지양하고, 자유와 평등의 양립을 중시하며 사회 정의를 추구하는 멋쟁이들에 의해 의미 있게 실천될 수 있다.

5. 실천의 방법

인간은 누구나 욕망이 있다. 인간은 자신의 욕망을 채워가는 과정에 행복감을 갖는다. 따라서 '행복=충족/욕망'[34] 이라고 할 수 있다. 그런데 욕망은 크게 생물학적인 욕망, 이성적인 욕망, 도덕적인 욕망 등이 있다. 욕망의 내용이 무엇인지에 따라 삶의 질과 방향이 결정된다. 특히 생물학적인 욕망에서 이성적 욕망을 거쳐 도덕적 욕망을 실현할 때 삶의 품격

---

33) 『논어』의 다음과 같은 내용은 유가의 이러한 관점을 잘 드러내 준다. 『論語』, 「學而」, "禮之用, 和爲貴"; 『論語』, 「子路」, "君子和而不同"; 『論語』, 「季氏」, "不患寡而患不均, 不患貧而患不安. 蓋均無貧, 和無寡, 安無傾."

34) 윤구병, 「건강한 욕망, 병든 욕망」, 『삶과 철학』, 동녘, 1994, 65쪽 참조.

이 제고된다. 이때 생물학적인 욕망은 주로 본능이나 감정의 영역에 해당하는 것으로 짐승의 욕망과 큰 차이가 없다. 이것은 감각과 지각에 의존하는 생물학적인 욕망만으로 인간의 고유성을 담보할 수 없음을 의미한다. 따라서 인간의 정체성과 깊게 관련되는 욕망은 생물학적인 욕망을 배제하지 않은 상태에서 이성적 욕망과 도덕적 욕망을 유기적으로 결합한 것이라고 할 수 있다.

문제는 이러한 고품격의 욕망을 실현할 수 있는 의지가 타율적으로 주어지는지, 아니면 자율적으로 형성되는지에 있다. 만일 이것이 타율적으로 주어지는 것이라면 그 의지는 순조롭게 지속될 수 없다. 왜냐하면 이것은 타인이 설계한 질서 체계에 나의 삶을 송두리째 맡기는 것으로, 나의 선택권은 타인의 의지에 종속되기 때문이다. 만일 타인의 설계가 이기심에 근거한 배타적 경쟁의식에 기초한 것으로 배제를 심화시키는 방향이라면, 나의 삶의 미래는 외로움으로 향할 수 있다. 따라서 이러한 삶을 반영하는 인지 능력은 부정적인 방향으로 향할 수밖에 없다. 이러한 부정적인 인지패턴은 자존감이 상실되어 각종 소외 현상을 발생시킨다. 자아상실, 무기력, 불안, 우울, 분노조절 장애, 폭력, 강도, 살인, 게임·도박·알코올·마약 중독, 자살 등은 이러한 소외감이 빚어내는 사회적 갈등의 현상들이다.

그러나 고품격의 욕망을 자율적으로 실현하려는 의지가 강하게 펼쳐진다면 나의 미래는 밝아질 수 있다. 왜냐하면 이것은 내 마음에 배태된 고귀한 도덕성을 주체적으로 발현하여 다른 사람과 평화롭게 어울리는 공동체 사회를 구축할 수 있기 때문이다. 이러한 의지는 타인을 배제가 아니라 포용의 대상으로 여기며 건강한 욕망을 발현할 수 있다. 따라서 이러한 사회적 존재에 대한 윤리관의 정립은 긍정적인 인지패턴의 현실화를 통해 선(善)한 문화를 구축하는 면에 기여할 수 있다.

이러한 삶의 태도는 개인과 사회를 유기적인 관계로 여기기 때문에 사회적인 문제가 발생할 때 나의 이익을 먼저 생각하여 상황을 외면하거나 도피하지 않고, 우선적으로 그 일을 공정하게 해결하기 위해 노력한다. 공자는 "인(仁)한 자가 어려움을 먼저 하고 얻음을 뒤로 하면 인(仁)이라고 말할 수 있다"[35]고 하여, 인(仁)을 어떻게 실천해야 하는지에 대해 의견을 명확하게 제시한다.

곧 인(仁)의 실천 방법에 대한 공자의 관점은 역동적으로 변화하는 구체적인 현실에서 발생하는 문제에 대해, 형이상학적인 원리를 추상적으로 제시하며 그 상황을 관조하는 태도와 구별된다. 또한 이러한 관점은 보상을 전제로 하여 어떤 문제를 해결하려는 태도와도 구별된다. 이것은 위기의 상황에 직면할 때, 자신의 이익을 먼저 생각하거나 그 문제를 회피하는 방법이 아니라, 직접적인 참여를 통해 문제를 정의롭게 해결해야 할 것으로 생각하는 것이다. 맹자가 위기에 처한 아이를 구할 때 조건

---

35) 『論語』, 「雍也」, "仁者先難而後獲, 可謂仁矣." 이 '難'에 대해, 『論語注疏』(李學勤主編, 北京大學出版社, 1999, 79쪽)에서는 '勞苦의 어려움'으로 해석하고 있고, 『論語集註』(『經書』, 성균관대학교출판사, 1990, 172쪽)에서는 정이가 '자기의 사욕을 극복하는 것'으로 해석한 반면 주희는 '일의 어려움'으로 해석한다. 또한 왕부지는 『讀論語大全說』(『讀四書大全說』, 河洛圖書出版, 民國63, 298쪽, 381쪽)에서 이것을 '온전한 마음의 덕으로서의 仁을 행하는 것'으로 해석한다. 따라서 '先難'에 대한 이들의 해석이 갖는 공통점은 '어려운 상황에 처할 때 도피하지 말고, 먼저 '殺身成仁'의 자세로 책임감 있게 그 문제를 해결하라'는 것이라고 할 수 있다.

을 부여해서는 안 된다고 주장하는 내용36)은 공자의 이러한 관점을 적극적으로 계승한 것이다.

그리고 2014년에 한국에서 발생한 '세월호' 침몰 사태 때, 많은 학생을 살리고 숨진 단원고 최혜정 교사와 박지영 승무원의 희생37)은 공자의 이러한 관점이 현대 사회에서 제대로 실천된 '살신성인殺身成仁'38)의 표본이다.

곧 2014년 4월 16일, '세월호'가 진도 부근의 바다에서 침몰했을 때, 선장을 비롯한 책임 있는 위치에 있는 일부의 사람들이 승객을 구하지

---

36) 『孟子』, 「公孫丑章句上」, "人皆有不忍人之心. 先王有不忍人之心, 斯有不忍人之政矣. 以不忍人之心, 行不忍人之政, 治天下可運之掌上. 所以謂人皆有不忍人之心者, 今人乍見孺子將入於井, 皆有怵惕惻隱之心. 非所以內交於孺子之父母也, 非所以要譽於鄉黨朋友也, 非惡其聲而然也."

37) '포 채플린스 메모리얼 파운데이션'은 이들의 실천적인 삶을 고귀하게 생각하여 기념한다. 연합뉴스에 의하면 "'포 채플린스 메모리얼 파운데이션'은 8일(현지시간) 미국 필라델피아의 네이비야드에서 '골드메달 시상식'을 열고 다른 사람의 목숨을 구하려다 끝내 주검으로 발견된 두 사람에게 최고상을 수여했다. 이 재단은 1943년 독일에 피격돼 침몰한 미군 함에서 자신들의 구명조끼를 병사들에게 벗어주고 침몰하는 배와 운명을 같이한 성직자 4명을 기리려고 1951년 해리 트루먼 대통령이 만들었다. 이날 시상식에는 숨진 두 사람을 대신해 어머니들이 참석해 상을 받았다. 재단 측은 '최 교사는 승객들에게 위험을 알리려고 마지막까지 온갖 노력을 다했다. 다른 사람들을 도우려고 아래로 내려갔다가 끝내 돌아오지 못했다'고 평가했으며, 박 승무원에 대해서는 '모든 승객이 탈출할 때까지 나가지 않겠다며 물이 허리까지 차올랐는데도 승객들을 탈출구로 밀어 승객들의 목숨을 구했다'고 밝혔다. 이 재단의 루이스 카발리어 회장은 두 사람의 구조 활동이 성직자 4명의 희생정신과 다를 바 없다면서 '이들의 희생정신을 절대 잊어서는 안 된다'고 강조했다. 최 교사와 박 승무원이 받은 '골드메달'은 이 재단이 주는 최고상이다. 미국 대통령 중에서도 해리 트루먼, 드와이트 아이젠하워, 지미 카터, 로널드 레이건 등 4명만 지금까지 골드메달 수상 기록을 남겼다. 한국인이 이 재단으로부터 최고상인 골드메달을 받은 것은 처음이다."고 소개한다. 출처: 연합뉴스/2015/03/09 03:10 송고(필라델피아=연합뉴스) 박성제 특파원(http://www.yonhapnews.co.kr/bulletin/2015/03/09)

38) 『論語』, 「衛靈公」, "志士仁人, 無求生以害仁, 有殺身以成仁." 참조.

않고 피신하는 상황에서 최혜정 교사와 박지영 승무원은 목숨을 희생하면서 위기에 처해 있는 다른 승객들을 구하기 위해 온 힘을 기울였다. 그들의 숭고한 희생으로 인해 적지 않은 사람들이 생명을 구할 수 있었다. 그들의 이러한 인仁의 실천은 세상의 많은 사람들에게 삶의 진정한 의미를 일깨워줬기에 미국에 본부를 두고 있는 '포 채플린스 메모리얼 재단'은 2015년 3월에 그들의 정신을 소중하게 여기며 기념하였다.

현대 사회에는 이들 이외에도 많은 사람들이 평화로운 어울림의 공동체 정신에 입각하여 인仁을 실천하고 있다. 그들 가운데 일부는 자신의 목숨을 희생하면서까지 어려운 처지에 있는 사람들을 사랑으로 보듬으며 그가 속한 사회를 건강하게 만들기 위해 노력한다.[39]

이처럼 공자가 제시한 '선난후획先難後獲'의 실천 방법은 현대 사회에서도 여전히 유효하게 적용될 수 있는 인仁의 실천 방법이다. 그리고 이러한 인仁의 실천은 추상적인 먼 곳으로부터가 아니라, 구체적으로 경험할 수 있는 가까운 곳으로부터 시작하는 것이 좋다.[40]

6. 실천의 지향

공자는 왜 이러한 인仁의 실천 방법을 중시할까? 그것은 결국 인仁의

---

39) 아프리카 수단에서 어려운 사람들을 돌보다가 사망한 이태석(1962~2010) 신부 역시 여기에 해당하는 사람 가운데 하나다.
40) 『論語』, 「雍也」, "能近取譬, 可謂仁之方也已" 참조.

실천이 지향하는 내용과 깊게 관련된다. 인간을 사회적 존재로 여기며 관계 윤리를 통해 개인과 사회의 유기적인 어울림을 중시하는 공자가 추구하는 지향점은 신자유주의 이념에서 중시하는 이익의 사유화가 아니다. 공자의 관점에 의하면 이익의 사유화가 심화되면 배타적 경쟁의식에 의한 배제의 논리가 확대되어, 혜택을 받는 소수와 혜택에서 소외된 많은 사람들 사이에 갈등이 증폭된다. 사회적 갈등의 확산은 불안감을 조성하고, 그 불안감은 불신을 조장하여 사회가 혼란의 소용돌이에 휩싸인다.

공자는 인仁의 실천을 통해 이러한 불신의 사회를 개선하고자 한다. 이를 위해 공자는 어려운 처지에 있는 민중의 삶을 외면하지 말고, 그들과 함께 할 것을 권면한다. 공자는 "자공이 말했다. '만일 백성에게 널리 베풀고 많은 사람들을 구제할 수 있으면 어떻습니까? 인仁이라고 말할 수 있습니까?' 공자가 말했다. '어찌 인仁을 일삼는 정도이겠는가? 반드시 성聖스러운 일일 것이다'[41]고 하여, 어려운 상황에 처한 민중의 삶을 개선하는 것이야말로 인간이 추구할 수 있는 최고의 덕목임을 분명하게 제시한다.

맹자가 '홀아비, 과부, 고아, 자식 없는 노인'(鰥寡孤獨)[42]으로 대표되는 외롭고 불쌍한 사람들에 대해 사회가 외면하지 말고 따뜻하게 품을 것을 강조하는 내용은 공자의 이러한 관점을 계승한 것이다. 그리고 이

---

41) 『論語』, 「雍也」, "子貢曰 : '如有博施於民而能濟衆, 何如? 可謂仁乎? 子曰 : '何事於仁? 必也聖乎!'"

42) 『孟子』, 「梁惠王下」, "老而無妻曰鰥, 老而無夫曰寡, 老而無子曰獨, 幼而無父曰孤" 참조.

러한 공자의 관점은 이후의 유학자들에게 전승되어 유가의 보편적인 휴머니즘으로 각인되고 있다.

공자는 이러한 실천의 최고 지향점을 확보하기 위해 좀 더 분명한 철학적 논리를 제시한다. 곧 공자는 바른 명분의 논리와 충서忠恕의 논리를 통해 실천의 지향점에 다다르고자 한다. 공자는 "명분이 바르지 않으면 말이 순조롭지 않고, 말이 순조롭지 않으면 일이 이루어지지 않으며, 일이 이루어지지 않으면 예禮와 악樂이 흥성하지 않고, 예禮와 악樂이 흥성하지 않으면 형벌이 알맞게 집행되지 않고, 형벌이 알맞게 집행되지 않으면 백성들이 손과 발을 둘 곳이 없다"43)고 지적한다. 이것은 군자로 상징되는 멋쟁이가 사욕에 기초한 탐욕의 남용이 아니라, 반드시 사회정의라는 바른 명분에 입각해야 그 사회의 보편적 질서의식이 확보되어 공동체의 건강함이 유지될 수 있음을 지적하는 것이다.

공자는 "자기가 하고 싶지 않은 일을 남에게 시키지 않"44)고, "자기가 서고 싶으면 남을 세워주고, 자기가 도달하고 싶으면 남을 도달하게 한다"45)고 하여, 바른 삶의 태도를 갖춘 멋쟁이란 내가 하고 싶지 않은 부당한 일을 남에게 요구하지 않고, 내가 하고 싶은 의미 있는 일을 남이 먼저 할 수 있도록 조건 없이 배려하는 사람이라고 생각한다. 공자에 의하면 이러한 사람이야말로 인仁을 제대로 실천할 수 있다.

---

43) 『論語』, 「子路」, "名不正, 則言不順 ; 言不順, 則事不成 ; 事不成, 則禮樂不興 ; 禮樂不興, 則刑罰不中 ; 刑罰不中, 則民無所措手足."
44) 『論語』, 「衛靈公」, "己所不欲, 勿施於人."
45) 『論語』, 「雍也」, "己欲立而立人, 己欲達而達人."

조건 없는 인仁의 실천에 대한 공자의 이러한 관점은 내가 하고 싶은 일을 이루기 위해 상대를 배제시키려는 신자유주의 이념과 본질적으로 다를 뿐만 아니라, 사회로부터 혜택을 받았기 때문에 그 혜택을 사회로 환원해야 한다는 '노블레스 오블리주'(Noblesse oblige)의 정신과도 차이가 있다. 곧 자신의 할 일을 먼저 제대로 하고, 그것을 사회에 확충한다는 유가의 충서忠恕관은 배타적 경쟁의식에 의해 남을 배제시키는 신자유주의 이념이나, 조건적인 사랑을 전제하는 '노블레스 오블리주'의 정신과 달리, 휴머니즘에 근거한 사랑을 조건 없이 베푸는 것을 중시한다.

인仁의 실천에 대한 유가의 이러한 관점은 신자유주의 이념이 파생시킨 인간성 파괴로 인한 오늘날의 수많은 사회적 갈등 문제를 극복하는 면에 사상적인 기여를 할 수 있다.

7. 맺는 말

배타적 경쟁의식에 의해 타인을 배제의 대상으로 여기는 신자유주의 이념의 문제가 증가하고 있는 현대 사회에서 평화로운 어울림을 중시하는 유가의 인仁은 공자가 제시한 '선난후획先難後獲'의 방법을 통해 의미 있게 실천될 수 있다.

이러한 '선난후획'의 논리는 실천의 대상과 주체와 방법과 지향점의 내용을 함유하며, 이익의 사유화가 아니라 보편적인 휴머니즘에 입각하여 사랑을 조건 없이 베풀기를 요구한다. 이것은 신자유주의 이념이 공동체의 평화와 나의 이익이 충돌할 때, 공동체의 평화보다 나의 이익을 중시하는 태도와 다르다.

신자유주의 이념은 기본적으로 자기중심주의적인 이기심을 적극적으로 권장하기 때문에 나의 이익보다 앞서는 다른 논리가 성립될 수 없다. 따라서 배타적 경쟁 관계에 있는 타인의 고통은 나의 이익을 위해 감수해야 할 몫이다. 나의 이익은 타인의 고통을 디딤돌로 하여 확보될 뿐만 아니라, 확장될 수 있다. 이 때문에 위기에 처한 타인의 상황을 목도하더라도 나의 생존에 위협이 되거나 생활에 불편을 초래할 경우, 그 상황을 외면할 수 있다. 혹 위기에 처한 사람을 도와줄 경우, 돕는 이유는 공의로운 사회의 건설 때문이 아니라 도와 준 이후에 돌아올 이득을 생각하기 때문이다. 이것은 철저히 '선획후난先獲後難'의 방법이다.

유가의 '선난후획'의 관점에 의하면 이러한 '선획후난'의 사유는 인간을 목적이 아니라 수단으로 대한다. 따라서 이러한 '선획후난'적 사유의 반영은 어떤 문제에 대해 이익이나 손해의 관점으로 바라보기 때문에 휴머니즘적 도덕의식에 의한 평화로운 공동체 사회가 아니라, 배제와 소외로 인한 갈등이 만연한 사회가 형성된다.

유가의 '선난후획'의 관점은 이러한 사회적 갈등을 권장해야 할 대상이 아니라, 극복해야 할 대상으로 여긴다. 유가의 '선난후획'의 관점은 어떤 문제에 대해 이익이나 손해의 관점이 아니라, 옳음이나 그름의 관점에 따라 참여여부를 결정한다. 이익이 많더라도 그른 일이면 참여를 하지 않고, 손해일지라도 옳으면 참여를 한다. 이처럼 옳은 일에 대한 참여는 여러 상황으로 인해 즉각적인 성취가 나타나지 않을지라도, 많은 사람들에게 의미 있게 각인되어 오랜 역사 과정을 통해 공감하는 사람들이 증가한다. 생존하던 당시에 '안 될 줄 알면서도 열심히 노력했던'[46] 공자의 삶은 이러한 관점을 대변해준다.

이처럼 유가의 인仁은 현대 사회의 문제를 해결하는 면에 여전히 유효한 덕목이다. 그리고 이것은 이해利害 타산이 아니라 보편적인 휴머니즘에 입각하여 직면한 문제를 적극적으로 해결하려는 멋쟁이들에 의해 '선난후획'의 실천 방법을 통해 현실 사회에 의미 있게 투영될 수 있다. 또한 이러한 인仁의 실천은 증자가 시대적 책임을 막중하게 통감했던 것처럼,[47] 앞으로 자유와 평등의 양립을 통해 평화로운 어울림의 건강한 공동체 사회를 건설하고자 하는 많은 멋쟁이들에 의해 끊임없이 현실화될 수 있다.

따라서 '선난후획'의 방법을 통해 유의미하게 실현될 유가의 인仁은 신자유주의 이념을 중심으로 하는 현대 문명의 패러다임을 전환시키는 데 필요한 중요한 사상 가운데 하나가 될 수 있다.

---

46) 『論語』, 「憲問」, "子路宿於石門. 晨門曰 : '奚自?' 子路曰 : '自孔氏.' 曰 : '是知其不可而爲之者與?'" 참조.

47) 『論語』, 「泰伯」, "士不可以不弘毅, 任重而道遠. 仁以爲己任, 不亦重乎? 死而後已, 不亦遠乎?" 참조.

제3장

선비, 의로운
길을 가는 사람

조선시대 '절의' 관념의 역사적 전개

이정철

(한국국학진흥원 책임연구위원)

1. 머리말
2. 15세기의 몇 가지 상황
3. 선비, 새로운 인간형의 등장
4. 도통론, 사림의 정치학
5. 출처의 논리, 이기론
6. 맺음말

1. 머리말

조선시대 '절의節義' 관념은 다른 몇 가지 관념들과 이어져있다. 그 중에서도 가장 밀접하게, 그리고 지속적으로 연결된 것이 선비 관념이다. 조선시대 선비를 특징짓는 가장 중심적 내용이 바로 절의이다. 관념들의 발생과 변화는 사회적, 역사적으로 전개되었다. 대개 특정 관념을 입체적으로 이해하려면 그것에 담긴 구체적 현실을 이해해야 한다. 절의 관념 역시 예외가 아니다.

조선왕조 세조(재위, 1455~1468)~성종 대(재위, 1469~1494) 중앙정치무대에 한 무리 사람들이 등장했다. 이병도가 이들을 '사림파'라 처음

이름 붙였다. 선비의 복수형이 사림士林이다. 그에 따르면 사림파는 김종직(1431~1492)의 문인들이다. 김종직은 길재(1353~1419)의 손제자이고 그의 고향이 경상도 밀양이다. 자연히 그의 문인들 대부분이 영남 사람이다. 초기 사림파와 대립한 훈구파는 세조의 총신寵臣, 공신 혹은 어용학자로서 벼슬이 높은 귀족적 관료학자들이다.[1]

사림에 대한 연구가 본격화되었던 것은 1970년대이다. 연구는 사림과 훈구의 구분과 대립을 더 분명히 하는 방향으로 진행되었다. 이태진은 사림이 훈구와 정치적으로는 물론 경제적으로도 배경이 다른 사회집단임을 논증하였다. 그의 연구는 학계에서 긍정적으로 받아들여졌다. 한국사를 발전적으로 이해하려는 노력으로 평가되었기 때문이다. 한편 사림파를 본격적으로 다룬 이수건의 저서 『영남사림파의 형성』이 1979년에 출판되었다. 이 책을 통해서 '영남 사림파'라는 용어가 비로소 학적 시민권을 얻었다.

사림파 등장이 역사의 진보적 흐름으로 파악되었던 것은, 그것이 단순히 식민사관의 잔재를 극복하는 데 기여했기 때문만은 아니다. 거기에는 박정희 이래 과거 한국의 권위주의 권력에 대한 저항의 의미도 담겼다. 이병휴는 사림파 인물들을 투철한 역사의식을 가지고 '시대정신'을 행동으로 실천한 '지조'의 인물들로 이해했다. 지조는 절의의 동의어이다. 그들은 자신의 생명을 담보로 '사림정치'를 이루어낸 사람들이었다.[2]

---

1) 이병도, 『조선사대관』, 1948, 동지사.
2) 이병휴, 「내 공부의 들머리에서 마주친 士林派 : 30여 년의 교수생활을 마감하는 강의에 부쳐」, 『역사교육논집』 33, 2004, 127쪽 참조.

1980년대에 들어서 기존 연구 결과에 반론을 제기한 연구가 등장했다. 와그너(Edward W. Wagner)는 사림과 훈구의 차이가 성리학에 대한 믿음의 정도에서 비롯될 뿐, 사회적 배경이나 경제적 토대의 차이에서 비롯되었다고 보기는 어렵다고 주장했다. 그는 '사림'을 사족층 안에서 진행된 사상운동으로 이해했다. 훈구와 사림이 본질적으로 동일한 사회 계층에 속함을 실증하였다.[3]

사회의 불특정 다수 중에서 어떤 특징을 공유하는 사회세력을 추출하는 것은 대단히 어려운 작업이다. 오늘날 '중산층'을 정의하기 어려운 이유와 같다. '사림'에 대한 파악도 마찬가지이다. 현재 다수의 연구자들은 사림과 훈구 두 집단을 가문이나 그 가문의 사회경제적 격차에 따라서 구획할 수 있다고 생각하지는 않는다. 하지만 간과할 수 없는 사실은 조선왕조실록에서, 특히 중종 대에 훈구와 대비되는 사림에 대한 언급이 많았고, 당쟁이 사림과 관련되어 주로 언급되었다는 점이다. 아래에서는 사림 혹은 '사림파'가 가졌던 몇 가지 특성들과 그것들 사이의 상호관계를 이해하려 하였다. 특히 절의 관념에 초점을 맞추었다.

2. 15세기의 몇 가지 상황

사림 혹은 '사림파'의 존재가 조선왕조실록에 자주 등장하는 것은 중

---

3) 와그너, 「이조 사림문제에 관한 재검토」, 『전북사학』 4, 1980.

종 대(재위, 1506~1544)부터이다. 조광조(1482~1519)와 기묘사화(1519, 중종 14)로 대표되는 사림의 정치 활동 및 훈구와의 대립 양상이 『중종실록』에 다수 기록되었다. 그런데 사림의 출현은 조광조가 조정에 등장하면서 갑자기 시작된 현상은 아니다. 기묘사림의 기원은 적어도 조광조 이전 수십 년 전으로 거슬러 올라간다.

15세기 후반은 조선시대사 전체로 보면 양면성을 지닌다. 하나는 건국이래의 발전을 통해서 조선이 문명국가로서의 면모를 실질적으로 갖추게 된 시기가 바로 이때이다. 『경국대전』(1485, 성종 16)의 등장은 이를 잘 보여준다. 다른 한 측면은 이 시기에 세조의 무단 정치에 반대하고, 다음 세기 후반에 지배적 정치세력으로 자리 잡은 사림이 처음으로 등장했다는 것이다. 첫 번째 관점이 비교적 밝고 긍정적이라면, 두 번째 관점은 어둡고 부정적이다. 기존의 적지 않은 연구들은 두 번째 측면을 더 크게 보았다. 이 과정에서 15세기 후반을 16세기의 전주곡쯤으로 상정하는 경향이 있었다. 하지만 15세기 당시에 조선 전체를 더 많이 지배했던 경향은 후자가 아닌 전자였다.

15세기 조선은 농업생산력에서 비약적 발전을 이룩했다. 중앙정부가 이런 발전에 크게 기여했다. 고려시대만 해도 일부에 그쳤던 연작상경連作常耕이 일반화되었고 경작 면적 자체가 전국적으로 크게 늘었다. 우리나라 최초의 농서인 『농사직설』(1429, 세종 11) 간행이 이 흐름을 잘 보여준다. 이 책의 목적은 경상도를 비롯한 조선의 선진농업지대에 적용되고 있던 수준 높은 농업기술을 전국으로 확산시키는 것이었다. 당연히 이러한 생산력 발전은 삼남지방, 그 중에서도 경상도 지역에서 뚜렷했다. 이런 경제력 향상은 해당 지역사회를 크게 변화시켰다. 그 핵심적 내용은 재지지식인층의 양적 확장이다.

건국 초부터 중앙정부는 성리학 발전을 위해서 노력하였다. 성리학은 고려 말에 재경 관인官人에 의해서 수용되었고, 국가기관인 성균관과 향교를 중심으로 보급되었다. 주자학적 실천윤리의 보급은 본래 관학파에 의해서 추진되었다.[4] 중앙정부는 유교문화의 전국화에 결정적인 기여를 하였다. 전국 모든 행정단위에 향교를 세우고 그에 필요한 물적 기반을 제공했다. 1406년(태종 6) 각 고을의 향교 생도 수 정원과 전지田地를 차등 있게 정하였다. 이미 전국 대부분 행정단위에 향교가 설치되었음을 짐작케 하는 조치이다. 향교 교육을 통해서 조선왕조의 유교문화 기반은 비약적으로 확대, 강화되었다.[5]

통상적 이해와 달리 영남사림에 속하는 많은 가계家系들은 조선왕조가 15세기에 창출한 사상적, 경제적, 사회적 조건 속에서 창출되었다. 그 가계들을 살펴보면, 여말선초에 살았던 그들 선세先世의 직역職役은 문반직보다 군직과 잡직인 경우가 다수이다. 이들 가문이 15세기 중후반인 세조~성종 대에 비로소 사림적 성격을 띠게 되었다. 그것은 왕조 교체로 인한 정치경제적 재정비와 불교에서 유교로의 전환이라는 시대적 변천에 따라, 무적武的이고 불교적인 성격의 한량계층이 문적文的이고 성리학적 체질로 바뀐 결과였다.[6] 경제력 증진 및 중앙정부의 성리학

---

4) 이수건, 『영남사림파의 형성』, 영남대학교출판사, 1979, 6쪽 참조.
5) 김훈식, 「朝鮮初期의 정치적 변화와 士林派의 등장」, 『한국학논집』 45, 2011, 44쪽 참조.

보급에 커다란 영향을 받았던 것이다.

경제력 증진과 정부의 성리학 보급은 정부가 예상하지 못했던 사회적 결과를 가져왔다. 재지세력의 경제적 성장은 같은 삶의 공간에 있는 향촌민에 대한 영향력 확대로 나타났다. 정부도 그것을 인정하지 않을 수 없었다. 실제로 그러한 인정을 요구하는 목소리가 향촌에서 등장한 것이 15세기 중반이다. 유향소의 재설치, 사마소의 설치를 요구하였고, 그것은 실제로 이루어졌다. 성리학적 소양을 지닌 지역 지식인의 수가 늘어난 결과였다.

사림의 등장 원인과 관련해서 결정적인 사건이 세조의 왕위 찬탈 사건(1455) 혹은 단종복위사건(1456, 세조 2)이다. 흔히 사림 등장의 역사적 계기로 두 사건이 언급된다. 고려에서 조선으로의 왕조 교체와 세조의 왕위 찬탈이 그것이다. 후자보다는 전자가 더 많이 언급된다. 그런데 왕조 교체가 사림 등장의 계기였다는 주장은 실증적 증거를 확보하지 못한다. 오히려 그 인식은 후대에 사림파가 자신들의 전사前史를 재구성하면서 자신들의 믿음에 근거해서 주장한 것이라고 보는 것이 역사적 사실에 가깝다.

태조의 즉위 교서에는 역성혁명에 반대했던 인물 56명의 이름이 나온다. 이들 중 고려 때 과거에 급제한 인물이 32명이다. 역성혁명 과정에서 사망한 7명을 제외한 25명 중, 21명이 새 왕조에서 관직을 받았다. 고려 말에 역성혁명에 반대했던 사람들이 조선왕조 건국 후에도 반反왕

---

6) 이수건, 앞의 책, 162쪽 참조.

조적 입장을 취하지는 않았던 것이다. 이것은 심지어 새 왕조에서 벼슬 살기를 거부했던 사람들의 경우도 다르지 않다. 이색은 새 왕조에 출사 하지 않았지만, 아들에게 자신이 고려에 충성했듯이 조선에 충성하라고 당부했다. 이색이나 길재 같이 절의를 지켰던 인물들도 그들의 정치적 입장은 당대에 그쳤고, 반反왕조적 입장으로 계승되지 않았다. 사실은 본래 그것이 왕조 교체 시 유학의 정치적 원칙이다. 조선왕조 개창이후 당시의 집권세력과 다른 역사적 성격을 가진 정치세력 혹은 인물들은 거의 존재하지 않았다.7)

　세조 즉위의 정치적 내용은 역성혁명과는 본질이 달랐다. 그 사건을 정당화할 수 있는 어떤 유학 정치 이념도 존재하지 않았다. 수양대군 세력이 자신들 행위를 이념적으로 정당화 할 수 있는 것은 계유정난(1453, 단종 1)까지이다. 수양대군의 왕위 찬탈에 협력하여 이후 훈구파라 불리 는 지배세력으로 군림한 인물들 가운데, 누구도 세조 즉위를 이념적으로 정당화하는 발언을 하지 않았다. 하지만 세조 재위 시에는 그의 독재적 폭력으로 왕위 찬탈에 대한 사회적 비판을 억누를 수 있었다. 그러나 1476년(성종 7)부터 성종이 친정親政을 하게 되자 사정이 달라졌다.

　1478년(성종 9) 4월에 25살의 남효온(1454~1521)은 유생 신분으로 왕 의 구언求言에 응하여 상소를 올렸다. 여기서 그는 단종의 어머니 현덕왕 후의 능 소릉昭陵을 복위시키라고 요청했다. 소릉은 1455년(세조 원년)에 폐지되었다. 계유정란의 연장이었다. 남효온은 또 세조 때 훈신들을 쓰

---

7) 김훈식, 앞의 논문, 28쪽 참조.

지 말라고 요구하였다. 그의 상소는 조정에 즉각적인 파문을 일으켰고 그 해 내내 조정을 뒤흔들었다. 훈구공신들은 상소 내용 중 소릉 복위를 문제 삼았다. 하지만 오히려 그들이 진정 위협으로 느꼈던 것은 세조 때 훈신들을 쓰지 말라는 요구였다. 그들은 상소 내용 대신, 다른 사안을 비판하며 상소의 핵심 사안을 비켜가려했다.[8] 하지만 그들은 상소의 핵심 주장이 세조 왕위 찬탈의 부당함을 지적한 것이었음을 정확히 이해했다.

하나의 정치적 사건이 어떤 시대를 그 이전과 이후로 나누고, 동시에 어떤 사회집단의 정체성이 되는 경우가 있다. 세조의 왕위 찬탈 사건이 그랬다. 위에서 우리는 사림과 훈구의 구분 기준과 관련해서 두 가지 유력한 견해를 살펴보았다. 하나는 사회경제적 기준이다. 여러 연구가 밝혔듯이 이 주장은 더 이상 설득력을 갖지 못하는 것으로 보인다. 사림과 훈구를 나누는 또 하나의 유력한 기준은 성리학에 대한 믿음의 정도였다. 이 역시 부연설명이 필요한 주장이다. 어떤 사상에 대한 믿음만을 순수한 원인으로 해서 현실이 움직이는 경우는 흔치 않다. 오히려 사상은 구체적 현실을 담아내고 있을 때만 사회적 현상에 대한 설명력을 가지는 경우가 훨씬 많다. 세조의 왕위 찬탈 사건은 사림 등장 이전에 일어난 사건이다. 또 그 사건에 대한 사람들의 현실적 입장은 달랐다. 그럼에도 불구하고 이 사건은 잠재적 사림으로 묶여질 수 있는 사람들이 공유한 집단 정체성이었다. '성리학적 믿음'은 이렇듯 현실에서 일어난 사건과

8) 정출헌, 「추강 남효온의 생애 자료에 대한 변증과 탐색―한 인간의 삶을 재구하는 집성 연보를 편찬하기 위한 서설」, 『大東漢文學』 35, 2011, 190쪽 참조.

깊이 관련되어 있었다.

사림과 관련해서 15세기에 있었던 현상 중 빠뜨릴 수 없는 사항은 중앙정치 무대에 기성 인물들과는 다른 종류의 사람들이 등장했다는 점이다. 김종직과 그 문인들이 바로 그 인물군을 대표했다. 이전 연구에서는 이들이 최초의 사림파라는 주장도 있고, 반대로 김종직을 사림파에 포함시키는 것이 적절하지 않다는 주장도 있다. 그런데 좀 더 큰 시야에서 보면, 중요한 것은 조금 다른 사항이다. 15세기 대부분의 기간 동안 조선의 주류 지식인들은, 집현전의 예에서 보듯이 중앙정부가 육성한 엘리트이다. 이들 중 상당수는 조선 건국 이후 서로 긴밀한 혼인 인척 관계를 맺으면서 계속 중앙 관직을 지낸 명문 출신들이다. 세조대 훈구파 인물들 다수가 바로 그들이다. 15세기 중반 이후에 나타난 가장 중요한 현상은, 김종직이 사림파인가 여부보다는, 서울 이외 지역에서도 지식인들이 출현하고 그 수가 증가했다는 점이었다. 이것은 15세기에 이루어진 발전 즉 향촌지역의 경제력 증진, 중앙정부 주도의 향교 교육 진흥 등이 어우러져 나온 결과이다.

김종직과 그 문인들을 하나의 정치세력으로 보기는 어렵다. 심지어 그들은 학문적, 정치적 성향에서도 하나로 묶이지 않는다. 훈구관료들처럼 사장詞章에 뛰어나서 관료로 활약한 인물들이 있었는가 하면, 도학道學에 치중하는 인물들도 있었고, 정치적으로 급진적인 '방외인方外人'들도 있었다. 사실 김종직 문하에 모여들었던 많은 젊은이들은 과거 시험을 통해서 입신하고 포부를 펼칠 수 있는 기회를 마련하려는 열망을 가지고 있었다. 그럼에도 그들을 하나의 그룹으로 맺어지게 한 것은 과거 급제를 통한 입신출세를 넘어서는 지점이 있었기 때문이다.[9] 그것은 다름 아닌 세조의 왕위 찬탈에 대한 공감대였다. 그 공감대가 그들의 집단 정체성을 형성했고 그 정체성이 그들 사이에 동지적 의식을 불어넣었다.

3. 선비, 새로운 인간형의 등장

성종 대에는 언관의 활동이 활발했다. 그들의 주된 탄핵 대상은 신숙주, 한명회, 정인지, 윤필상 등 세조의 공신들이었다. 유학 이념에서 허용될 수 없는 세조의 왕위 찬탈에 협력했던 것이 탄핵의 근본 이유였다. 젊은 언관들은 절의가 사림의 핵심 덕목임을 강조하며 그들이 사림 즉 양반의 자격을 상실했다고 비판했다. 언관들만 세조 공신들을 공격한 것이 아니었다. 성균관 유생은 물론 서울의 사학四學 학생들까지 비판 대열에 가담했다. 1478년(성종 9)에 남효온이 유생 신분으로 소릉복위소를 올렸던 것은 이런 양상의 선구적 사례이다. 세조의 공신들을 비판하는 유생들의 수는 시간이 흐르면서 더욱 늘어났다.

성종 대에 젊은 관리들과 유생들은 세조의 왕위 찬탈과 그에 협력한 공신들을 절의를 지키지 못했다는 이유로 비판했다. '절의'의 가치는 유학에서 늘 중시 되었지만, 이 시기에 새로운 측면에서 더욱 중시되었다.

---

9) 김남이, 「조선 전기 지성사의 관점에서 본 佔畢齋와 그 門人들의 관계 : 초기 士林의 형성과 관련하여」, 『東方學』 23, 2012, 42쪽 참조.

기존 연구에서는 이렇게 절의가 더욱 중시된 현상을 사림파의 등장으로 해석하고, 그 연원을 왕조 교체기부터 내려오던 反왕조적 절의의 계보가 사회적으로 확산된 것이라 이해하기도 했다. 건국이념인 성리학의 자연스러운 확대 과정으로 이해하였다. 하지만 실제 상황은 그것과는 조금 다른 맥락에서 비롯되었다.

1401년(태종 1) 1월에 권근은 태종에게 전 왕조에서 절의가 있었던 인물들을 포상하기를 청했다. 그 대상으로 정몽주, 김약항, 길재를 거론했다. 태종이 이를 허락했다. 또 세종은 『삼강행실도』(세종 14, 1432)에 '길재항절吉再抗節'이라는 항목을 두어, 길재를 대표적인 충신 가운데 한 사람으로 실었다. 건국 초기 절의의 문제와 관련해서 주목할 사항이 이것이다. 즉, 조선 건국 이후 관학파 유학자들과 조선 조정이 그들의 절의를 적극적으로 받아들여서, 새 왕조의 관료 윤리의 토대로 삼으려 했다는 점이다. 더구나 그것이 형식적인 것에 그치지 않았다.

조선 건국 초기인 15세기 전반에 유학의 절의는 단순히 '불사이군不事二君'의 충절에 그치지 않았다. 『삼강행실도』에 보이는 충신의 여러 행동 유형에는 위험을 무릅쓰고 군주에게 간쟁한 사례가 다수 있다. 절의의 의미와 범주가 확대되었다. 두 번 시집간 여자의 아들 손자와 탐관오리의 아들까지 문과는 물론 생원·진사시에도 응시할 수 없었다. 이들 시험이 관리를 뽑는 시험이기 때문이다. 조선 초기 절의의 가치가 포괄하는 내용을 이렇게 넓히면, 절의는 조선 초기에 모범적 관료상을 정립하는 데 필수적인 가치, 즉 관료 윤리의 가장 중요한 내용이었다고 할 수 있다.[10] 길재와 정몽주에 대한 추숭은 관학파 쪽의 정치공학적 차원의 술수가 아니었다. 조선 초기에 절의와 관련해서 주목해야 할 사항은, '절의'의 가치에 대해서 재야와 재조가 분리되지 않았다는 것이다. 이것은 세조의 왕위 찬탈 이후 상황과 완전히 다른 양상이다.

앞에서 지적했듯이 수양대군의 왕위 찬탈에 협력했던 훈구공신들 중에서 누구도 세조 즉위를 이념적으로 정당화하지 못했다. 그것은 수양대군의 왕위 찬탈이 건국 이래 확립된 절의의 가치와 정면으로 충돌했기 때문이다. 관학파는 동일한 인적 구성을 유지했지만, 세조 즉위 이후에 훈구파로 변질되었다고 인식된다. 그 전환의 기준선은 절의의 가치를 그들이 자신들의 것으로 할 수 있는가 여부였다.[11] 요컨대 성종 대 이후 절의가 더욱 중요한 가치가 된 것, 절의가 사림과 훈구를 구분하는 뚜렷한 기준이 되었던 것은 사림이 아닌 집권세력이 원인을 제공했다고 보아야 한다. 훈구파가 절의의 가치를 방기함으로써 이제 사림만이 이 가치를 전유專有하게 되었다. 그런데 이 과정에서 절의 개념 그 자체에 중요한 변화가 발생하였다.

건국 초 조선이 관료 윤리의 가장 중요한 원칙으로 삼았던 절의는, 기본적으로 군신관계를 전제로 한 것이다. 그리고 그 절의가 신하의 왕에 대한 충성에만 제한되지는 않았다. 군주 권력 앞에서 간쟁을 두려워하지 않는 것도 절의였고, 청백리도 절의의 또 다른 표현이었다. 그런데 세조와 그의 공신들은 이러한 절의의 원칙을 파기하였다. 이제 그들에게

---

10) 김훈식, 앞의 논문, 42쪽 참조.
11) 김훈식, 앞의 논문, 45쪽 참조.

절의는 이전에 비해서 지극히 협소한 내용, 즉 군주 권력에 대한 조건 없는 충성이라는 의미로 축소되었다.

세조의 왕위 찬탈을 지켜본 젊은 성리학적 지식인들에게 이제 절의의 의미는 새로운 단계로 접어들었다. 군신관계의 성립 자체를 당연한 것으로 보지 않게 되었던 것이다. 요컨대 '스스로 그 뜻을 세상에 행할 수 없음을 알고 벼슬에 나가지 않는 것'도 절의가 되었다. 이러한 절의의 의미 변화는 조선 지식인들의 의식에 중요한 변화가 발생했음을 암시했다. 군신관계 형식 밖에서 도덕적, 윤리적 정당성의 문제를 따질 수 있는 영역이 생겼던 것이 그것이다. 이제 그들은 관인官人이 아닌, 그 보다 더 넓은 범주인 지식인 집단의 일원으로서 국가권력에 대해서 상대적인 독립성을 갖게 되었다. 이를 상징하는 인물이 바로 김시습(1435~1493)이다.

김시습은 김종직(1431~1492)과 동시대 인물이다. 나이로나 글 솜씨로나 두 사람은 비슷한 면이 많았다. 두 사람 모두 20대 초중반에 세조의 왕위 찬탈 사건에 직면했다. 이 사건에 대한 각자의 인식도 비슷했던 것으로 보인다. 하지만 두 사람은 현실에서 세조 권력을 자신의 삶과 연결시키는 방식에서 결정적인 차이를 보였다. 김시습은 세조 정권을 인정하지 않았기에 과거를 거부했고, 김종직은 왕위 찬탈 사건 3년 후 문과에 합격하였다.

김시습의 행동은 단순히 개인적 사례에 그치지 않고, 나중에 권력에 대한 당시 지식인들의 몇 가지 대응 양식 중 하나로 전형화 되었다. 김종직 제자 그룹 중에도 '방외인'으로 불리는 인물들이 있었다. 그들이 바로 그 유형에 해당한다. 남효온, 홍유손, 정희량 등이 그들이다. 그런데 이들 인물들의 권력에 대한 대응은 아직은 이념적인 형태를 갖추지는 못했다. 그것은 좀 더 나중에 『소학』을 통해서 마련되었다. 조선왕조실록에는 기묘사림이 『소학』의 도道를 숭상하는 무리라는 취지의 표현이 여러 차례 등장한다. 최초의 사림 정파政派인 기묘사림이 가졌던 원칙은 사회적으로 『소학』의 원칙과 동일시되었다.

만약 사림이 시작된 하나의 시점을 택해야 한다면 그것에 가장 근접하는 해는 1484년(성종 15)이라고 해야 할 것이다. 이 해에는 사림과 관련해서 두 가지 상반된 현상이 동시에 일어났다. 사림 외부의 시각으로 보면 훈구공신들이 김종직 무리를 비로소 하나의 정치 집단으로 인식하기 시작했고, 사림 내부의 시각으로 보면, 끈끈했던 김종직 문인들의 관계가 이완되기 시작했다. 본 발표의 주제와 관련해서 후자의 시각이 좀 더 중요하다. 남효온이 이를 잘 기록하였다.

점필재 선생이 이조 참판이 되어 바른 일을 건의함이 없으매 대유大猷(김굉필의 자)가 시를 지어 올리기를 "도는 겨울에 가죽옷을 입고 여름에 시원한 것을 마시는 데 있거늘, 오는 비를 개이게 하고 홍수를 멈추게 함을 어찌 다 잘 할 수 있으리오. 난초와 같은 청초한 풀도 속된 곳에 심으면 결국 변질되고 마는 것인데, 뉘라서 소는 밭을 가는 짐승이고 말은 타고 다니는 짐승으로서의 성능을 믿어주리까"하였는데, 선생이 시로써 화답하기를 "분수 밖에 벼슬을 하게 되어 경대부 자리에 이르렀으나, 임금을 바르게 하고 풍속을 구함에야 내 어찌 능숙할 것인가. 교육에 종사하는 후배에게 우줄하다고 조롱도 들음직하지만, 세도와 권리가 구구히 얽혀있는 歧路는 탈만한 것이 못 되는구나"하였다. 대개 유쾌하지 못하게 여김이었다. 이로부터 (김굉필은) 점필재와 사이가 좋지 못하게 되었다.[12]

세조의 왕위 찬탈 사건 직후, 당시의 젊은 지식인들은 개인적 차원에서 그것에 대응할 수밖에 없었다. 김종직처럼 일단 그 사건을 묻어두고 관직에 나가거나, 김시습처럼 과거를 포기하며 세조 정권을 인정하지 않는 결기를 보이기도 했다. 하지만 이들보다 20년쯤 뒤 세대의 경우에 앞 세대와 문제는 같았지만 대응의 환경은 달라져있었다. 그 변화의 핵심사항은 사건 당사자인 세조가 사망했고, 이 사건의 부당성에 공감하는 사람들이 더 많아졌다는 것이다. 그에 따라 이 문제에 대한 의견을 사회적, 공개적으로 표명할 수 있게 되었다. 1478년(성종 9) 남효온의 상소는 이런 맥락에서 나왔다.

문제를 표명하는 방식이 공개적으로 바뀌었지만 현실에서 기성권력의 벽은 여전히 높고 완강했다. 현실이 암울했기에 실력 있고 존경할만한 스승 김종직 같은 사람들에게 젊고 이상적 성향의 지식인들이 더 많이 모여들었다. 더구나 김종직은 학생들에게『소학』을 강조했다. 이 책은 윤리적 당위의 개인적 실천에 대한 책이다. 김종직 문인들이 다양한 성향과 목적을 가지고 있었음에도 그들 사이에 끈끈한 유대감을 형성할 수 있었던 데에는 분명한 이유가 있다. 암울한 현실과 그에 대한 비판적 인식이 상호 결합하여 상승효과를 일으키고 있었다. 그 중심에는 스승 김종직에 대한 커다란 존경과 기대가 있었다.

김종직은 1470년(성종 1)에 부모 봉양을 위해 함양 군수로 나갔다. 임기 만료 후에 다시 외직을 요청하여 선산 부사로 발령을 받았고, 성종

12)『추강집』권7,「사우명행록」.

10년 모친상을 당하여 성종 13년 상을 마칠 때까지 선산과 밀양 등지에 머물렀다. 서울로 돌아온 김종직은 성종의 총애를 받으며 빠른 속도로 승진했다. 같은 해에 예문관 직제학에 올랐고, 이듬해에는 홍문관 부제학에 올랐다가 승정원으로 자리를 옮겨서도 승진을 계속했다. 도승지 임명 후 2개월 만에 이조 참판에 올랐다. 남효온의 위의 기록은 이때 상황을 기록한 것이다.

1484년(성종 15)은 김종직이 임금에게 직언을 할 수 있는 가까운 거리에 있으면서 2년 이상이 지난 시점이다. 제자들은 스승에 대해서 정치적 상황과 관련해서 많은 기대를 걸고 있었지만, 단종 복위 등 현안에 대해서 스승이 자신들의 기대대로 건의하지 못하자 내심 실망하였다. 김굉필의 상소는 그런 실망의 표현이다. 이 시점은 21살의 김굉필(1454~1504)이 스승의 권유로 『소학』을 읽기 시작하여 10년이 되었던 즈음이다. 김굉필은 더 이상 스승 김종직의 어린 제자가 아닌, 독자적 정신세계를 가진 지식인이었다.

성종 친정 이후 김종직의 젊은 제자들은 공개적으로 자신들의 요구를 표명했다. 하지만 그들의 요구는 거부되었다. 그런 현실 앞에서 신진사류들은 자신들의 삶의 진로를 선택해야만 했다. 훈구공신들이 틀어쥐고 있는 정치현실로 나아갈 것인가 아니면 어지러운 세상을 등지고 차라리 제 뜻대로 살아볼 것인가. 남효온은 후자를 택했다. 하지만 일군의 제자들은 제3의 길을 모색하고 있었다. 김굉필, 정여창 등이 그들이다.[13] 그들은 『소학』을 도구로 도학의 길로 나아갔다. 물론 그런 선택이 김종직 문인집단 내부의 이완으로 금방 표면화 되지는 않았다. 스승에 대한 믿음과 기대가 있었기 때문이다. 하지만 성종 15년 무렵이 되면서 서서히 스승에 대한 기대를 접어야 했다. 김굉필 등의 무리는 이제 스승의 손을 놓고, 대신 스승이 알려준 길을 따라 걸어가기 시작했다.[14] 그 길을 걸으면서 이제 젊은 사림은 절의와 그것의 이념적 형태인『소학』을 자신들의 삶 그 자체에 새겨 넣기 시작했다.

4. 도통론, 사림의 정치학

중종 원년(1506)에 이루어진 무오사화(1498, 연산군 4) 피화인被禍人들에 대한 복권 조치의 내용은 당시 사림파의 정치적 위치를 잘 나타냈다. 이때 김굉필이 승정원 도승지로 추증되는 것을 비롯해서 많은 사람들이 정치적으로 복권되었지만, 정작 무오사화 발생의 직접적 원인인 김종직과 김일손은 복권되지 않았기 때문이다. 거기에는 훈구 대신들의 반대 이외에 더 깊은 원인이 있었다. 두 사람과 관련된「조의제문」문제는 세조 정권 그 자체에 대한 평가와 직접 관련되었기 때문이다. 세조의 왕위 계승을 찬탈로 규정하지 않는 이상 김종직의 행위를 반역으로 보지 않을 수 없었다. 연산군의 이복동생인 중종 역시 세조의 증손자였다. 사

---

13) 정출헌, 앞의 논문, 200쪽 참조.
14) 스승과 제자들 사이의 관계 정리가 평화롭게 이루어진 것만 같지는 않다. 김굉필 외에도 洪裕孫과 김종직의 또 다른 갈등이 전해진다. 김용철,「초기 사림파의 자기 형상」,『동양한문학연구』24, 2007.

림파 입장에서는 자신들의 정치적 기반을 확보하기 위해서라도 근본적인 대책이 필요했다. 과거사에 대한 단순한 비판을 넘어 조선의 정치와 군신관계를 기존과 다른 방식으로 규정하는, 보다 근본적인 정치이념의 지형 변화가 필요했다.[15]

무오사화 피화인들의 정치적 복권이후, 이전과는 차원이 다른 주장이 조정에서 조금씩 제기되기 시작했다. 정몽주가 도학을 정밀히 연구했기 때문에, 그를 문묘에 종사하면 나라의 문교가 장려될 것이라는 주장이 그것이다.[16] 정몽주가 우리나라 도학의 선구자로 새롭게 자리매김 되었다. 이것은 조선 건국 이래의 그에 대한 공식적 규정과는 대단히 다른 내용이었다. 국가적 추숭 과정에서 그는 철저하게 충신의 이미지로만 표상되었다.

절의 개념과 충신 개념은 공통분모를 갖는다. 정몽주가 고려의 충신이었다는 말과 그가 고려를 위해서 절의를 지켰다는 것은 동일한 역사적 사실을 가리킨다. 국초 이래 정몽주는 왕에 대한 충신의 이미지로만 규정되었다. 그런데 중종 대 사림세력은 정몽주를 고려에 대해 절의를 지킨 신하라고 하여, 세조 대 사육신이나 연산군 대 김종직, 김굉필, 정여창 등의 죽음과 연결시켰다. 정몽주를 파악하는 이런 관점의 변화는 세조 대와 연산군 대 역사를 재평가하려는 사림파의 의도에 부합했다.[17]

---

15) 김영두, 「中宗代 文廟從祀 論議와 朝鮮 道統의 形成」, 『史學硏究』 85, 2007, 63쪽 참조.
16) 『중종실록』 권21, 9년 11월 12일(경오).
17) 김영두, 앞의 논문, 67쪽 참조.

중종 대 정국은 1514년(중종 9)부터 비공신계 인사들에 의해서 주도되기 시작했다. 그에 따라 정치적으로 사림에게 유리한 환경이 조성되기 시작했다. 이런 분위기에서 중종 10년에 신비복위소愼妃復位疏 사건이 일어났다. 이 상소는 중종 10년 재이災異가 발생하자 나온 왕의 구언에 따른 상소였다. 상소가 조정에 접수되자 조정에서는 훈구와 사림으로 나뉘어 격렬한 반향이 일었다. 결국 박상은 전라도 남평에, 김정은 충청도 보은에 도배徒配되었다.[18] 이 조치에 대한 반대 목소리도 적지 않았다. 하지만, 당시 대사간 이행 등의 강력한 주장으로 이들은 귀양에 처해졌다.

이 상황에서 조광조가 등장했다. 이해에 문과에 합격하여 사간원 말직 정6품 정언에 처음 나온 조광조는, 정3품 당상관이자 사간원 수장인 대사간을 포함해서 당시의 대간 전부를 탄핵했다. 언로言路를 보호해야 할 대간이 오히려 구언에 응한 상소 내용을 가지고 박상과 김정을 귀양 보냈다면서, 자신을 파직시키거나 아니면 자신의 요구를 들어달라고 왕에게 요구했다. 결국 그의 요구는 받아들여졌고 이행은 파직되었다.

앞에서 언급했듯이 중종 대 사림파는 정치적 과제를 가지고 있었다. 그것을 해결하지 않고는 자신들의 정치적 기반을 안정적으로 마련할 수 없었다. 김종직과 김일손을 정치적으로 복권시키는 것이 그것이었다. 이를 위해서는 세조의 왕위 계승에 대한 기존 인식에 전환이 있어야 했다. 그것은 기존의 군신관계 틀에서는 불가능했다. 이를 재규정하는 근본적

18) 윤사순, 「16세기 초 선비정신의 형성에 대하여 : 愼妃復位疏를 중심으로」, 『오늘의 동양사상』 20, 2009, 173쪽 참조.

정치이념의 변화가 불가피했던 것이다. 조광조가 시도한 것이 바로 그 것이다.

조광조는 조선의 정치에 대한 인식틀이 바뀌어야 한다고 생각했다. 즉, 임금이 통치하고 신하들이 보좌하는 구도가 아니라, 임금과 대신 그리고 넓은 의미의 지배신분인 사대부계층이 모두 하나의 원칙에 따르는 구도여야 한다고 생각했던 것이다. 그 원칙인 도道가 제대로 발현되는 정치야말로 삼대三代의 이상이 실현된 지치至治의 이상향이라는 전망을 가졌다. 정치 그 자체를 권력에 기초한 인적 지배구조가 아니라, 원칙과 이상에 대한 지향을 중심으로 재편하려 한 것이다. 이를 위한 원칙이 그가 주장한 도道였고, 그것의 학문적 기초가 『소학』이었으며, 『소학』을 도학의 기초로 확립한 사람이 바로 조광조의 스승 김굉필이었다.

중종 12년 조광조 무리의 문묘 종사 요청은 정몽주의 문묘 종사만 이루어지고 김굉필에 대해서는 실패하였다. 그럼에도 후일 조선의 도학 계보에서 김굉필은 정몽주의 도통을 직접 이은 사람으로 인정되었다. 김굉필에게 그럴만한 요소가 있었기 때문이다. 아래는 1570년(선조 3) 영의 정 이준경이 김굉필과 조광조의 문묘 종사를 청한 차자 내용 중 일부이다.

"우리 동방이 신라로부터 고려에 이르도록 문장지사文章持士는 빈빈彬彬하게 배출했지만 의리지학義理之學은 실로 김굉필부터 열리기 시작했습니다. 굉 필은 아조我朝에 학문이 끊긴 뒤에 태어나 최초로 성현의 학문을 숭모하여 문장지학을 모두 버리고 『소학小學』에 침잠하여 명리名利를 구하지 않고 위 기지학에 전념, 독행하기 십년에 일동일정이 반드시 예법에 따랐고, 존심지 경存心持敬하기 30여년에 진실로 쌓고 힘써 구함이 오래이니 도가 이루어지고 덕이 세워졌으며, 행동이 곧 척도요 언어가 바로 규율이 된 경지에 이르렀습니다. 불행히 난세를 만나 화를 당한 마당에서도 조용히 죽음에 임했습니다. 세상에 특별하게 드러낸 일은 없어도 그 마음속에 얻은 바는 이로써 더욱 실증이 됩니다. 남을 가르치는 일에 부지런하여 우리 동방의 선비들로 하여금 성현의 학문이 있음을 알게 한 것은 실로 이 사람의 공입니다."[19]

당시 영의정 이준경은 사림파의 대의에 동의했지만 결코 사림파로 분류할 수는 없는 인물이었다. 위의 주장은 이준경 개인의 주장이라기보다는 당시 조정의 합의였다고 보아도 무방하다. 김굉필에 대한 다른 사람들의 평가도 위의 평가와 대동소이했다.

이준경 말대로 김굉필이 "세상에 특별하게 드러낸 일"은 없었다. 그의 관직이 높지도 않았고 주목할 저술을 남긴 것도 아니다. 하지만 그는 적어도 사림파가 평가해야 할 세 가지 일을 해냈다. 첫째 그는 『소학』을 통해서 의리지학의 기초를 닦았다. 둘째, 도학을 기초로 절의를 드러냈다. 자신이 책임질 만한 정치적 행위를 하지 않았음에도 불구하고 스승 때문에 죽음에 처했지만, 그것을 조용히 받아들임으로써 절의의 이미지에 희생자의 이미지를 더하였다. 셋째, 많은 후학을 양성했다. 조광조뿐 아니라 중종 대 사림파 인물들 중 여러 사람이 그의 제자였다. 요컨대 그는 세조의 왕위 찬탈 이후 사림이 발전시킨 절의의 가치와 『소학』을 기반으로 하는 도통의 지적 자산을 한 몸에 체현했다. 그리고 그것을 후학들에게 훌륭히 전달했다.

---

19) 국역 『동고유고』 권4, 「請釋乙巳己酉獄且請從祀文廟箚」, 수원대 동고연구소, 1986.

5. 출처의 논리, 이기론

기묘사화는 사림파 형성에 결정적 기점이 되었다. 사림의 지적 자산 중 하나인 이기론理氣論이 기묘사화 이후에 본격적으로 연구되고 확산되었던 것도 그 이유 중 하나이다.

기묘사화 이후 그때까지 사림파가 조정에서 거둔 정치적 성과는 부정되었다. 주목할 것은 그런 상황에서도 그들이 주장했던 대의는 부정되지 않았다는 것이다. 이렇게 되자 사림 성향의 선비들은 재야에 은거한 채 현실 정치에 대한 비판적 거리를 유지하면서 자신들의 믿음을 논리화시키는 작업에 착수했다.[20] 이 시기에 '방외인' 혹은 '처사'라 불리는 재야 지식인들이 많이 등장했던 것은 이런 맥락에서 나타난 현상이다. 이 상황은 이들에게 두 가지 과제를 제시했다. 그 하나는 출처出處의 문제가 다시 한 번 중요해졌다는 것이고, 다른 하나는 『소학』 수준의 소박한 도학을 정밀하게 가공하여 자신들의 세계관을 체계적으로 제시하는 것이었다. 이 두 가지 과제는 점차 하나로 통합되었다.

이황, 조식, 이이에게 출처 문제는 그들의 학문과 정치적 실천의 중심 내용이었다. 알려졌듯이 이황이 자기 호를 '퇴계退溪'로 했던 것이나, 조식이 평생 '처사處士'를 자임했던 것이 그것을 잘 보여준다. 이황·조식보다 한 세대 뒤 인물인 이이는 도학은 곧 출처의 학문이라고 요약했다.

---

20) 신병주, 『남명학파와 화담학파 연구』, 일지사, 2000.

그는 "도에 의해서 나아가고 물러나는 것을 도학이라 한다"고 말했다.[21]

조광조가 추진한 도학의 정치적 실천이 실패로 돌아가자, 사림 성향 인물들 중 일부는 도학의 이론적 심화 작업에 착수하였다. 그 성과를 가장 먼저 제시한 사람은 서경덕이다. 새로운 차원의 도학 연구 성과가 중종 말년부터 서경덕에 의해 가시화되기 시작했다.

그런데 서경덕의 이론에 따르면 현실 모순은 실체적인 것이 되기 어려웠다. 예를 들어 氣의 현상인 음陰·양陽에 존尊·비卑가 전제되어 있기에, 남편이 아내를 거느리고 군자가 소인을 지배하는 것은 당위적 순리라고 그는 강조했다. 이 관점에 서면 현실에서 근원적 모순은 존재하지 않았다. 오히려 현실 모순도 일시적 현상에 불과할 뿐 자연적으로 치유된다는, 현실에 대한 낙관적 운명론이 정당화되었다.

서경덕의 이기론은 조식(1501~1572)과 이황(1501~1570) 같은 후배 지식인들이 기대했던 것이 아니었다. 두 사람은 정서적으로 예민한 나이에 기묘사화를 경험하였다. 그들은 리理를 순선純善, 기氣를 겸선악兼善惡으로 보아 현실을 가치론적으로 구획하고, 현실 모순을 인위적, 의지적으로 극복하고자 했다. 사림의 그러한 인식 저변에는 현실적으로 시是와 비非, 군자와 소인의 분별이 엄존했으며, 이기론을 모순 척결을 통한 군자 지배의 이상사회를 실현하는 장치로 활용하려는 의도가 작용하였다. 리理·기氣를 군자·소인, 천리天理·인욕人慾에 대비해 분대分對 즉 나누어 대립시키는 태도는 특히 조식에게서 두드러졌다. 그 분대의 태도는 서경덕

<hr>

21) 『석담일기』 1567년 10월.

의 리기불상리理氣不相離 입장과 정반대 지점에 있었다. 조식의 경敬을 통한 엄격한 자기 수양과 의義를 토대로 한 확고한 성품은 리理의 절대적 가치를 보장한 가운데, 리기理氣를 분대하는 이분법적 사고체계에서 나왔다.[22]

훈척정권에 대항하는 논리를 구축하기 위해, 리理의 우월성을 기초로 이와 기를 대립적으로 해석했다는 점에서 이황과 조식은 다르지 않았다. 조식은 평생에 걸쳐 처사의 삶을 살았다. 이것은 현실에서 훈척정권에 대한 가파른 대치를 뜻했다. 문제는 이황이었다. 후일 기대승과 이황 사이에 있었던 사칠논변四七論辨은 이황의 제자 조호익의 말대로, 이황의 출처에 관한 기대승의 의구심이 그 저변에 깔려있었다.

기대승이 이황에 대해 갖는 의문은 명료했다. 이황은 도덕성을 전제로 한 탄력적 출처관을 제시하면서도, 이기론상으로 사단과 칠정을 양극으로 분대하였다. 기대승은 이 점을 납득할 수 없었다. 결국 이황은 나중에 자신의 이기론을 일부 수정했다. 자신의 출처의리가 그의 철학적 논리와 상충한다는 오해의 소지를 없애기 위해서였다. 현실이 논리를 지배했던 것이다.

6. 맺음말

특정한 시대는 그 시대 고유의 이상적 인간형을 창출하는 경향이 있

22) 설석규, 「퇴계 이황의 이학理學과 정치적 의미」, 『韓國思想史學』 29, 2007, 11쪽 참조.

다. 조선시대도 예외가 아니다. 16세에 들어서 이전시대 사대부 유형과 구분되는 새로운 유형의 인간형이 등장했다. '선비' 혹은 그 복수형으로서의 '사림'이 그들이다. 그들은 15세기 조선이 이룩한 경제적, 정치적, 사회적 성과의 결과물이다.

조선에서 사림이 등장하는 데 정치적 촉매로 작용했던 것은 세조의 왕위 찬탈 사건이다. '촉매'라는 말이 암시하듯이, 그것이 작용할 수 있는 물질적 현실이 필요했다. 15세기는 그 현실이 조성되고 숙성되었던 기간이다. 15세기에 이룩된 경제적 성과는 그 집중적 수혜층을 만들어내었다. 그 수혜층인 각 지역 유력 가문 출신의 지식인들은 조선 국가가 만들어놓은 정신적, 정치·행정적 조형물 안쪽으로 점차 유입되었다. 그 과정에 발생한 마찰과 충돌이 세조의 왕위 찬탈 사건이다. 그러한 마찰과 충돌은 상당한 시간에 걸쳐서 조선의 정치적 대기大氣와 지형地形을 바꾸었고 마침내 '선비'라는 인간형을 빚어냈다.

세조의 왕위 찬탈사건은 건국 이래 가장 중요한 가치로 여겨졌던 절의 개념의 외연을 확장했다. 그전까지 절의가 군신관계 안에서의 문제였다면, 이 사건 이후로 군신관계 밖 지식인들이 그 관계를 선택할지 여부까지를 포함하는 개념으로 확대되었다. 이것은 조선의 지식인 집단이 관료집단 범위보다 더 큰 범위를 가진 집단이자, 자체적인 윤리적 판단 기준을 갖춘 집단이 되었음을 뜻한다.

확장된 절의 개념의 초기 형태는 아직 특정한 인간형을 형성하는 수준에까지 이르지는 못하였다. 절의 개념을 특정한 인간형에 대한 일관된 논리적 규정으로 전환시키는 작업을, 김굉필이『소학』을 도구 삼아서 착수하였다. 그는『소학』을 통해서 위기지학을 가능하게 했고 그것을 제자들에게 확산했다. 이를 통해서 사람은 비로소 이전과 구분되는 뚜렷한 특징을 지닌 인간형으로 유형화되었다.

김굉필에 의해서 확립되고 그의 제자들에 의해서 신념화 된 도학이 정치세력화 되기 위해서는 중종 대 조광조 무리의 등장을 기다려야 했다. 그런데 조광조 무리가 자신들의 믿음을 정치적으로 구현하기 위해서는 단순히 기존 정치세력을 교체하는 것만으로는 부족했다. 그들이 추구했던 정치적 이상이 구현되기 위해서는 왕까지 '사士'라는 새로운 인간형에 포함되어야 했다. 이것은 이전의 수직적 군신관계를, 도학의 구현이라는 목표를 중심으로 재편하기 위한 전제조건이었다.

조광조 무리의 정치 개혁 실패가 처음부터 끝까지 비극적이지만은 않았다. 16세기에 접어들어서 사림 성향의 젊은 지식인들이 더 많이 등장했다. 『소학』은 그들이 위기지학과 절의의 가치를 내면화 할 수 있게 해주었다. 하지만 사림의 가치가 정치제도화 되려면 그들의 자기 확신만으로는 부족했다. 그것에 동의하지 않는 사람들을 설득할 수 있는 논리가 필요했다. 이것을 목표로 등장했던 것이 이기론이다. 이기론은 사림적 세계에 대한 정합적 설명이자, 그 세계가 그 내부의 인간들에게 요구하는 당위적 요구의 내용을 밝히는 것을 목적으로 했다. 그리고 이러한 설명내지 해명이 구체화 되는 주제가 현실에서의 출처 문제였다. 출처야말로 확장된 절의 개념에서 지식인들에게 가장 중심적인 문제였다. 요컨대 이기론의 가장 중요한 측면 중 하나는 그것이 지식인들의 출처의 논리였다는 점이다. 또한 이기론은 새롭게 등장한 지식인들 즉 사림이 자신들의 행위와 그들을 둘러싼 세계를 설명하는 새로운 세계관이자 윤리학이었다.

영남사림과 절의의 도통

홍원식

(계명대 철학윤리학과)

1. 여는 글

왜 그랬는지는 아직도 잘 모르겠지만, 한때 우리나라 독재정권 아래에서 금서의 목록에 올랐던 『역사란 무엇인가?』의 저자인 영국의 저명한 역사학자 카(E. H. Carr)는 이 책에서 역사란 '과거와 현재의 대화', 곧 '과거의 역사적 사실과 현재의 역사가와 대화'라고 말하였다. 이것은 역사학의 정답처럼 여겨졌던 19세기 독일의 역사학자 랑케(Leopold von Ranke)가 역사란 '단지 그것이 실제로 어떠했는가를 보여주는 것'이라고 말한 실증주의적 역사학을 정면으로 뒤집는 것이었다. 카의 견해를 따르자면, 역사란 비록 과거의 사실을 말하고 있지만, 과거의 선택된 사료를 가지고 현재의 관점과 관심에 따라 재해석되고 재구성되는 것이라고 볼 수 있다.

결국 역사학이란 '과거학過去學'이자 동시에 '현재학現在學'이며 '미래학未來學'이라고 볼 수 있다.

사실 이것은 인간 개개인 삶의 모습이나 본질도 마찬가지이다. 지금의 나란 존재는 거의가 다 과거의 나다. 그렇지만 지금의 내가 모두 과거의 나인 것은 아니다. 지금의 나는, 그것이 의식적인 것이든 무의식적인 것이든 과거의 나 가운데 선택된 일부를 가지고 끝없이 재구성해낸 결과이다. 과거에 있었던 일들 하나하나가 모두 지금의 나를 구성하는 것은 아니다. 기억된 과거, 기억해낸 과거만이 지금 나에게 살아있는 과거이며, 지금 나와 대화하는 과거이다. 한 개인에게 있어서나 어느 시기 어느 집단에 있어서 집단적 기억 행위도 별반 다를 바 없다고 생각한다. 기억하고, 기억해내고, 그 기억들을 재해석·재구성하고, 다시 그 재해석·재구성된 기억을 기억하고, 기억해내고.

우리는 조선 전기 영남지방을 중심으로 일어나기 시작한 사림파의 절의정신과 도학운동 및 실천운동을 살펴봄에 있어 반드시 위에서 말한 내용을 먼저 짚어볼 필요가 있다고 생각한다. 그들의 선배들이 분명히 절의정신을 가지고 있었고 도학적 풍모를 지녔던 것은 사실이지만, 더욱 중요한 것은 그들이 선배들의 그러한 모습을 적극적으로 기억해내고 의미를 부여해 재구성한 점이다. 그들이 그렇게 기억함으로써 그들의 선배들은 비로소 그러한 모습으로 역사 속에 존재하게 되었으며, 오늘날 우리도 지금까지 많은 부분 그렇게 기억하고 있다. 따라서 '있었던' 역사이자 '만들어진' 역사로 사림파의 절의정신과 도학운동을 이해할 때 우리는 비로소 그 참모습을 이해할 수 있다. 어느 하나만으로 그것을 바라본다면, 불충분할 뿐만 아니라 때로 잘못된 이해에 이를 수도 있다.

2. 기묘사림의 도학정치와 문묘종사운동 - 정몽주 기억하기

고려 말 원나라로부터 '새로운 유학'인 주자학朱子學을 적극 받아들인 유학자들은 역성혁명易姓革命, 곧 신왕조 조선의 건국 앞에서 크나큰 갈등과 함께 선택을 강요받는다. 그들이 유학자가 아니었다면 그 갈등은 크지 않았을 것이다. 정확한 정세 판단과 재빠른 이해득실만 따지면 될 일이었기 때문이다. 하지만 그들은 유학자들이었기 때문에 대의명분大義名分을 생각하지 않을 수 없었다. 이것은 유학자로서 자기정체성의 문제이자 자기정당성과 자기진실성의 문제였다.

유학에서 충忠은 효孝와 더불어 어떤 경우든 저버릴 수 없는 가치이자 덕목이었고, 그들 대부분이 고려조에서 관직을 가져 왕씨王氏의 신하였기 때문에 스스로 주군主君을 폐하고 이씨李氏의 신하가 된다는 것은 어느 모로 보나 정당화될 수 없었다. 비록 신왕조 건국의 필요성은 인정했더라도, 유학자로서 자신은 그 정권에 참여하지 않는 것이 대의요 도리였던 것이다. 여기에서 우리는 그들이 유학자였다는 사실을 이해하지 않는다면, 그들의 행위를 이해할 수 없을 것이며, 논의해 보았자 별 의미가 없을 것이다.

역성혁명은 성공하였고, 권력은 혁명의 가담자들에게로 돌아갔다. 역성혁명에 반대한 자들은 포은 정몽주처럼 피살되거나 정치적 화를 입었고, 또한 야은冶隱 길재吉再처럼 숨어 살며 자정自靖·자수自守의 길을 걸었다. 일단 역사는 이것으로 일단락이 되었다. 역성혁명에 가담하여 공훈을 세우고 권력을 장악한 이들도 유학자들이었기 때문에 천년 불교의 역사를 마감하고 유교의 왕조를 세우는 데 매진하였다. 뿐만 아니라 역성혁명에 가담하지 않은 이들이나 그의 후예들도 하나 둘 신왕조에 참여하였다. 길재의 제자들이 줄줄이 조선 왕조에 출사한 것과 그의 아들이 조정의 부름을 받자 나는 고려의 신하이지만 너는 조선의 신하라며 출사를 흔쾌히 승낙해 준 것에서 그 사실을 확인할 수 있다.

한편 신왕조의 집권자들은 정몽주와 길재의 고려 왕조에 대한 충성심, 곧 그들의 유학자로서 대의명분에 따른 도덕적 행동을 높이 샀으며, 조선 왕조 내내 그들의 행적은 높이 현창되었다. 그들은 고려냐 조선이냐, 주군이 왕씨냐 이씨냐를 중요하게 보지 않았다. 객관적 '진영'이 아닌 주관적 '태도'를 중요하게 보았다. 우리는 바로 이 점을 주목할 필요가 있다. 집권자나 이후 유학자들이나 이 점에서는 같았다.

건국 후 50년 가량 지나 세종대에 이르면 조선은 탄탄한 기반 위에 서게 된다. 이때에 이르면 조선 건국에 찬성한 자와 반대한 자의 구분이 있지 않았으며, 오직 한 데 어울려 신왕조 구축에 힘을 쏟았다. 마음속에 각자 다른 생각을 품었는지 모르지만, 겉으로는 서로 훈구파니 사림파니 나뉘어 정치적으로 대립하지 않았다. 이렇게 둘로 나누어본 것은 분명히 후대인들에 의해 만들어진 역사이다.

문제는 세종이 죽은 뒤에 일어난다. 세종에 이어 문종이 즉위하였지만 단명하여 어린 단종에게로 왕위가 넘어가자, 마침내 수양대군이 계유정난癸酉靖難(1453)을 일으켜 왕위를 찬탈하면서 이전 조선 건국과정과 비슷한 상황이 다시금 일어났다. 당시 유신儒臣들은 또 둘로 나누어졌다. 세조의 왕위 찬탈을 동조하고 묵인한 자들은 승자가 되었고, 반대한 자들은 패자가 되었다. 전자들은 왕위 찬탈의 공훈을 내세워 권력을 독점하였고, 패자들은 비참한 상황을 맞았다. 패자들에게 사육신死六臣과 생육신生六臣이란 이름을 붙여 그들의 행적을 기억하며 기린 것은 후대의 몫이었다.

세조 말에서 성종 대에 이르면 정권에서 밀려난 세력의 후예들이 다시 하나 둘 과거를 통해 중앙 정계에 등장하기 시작했다. 하지만 그들은 이전 조선 건국과정에서 밀려났다 중앙 정계로 돌아온 이들과 좀 달랐다. 무엇보다 그들은 두 번의 비슷한 역사적 상황을 보았기 때문이다. 역사란 대의를 저버린 불의한 자들에 의해 주도된다는 것을 이제는 그들이 역사적 경험을 통해 깨닫기 시작한 것이다. 역사적 자각이 시작된 것이다. 어렵사리 과거의 관문을 거쳐 중앙으로 진출했지만, 현실은 늘 불의한 자들의 벽에 가로 막혔다. 그들은 이제 역사적 자각에서 정치적 세력화로 옮겨가기 시작했다. 흔히 훈구파와 사림파라고 불리는 세력이 역사적으로 구체적 모습을 드러낸 것은 이 무렵부터이다.

그 중심에 영남 밀양 출신의 점필재佔畢齋 김종직金宗直이 있었다. 그의 아버지는 선산(구미) 출신의 강호江湖 김숙자金叔滋였고, 김숙자의 스승이 바로 야은 길재였다. 김종직의 문하에는 많은 인물들이 모여들었다. 고향 부근 함양과 선산에서 지방관을 지낸 것이 큰 계기가 되었다. 또한 그는 문재文才가 좋아 신예 사류들과 문장으로 어울릴 기회가 많았다.

이렇게 그들은 강학과 문장으로 어울리며 생각을 공유하기 시작했다. '오당吾黨(우리 무리)'이란 의식이 생겨나기 시작한 것이다. 뿐만 아니라 훈구권신들도 그들을 '경상도당慶尙道黨'이라 묶어 지목하며 경계의 시선을 놓지 않았다.

결국 터질 것이 터지고 말았다. 사화士禍가 일어난 것이다. 힘이 약한 신예 사림 세력들이 밀릴 수밖에 없었다. 그 빌미가 된 것 중 하나가 바로 그들의 종사宗師였던 김종직의 「조의제문弔義帝文」이었다. 『성종실록』 편찬 사관이 된 김일손金馹孫이 극력 주장해 스승 김종직의 「조의제문」을 사초史草에 포함시키자, 밀고로 공개되지 말아야 할 사초가 공개됨으로써 마침내 피비린내 나는 무오사화戊午士禍(1498)가 일어난 것이다. 김종직은 부관참시되고, 그의 많은 제자들은 죽임을 당하거나 귀양길에 올라야 했다. 이들이 이렇게 무참하게 화를 당해야 했던 이유는 「조의제문」의 내용도 내용이었지만, 주군에 대해 겉과 속이 달랐다는 것이다. 결국 두 마음을 가진 불충不忠하고 불경不敬스런 신하였다는 것이다. 연산군마저도 충과 의란 명분을 내세웠다.

연산군은 6년 뒤 자신의 어머니 윤씨 폐비사건을 빌미로 다시 한 번 사화를 일으켰다. 거듭된 사화로 신예 사림들이 씨가 마를 지경에 이르렀다. 그러나 2년 뒤 중종반정中宗反正(1506)이 일어나면서 상황은 급전하였다. 앞 두 차례 큰 화를 당한 이들의 후예들이 사방에서 쏟아져 나와 도학정치道學政治의 깃발을 내세우며 반전된 정치적 상황에 뛰어 들었다. 그 선봉에 김굉필의 제자 정암靜庵 조광조趙光祖가 서 있었다. 그러나 그들은 권력의 중심에 설 수 없었다. 그들은 사화의 피해자였을 뿐 중종반정의 주역이 아니었기 때문이다. 반정의 주역들은 이전에도 훈구 세력으로 권력을 장악하고 있었으며, 반정 성공으로 그들은 공신이 되어 더욱 더 권력의 중심에 서 있었다. 마침내 두 세력은 충돌하게 되고, 다시금 사림 세력들은 사화의 격랑 속에서 정치적 좌절을 맛보아야 했다. 이들을 역사에서는 '기묘사림己卯士林'이라고 부른다.

그래도 이 기묘사림들은 반정 초 잠시 권력 가까이에 다가갈 수 있었다. 이때 그들은 많은 일들을 시도하였다. 폐정을 일삼다 쫓겨난 연산군을 이어 중종이 즉위하였던 터라 도학정치의 깃발 아래 요순堯舜과 같은 임금을 만들겠다는 그들의 열기는 타올랐다. 자신들의 정치적 기반을 다지는 각종 개혁 정책도 내놓았다. 이어 그들은 자신들의 영원한 승리를 굳히기 위해 역사전쟁에 뛰어 들었다. 그것은 바로 문묘종사운동으로 나타났다.[1] 핵심은 역사적 정통성을 확보하는 것이었다. 이때 그들은 비로소 정몽주를 '발견'하고, 김굉필을 '주목'하였다. 두 사람에 대한 문묘종사운동은 정몽주만 문묘종사에 성공하는 반만의 성공으로 일단 만족하여야 했다. 그렇지만 정몽주에서 김굉필에 이르는 하나의 계보가 이때 서서히 모습을 드러내기 시작했다. 도학과 도통, 이것은 기묘사림의 역사적 전리품이라고 볼 수 있겠다.

---

1) '東方五賢'에 대한 文廟從祀 관련 대표적 연구로 이수건, 『영남사림파의 형성』, 영남대출판부, 1979; 이병휴, 『조선전기 사림파의 현실인식과 대응』, 일조각, 1999; 설석규, 「조선시대 유생의 문묘종사 운동과 그 성격」, 『조선사연구』 3, 1994; 김용헌, 『조선 성리학, 지식권력의 탄생』, 프로네시스, 2010; 이수환, 「16세기 전반 영남사림파의 동향과 동방오현 문묘종사」, 『한국학논집』 45집. 계명대학교 한국학연구원, 2011 등이 있다.

기묘사림들은 기묘사화己卯士禍(1519)로 정치적 좌절을 겪어야 했지만, 그들의 꿈마저 꺾이지는 않았다. 사림 세력은 이제 낙동강 중류에서 전 역으로, 그리고 다시 전국으로 퍼져 나갔다. 사림들은 을사사화乙巳士禍 (1545)를 다시 겪고서도 도학정치의 염원을 버리지 않았고, 도통의 계보 를 채워 나갔다. 그리고 김굉필에 대한 문묘종사운동을 다시 시작하고, 거기에 그의 제자 조광조를 더 보탰다. 회재晦齋 이언적李彦迪이 죽고, 또 퇴계退溪 이황李滉(1501~1570)이 죽자 거기에 다시 이들을 더 보탰다.

선조가 어린 나이에 왕위에 오를 때 이미 그의 주위는 사림 세력들로 채워져 있었다. 긴 시간을 거쳐 마침내 사림 세력이 정치적 권력을 장악 하게 된 것이다. 이제 역사도 그들의 손에 의해 만들어지기 시작했으며, 정몽주에서 길재, 김숙자, 김종직, 김굉필, 조광조로 이어지는 도통의 계 보도 이때 거의 완성되었다. 이제 마지막 남은 일은 그 중 몇 명을 가려 문묘종사를 성사시키는 일이었다. 결국 광해군 때 이르러 김굉필과 정여 창, 조광조, 이언적, 이황 5인을 한꺼번에 문묘종사를 성사시킴으로써 사림 세력은 완전한 승리를 쟁취하게 되었다.

3. 기묘사림과 도통의 계보 잇기

여기에서 우리가 특히 주목해 볼 점은 기묘사림들이 가진 정몽주와 김굉필에 대한 인식, 그리고 이 둘을 잇는 대목이다. 이것은 그들이 왜 정몽주와 김굉필을 기억해 불러냈으며(소환), 무엇을 주목했고, 어떻게 기억을 재구성했는가와 관계되어 있다.

정몽주에 대한 문묘배향 논의는 일찍이 세조2)와 성종3) 때부터 일어나기 시작했으며, 처음에는 이제현李齊賢이나 이색李穡, 권근權近 등과 함께 거론되었으나 점차 단독적으로 거론되었다. 정몽주에 대한 문묘배향 논의가 있기 전에는 오히려 이제현이나 이색, 권근, 변계량卞季良 등이 그 대상이었다.4) 그런데 중종반정 후 사림 세력이 어느 정도 정치적 권력을 잡은 상황이 되자 정몽주 단독, 혹은 정몽주와 김굉필을 함께 묶어 문묘배향을 청하는 상소가 올라오기 시작했다. 중종 5년과 9년 정몽주에 대한 문묘배향 논의가 있고 나서, 1517년(중종 12) 성균관 생원이었던 권전權磌이 다시 정몽주와 김굉필을 함께 문묘배향할 것을 청하는 상소를 올렸다.

신 등은 우리나라를 생각하건대 단군檀君 때로 말하면 먼 옛일이라 징험할 수 없으며, 기자箕子가 나라를 세우고서야 겨우 팔조八條가 시행되었는데, 다행히 하늘이 도와 유종儒宗 정몽주가 태어나 성리학을 연구하여 그 깊은 의미를 체득하니 선유先儒들의 가르침과 같았습니다. 또 충의忠義와 대절大節이 당대를 뒤흔들었으며, 부모의 상喪을 입고 사당을 세우는 것을 『주자가례朱子家禮』대로 하였으며, 문물과 의장儀章도 모두 그가 다시 정하였고, 학교를 세워서 유학을 크게 일으키고 사도斯道를 밝혀 후학들에게 나아갈 곳을 가르쳤습니다. 이러한 사람은 우리나라에 이 한 사람이 있을 뿐이며,

2) 『世祖實錄』, 2年 3月 丁酉.
3) 『成宗實錄』, 8年 7月 丙戌.
4) 김용헌, 『조선 성리학, 지식권력의 탄생』, 프로네시스, 2010, 75~80쪽 참조.

그 공은 주자朱子와 정자程子에 비하여도 거의 같습니다.[5]

　권전은 이 상소에서 정몽주를 우리나라 '유종'이라고 지칭하며, 그의
공적을 하나하나 열거하고 있다. 정리해보면, 그는 성리학에 대한 깊은
조예와 충의대절, 유교 예속의 확립과 유학 진흥의 공을 들어 정몽주를
유종으로 내세웠다. 먼저 눈에 띄는 것은 우리나라 유종으로 정몽주를
내세운 점이며, 이전까지 정몽주는 주로 충의대절의 인물로 거론되었는데
여기에서부터 성리학의 대가로서 면모가 함께 부각되기 시작했다. 이것
은 다시 정몽주에서 김굉필에 이르는 도통 계보 잇기 작업으로 이어졌다.
　조광조 일파는 김굉필이 비록 리학理學을 드러낸 공적은 별로 없지만
정몽주 이후 리학으로 이끌고 심학心學을 이룬 공은 적지 않다면서 정몽
주와 함께 종사할 것을 주장하였다.[6] 정몽주와 김굉필 양현에 대한 문묘
종사운동을 결국 반만의 성공으로 끝나 버렸지만, 조광조는 계속해서
중종 앞에서 자신의 스승인 김굉필의 공헌을 강조하는 한편 그의 학문적
연원이 정몽주에게 있음을 말하였다.

　　김굉필은 비록 당시에 벼슬은 크게 하지 못했으나, 오늘날 선비들이 그의
　　풍모를 듣고 선행을 하려는 이들이 또한 많으니, 이것은 모두 그의 힘입
　　니다.…… 김숙자는 처음 길재에게서 배웠고, 길재는 바로 정몽주의 제자입
　　니다. 그러므로 김종직이 배운 연원은 실로 그 연원이 있는 것입니다.[7]

5) 『中宗實錄』, 12年 8月 庚戌.
6) 『中宗實錄』, 12年 8月 壬子.

결국 기묘사화로 김굉필에 대한 문묘종사운동은 잠시 주춤하였지만 정치적 상황이 바뀌면서 다시 제기되었다. 인종仁宗 때의 성균관 진사인 박근朴謹은 상소에서 다음과 같이 말하였다.

조광조의 학문이 바른 것은 전해온 데에 유래가 있기 때문입니다. 젊어서부터 개연히 도를 찾고자 하는 뜻이 있어 김굉필에게서 배웠습니다. 김굉필은 김종직에게서 배웠고, 김종직의 학문은 그의 아비 사예 김숙자에게서 전해 받았고, 숙자의 학문은 고려의 신하 길재에게서 전해 받았고, 길재의 학문은 정몽주에게서 전해 받았는데, 정몽주의 학문은 실로 우리 동방의 조이니, 그 학문의 연원이 이와 같습니다.[8]

중종 때를 거쳐 인종 때에 이르면 이미 정몽주에서 시작하여 길재, 김숙자, 김종직, 김굉필, 조광조로 이어지는 리학 연원과 도통관이 확립되었음을 여기에서 볼 수 있으며, 이것은 사림 세력이 정치적 권력을 장악한 선조 대에 이르러 거의 굳어지게 된다. 고봉高峯 기대승奇大升(1527~1572)은 일찍이 경연석상經筵席上에서 우리나라의 유학 연원에 대한 선조宣祖의 물음에 다음과 같이 답하였다.

여말麗末에 이르러, 우탁禹倬·정몽주 이후에야 비로소 성리학이 있음을 알았고, 우리 조선의 세종 때에 이르러 예악문물이 찬연히 새로워짐에 우리 동방의 학문을 높이게 되었습니다. 그것을 차례로 말하면, 몽주로 우리나라

7) 『中宗實錄』, 13年 4月 丁酉.
8) 『仁宗實錄』, 元年 3月 乙亥.

리학의 조祖를 삼아 길재가 몽주에게 배웠고, 김숙자가 길재에게 배웠고, 김종직이 숙자에게 배웠고, 김굉필이 종직에게 배웠고, 조광조가 굉필에게 배움에 자연히 원류가 있게 되었습니다.[9)]

우리는 흔히 '도통연원'이라고 일컬어지는 여기에서 하나의 변곡점이 있음을 볼 수 있다. 처음 정몽주에게서는 성리학적 조예와 충의대절을 주목하다가 김굉필에 이르면 충의대절에 대한 언급은 없고 리학만, 그것도 김굉필이 리학(성리학)에 조예가 깊지는 않았지만 심학을 이룬 공이 있음을 내세웠다. 이때 심학이란 바로 도학道學이라고 보아도 무방할 듯하다. 그리고서 김굉필의 학문적 연원을 거꾸로 거슬러 올라가 정몽주에게 댄 뒤 정몽주의 학이 김굉필에게로 연원을 따라 내려왔음을 주장하였다. 이러한 도통연원은 시간이 흐를수록 굳어져 갔다.

하지만 율곡 이이와 같은 이마저도 이러한 리학과 도학의 연원관에 대해 부정적이었다. 그는 정몽주가 안사직지신安社稷之臣일 뿐 유자儒者가 아니며,[10)] 규거부정規矩不精하고,[11)] 충신일 뿐 학문이 미숙함[12)]을 들어 리학 연원으로 삼을 수 없다고 말하고서 조광조로부터 우리나라의 리학 연원을 대고 있다.[13)] 뿐만 아니라 정몽주를 충의대절로 보는 데에도 이

---

9) 『宣祖實錄』. 卷2. 宣祖 2年 6月 己酉條; 奇大升. 『高峯集』. 「論思錄」.
10) 李珥, 『栗谷全書』. 卷30. 「語錄上」.
11) 李珥, 『栗谷全書』. 卷28. 「經筵日記」.
12) 李珥, 『栗谷全書』. 卷15. 「東湖問答」. '論東方道學不行'.
13) 이이의 도통관에 대해서는 송하경의 「이율곡의 도통론에 관한 고찰」(『대동문화연구』 제24집. 성균관대학교 대동문화연구원, 1987) 참조.

견이 없지 않았다. 김종직의 제자로 신예 사람의 한 사람인 추강秋江 남효온南孝溫이 「과금오산시過金烏山詩」에서 고려 말 정몽주의 정치적 행적에 대해 문제 삼았으며,[14) 중종 때 한창 정몽주의 문묘배향이 논의될 때에도 신우辛禑·신창辛昌의 문제로 논의가 분분하였는데, 조광조가 그를 적극적으로 옹호하였다.[15) 그의 문묘종사가 결정된 이후에도 남명南冥 조식曹植과 같은 이는 출처를 계속 문제 삼았으며, 한강寒岡 정구鄭逑도 조식의 관점에 따라 이황에게 질정을 구했다 수정을 받았다.[16)

정몽주와 길재 간 학문적 수수의 문제는 더욱 논란의 여지가 있다. 길재는 그의 제자인 박서생朴瑞生이 지은 행장行狀에 따르면 젊은 날 송경松京에서 이색李穡과 정몽주, 권근 등 여러 문하에 드나들었다고 적혀 있는데, 조광조 일파가 정몽주와 길재를 학맥 연원으로 묶은 것은 오로지 이 자료에 따른 것이다. 이밖에는 양자의 문집 등 어느 곳에서도 서로 간의 학맥 연원을 직접적으로 확인할 수 있는 자료가 없다.[17) 이 때문에 길재를 과연 정몽주의 문생門生으로 볼 수 있는가와 더불어 더욱이 적전嫡傳 곧 정통 계승자로 볼 수 있는가 하는 의문이 자연스레 생겨난다. 아무래도 그는 정몽주보다 이색이나 권근과 더 가까웠다고 볼 수 있다. 그는 이색의 문하에서 등과登科하여 평생 스승으로 모셨으며, 노모 봉양

---

14) 吉再, 『冶隱先生言行拾遺』 卷下. 이에 대해 愚伏 鄭經世는 마땅치 않음을 적고 있다.
   (吉再, 『冶隱先生續集』, 「附錄」, 「書南秋江過金烏山詩後」)

15) 『中宗實錄』, 12年 8月 甲寅.

16) 李滉, 『退溪先生文集』 卷39, 「答鄭道可問目」.

17) 길재는 정몽주의 시에 차운한 시 1수를 남겼다. 吉再, 『冶隱先生言行拾遺』 卷上, 「次圃隱朴松隱畵像韻」 참조.

을 핑계로 낙향할 때는 이색을 찾아 자신의 뜻을 밝혔고, 이색이 세상을 뜨자 그는 심상心喪 3년으로 스승에 대한 예를 표하였다. 권근도 다른 사람들에게 말하기를 "나의 문하에 드나들면서 학문하는 자가 얼마 있지만 길재보吉在父(吉再의 자)가 그 중에 으뜸이다"고 말하였으며, 조선 건국후 길재가 태상박사太常博士로 부름을 받았을 때 불사이군不事二君의 뜻을 옹호하였고, 길재에게 여러 인물들이 써준 시집에 서문을 써 그의 뜻을 높이기도 하였다. 길재는 권근이 죽은 뒤에도 심상 3년을 하였다.[18]

4. 맺는 글

많은 논란과 의문점을 품은 채 정몽주는 '동방리학지조'와 '정충대절'

---

18) 吉再, 『冶隱先生言行拾遺』 卷上,「行狀」 참조. 그런데 정몽주와 길재 간 학맥연원을 밝혀 줄 중요한 자료가 뒷날 발견되어 우리의 눈길을 끈다. 이 자료에 따르면, 정몽주가 이방원의 무리에 의해 화를 당하기 5년 전인 1387년(우왕 13) 8월 15일 대구(達城) 八公山에 있는 桐華寺 근처에서 13명의 사람들과 어울려 한차례 모임을 가졌는데, 그는 이 자리에서 15년 전 明나라 사행에서 얻어온 태조 王建의 친필 「所思詩」 1수를 내놓게 되며, 참석한 여러 사람들은 감격스런 마음으로 왕건의 친필 시를 대하고서 각자 聯句를 단 詩帖을 남기게 되었다. 이때 참석하여 시첩 속 연구를 남긴 사람은 바로 李寶林, 李種學, 吉再, 洪進裕, 高炳元, 金子粹, 金若時, 尹祥弼, 洪魯, 李行, 曹希直, 都膺, 安省이다. 그런데 이들은 대부분 낙중 지역 중심의 그의 문인과 지우들이었으며, 그 속에는 길재가 포함되어 있는 것이다. 신천식은 그의 연구저서에서 정몽주의 학맥을 논하면서 그가 同知貢擧일 때 선발한 33명을 들고 있는데, 이들은 앞에서 거명한 그의 낙중 지역 문생들과 전혀 겹치질 않는다. 물론 이들을 그의 문생으로 보는 데에는 별 문제가 없겠지만, 이들을 중심으로 포은 학맥을 논한다면 문제가 있다고 생각한다. 그것은 무엇보다 그의 학맥과 정신이 길재 등 낙중 문생들을 중심으로 전승되었기 때문이다. 홍원식, 참조.

의 만고충신 자리에 올랐고, 길재는 그의 제자가 되어 도학과 리학을 잇는 자리에 앉게 되었으며, 김굉필은 새로운 지평을 연 위치에 서게 되었다. 그리고 사림들은 그들이 역사상 실제로 그러했던 것 이상으로 그러했다고 생각하였다. 절의와 도통은 여기에서 생겨났다. 이렇게 만들어진 사실이 실제 사실보다 더 큰 힘을 발휘하게 되었다. 사림들은 자신들이야말로 그들의 정통적 계승자라고 확신하고 힘차고 실천의 대열에 뛰어 들었기 때문이다.

영남사림, 나아가 기묘사림이 만들어낸 역사적 사실을 그대로 실재한 사실로 받아들이는 것은 너무 소박한 생각이며, 그러한 역사를 만든 그들이나 그들에 의해 만들어졌던 역사 속 인물들을 위해서도 그다지 바람직하지 않다고 생각한다. 뿐만 아니라 이러한 역사 인식은 많은 잘못을 범할 여지가 있기 때문에 위험성도 가지고 있다. 오히려 만들어진 역사란 점을 직시할 때, 그들은 자신들의 과거와 현재 간 어떻게 대화를 시도했으며, 그 속에 들어있는 참정신이 무엇이었는지가 더욱 잘 드러날 수 있다고 본다.

사림들은 반복되는 현실이 너무 불의롭다고 생각했고, 그 불의를 저지르는 자들은 겉으로 유학자 행세만 할 뿐 속으로는 오로지 자신의 권력에만 매달리는 속물에 지나지 않는다고 생각하였다. 이러한 인식이 깊어질수록 그들은 자기 진실성의 문제에 침잠하였다. 이에 그들은 위기지학爲己之學을 더욱 중시하고 소학공부에 매진하였다. 이러한 배경에서 그들은 리학–심학–도학을 하나의 연결고리로 묶었다. 그렇지 않다면 이것은 하나의 연결고리로 묶기 쉽지 않다. 리학은 단순히 성리학이 아닌 정학正

學의 개념에 강하고, 심학은 자기 수양의 위기지학과, 그리고 도학은 위기지학과 더불어 실천적 성리학과 많이 닮아 있다. 그들이 말한 도학은 중국의 『송사宋史』「도학열전道學列傳」에서 볼 수 있는 그런 도학과 많이 다르다. 중국의 경우는 일반 유학자들 중에서도 주자학 계열만을 가려내 열전을 만들었다.

결국 제대로 된 리학-심학-도학을 공부하지 않은 이들은 고려 말 역성혁명 때와 계유정난, 중종반정 이후의 경우에서 볼 수 있듯이 '공公'은 사라진 채 '사私'만 활개치고, 대의는 내다버린 채 사욕만 넘쳐 나는 풍경을 연출한다고 그들은 확신하였다.

임진왜란기 선비들의 창의 정신과 활약상*

우인수

(경북대 역사교육과)

1. 임진왜란의 발발
2. 선비들의 창의 동기
3. 선비들의 의병 활동과 그 의미
4. 선비정신의 의의

1. 임진왜란의 발발

임진왜란은 일본이 계획적으로 도발하여 조선을 침략한 전쟁이었다. 당시 조선과 일본뿐 아니라 명나라까지 가세함으로써 동아시아의 삼국이 참여한 국제전쟁의 양상을 띠게 되었다. 그 영향도 만만찮아 전쟁이 끝난 후 일본은 도요토미 히데요시 정권이 붕괴하고 도쿠가와 이에야스 정권이 들어서게 되었으며, 명나라도 전쟁의 후유증에 시달리다가 결국 여진족에게 나라를 넘겨주게 되었다. 전국이 전쟁터가 된 조선은

---

* 이 글은 필자의 「선비들의 임란 창의정신과 의병활동」(『퇴계학과 유교문화』 55, 2015)과 『조선시대의 선비』(예문서원, 2015)에 수록된 「조선중기, 임란의 충격과 구국애민 활동」에 의거하여 본 교재의 취지에 맞게 가감한 것이다.

비록 왕조는 유지하였으나 국토가 황폐화되고, 막대한 인적·물적 피해를 입었다.

당시 지배층으로서 조선을 이끌어가던 이들은 선비들이었다. 선비는 유가儒家의 가르침을 배우고 신봉하던 유사儒士를 가리킨다. 그들은 조선의 기득권층으로서 크고 작은 혜택을 누리던 사람들이었다. 거기에다가 선비들은 중화사상에 몰입되어 상대적으로 주변의 '이적'에 대해 지나치게 하시下視하는 분위기를 형성하였고, 이는 대외 관계의 경화 또는 소홀로 연결되어 결국 화를 자초한 면도 있었다. 그렇다 하더라도 그들이 국가적 위기에 대응하여 의병을 일으켜 투쟁 의지를 북돋우고 크고 작은 공을 세운 것은 국난 극복의 한 계기를 마련하였다는 점에서 의미있는 행동으로 높이 평가할 수 있다. 한편으로는 그들이 중화에 전념했던 덕분에 임란 때 중국의 적극적인 도움을 받을 수 있었던 것도 사실이다.

1592년 4월 조선은 바다를 건너온 일본군 15만 여 명의 침략을 받았다. 부산성과 동래성이 차례로 함락되었고, 부산포첨사 정발과 동래부사 송상현은 군민과 함께 성을 지키다가 장렬하게 전사하였다. 200여 년간 태평한 시기에 익숙해 있던 조선군은, 100여 년에 걸친 전란 속에서 단련된 일본군의 조직적인 전투법과 철포대의 위력에 겁을 먹었다. 전쟁 초기 육지의 관군은 준비 소홀과 체계적인 군사지휘의 결여로 패주를 거듭하였다.

이일의 상주 전투와 신입의 충주 전투 패배로 인해 일본군이 부산에 상륙한지 20여 일만에 수도 한성이 적의 수중에 떨어졌다. 선조는 개성,

평양을 거쳐 압록강변의 의주로까지 피난가지 않을 수 없었고, 그 곳에서 명에게 구원병을 요청하기에 이르렀다. 적의 침략을 받은 지역의 백성들은 터전을 잃고 살 곳을 찾아 이리저리 헤매었고, 미처 떠나지 못한채 남아있던 사람들은 갖은 약탈에 그대로 노출되었다. 나라가 백척간두의 위기에 처한 것이었다.

육지에서 관군이 패배를 거듭하는 동안, 일본군의 후방을 교란함으로써 격퇴의 전기를 마련한 것은 수군과 의병이었다. 바다의 수군은 일본의 인적·물적 수송 작전을 차단함으로써 일본군에게 막대한 타격을 입혔다. 특히 이순신과 원균이 이끈 조선 수군은 어려운 환경에서도 일본군 격퇴의 소임을 충실히 수행하였다. 또한 임란 초기에 국토가 유린당하고 백성의 불안감이 극에 달하였을 때, 각 지역에서는 의병이 분연히 일어났다.

2. 선비들의 창의 동기

전국 각지에서 일어난 의병들은 조선의 잠재된 저력이 표출된 것으로서, 전쟁 초반의 패배 분위기를 전환시키는 일대 계기가 되었다. 시기적으로 빠른 일부의 경우 자발적으로 의병이 봉기했던 반면 대부분의 경우에는 조정의 권유에 호응하여 의병을 조직하게 되었다.

의병장의 대부분은 선비였다. 선비는 조선의 지배층이자 지식인들이었다. 이들은 적의 세력이 아무리 불길같이 심하게 일어나더라도 지켜야

할 의리와 자존심을 내팽개치지 않았다. 다급한 사정으로 인해 피해 도
망은 갔을지언정 왜적에 빌붙은 사람은 거의 없었다.

승지 이충원이 아뢰기를, "전하께서 즉위하신 후 25년 동안 항상 정치에
골몰하시고 황음荒淫한 적이 없었으니 적세가 제아무리 치성해도 사대
부 가운데 한 사람도 적에게 항복한 자가 없습니다. 이것을 보더라도 하늘
의 뜻과 인심을 대체로 알 수 있는 것입니다.(『선조실록』 26, 선조 25년
5월 3일 임술)

위의 기사는 선비로서 외부 침략자에 대해 협조하는 자는 극히 드물
었던 사실을 전해주고 있다. 오히려 선비들은 왜적에 협조하지 않는 소
극적인 태도에 그치는 것이 아니라 사정이 허락할 경우 왜적 격퇴를 위해
분연히 떨쳐 일어났다.

의병으로는 문반 전직관료가 다수를 이루는 가운데, 생원·진사나
유생 등 선비로 간주될 수 있는 사람들이 절대 다수를 차지하였다. 최영
희의 분석에 따르면 의병장급 인물 102명 가운데 전·현직관료, 생원·
진사, 유생 등 선비에 해당하는 인물들이 81명으로 전체의 약 80%를
차지하고 있었다. 호남지역 의병장을 분석한 조원래의 연구에 따르더라
도 역시 대부분이 문과 출신이거나 전직 관료들이었다.

선비들이 국난을 맞이하여 의병을 규합하면서 나설 수 있었던 데는
조정의 권유나 군주의 인정도 어느 정도 작용하였다. 또한 전공에 따라
받을 수 있는 혜택, 곧 군공도 요인으로 작용하였을 것이다. 관군보다는
훨씬 융통성 있는 선택적 대응이 가능하였던 것도 또 다른 요인이었다.

뿐만 아니라 그들이 지배하는 향촌 지배체제를 유지하기 위해서라도 창의는 필요하였다.

그러나 창의倡義를 위해서는 무엇보다 정신적인 요소의 작용이 중요하였다. 선비정신에 착목하는 이유가 여기에 있다. 선비들의 창의 동기와 정신을 살펴볼 수 있는 방법으로는 그들 스스로가 쓴 격문檄文이나 통문通文을 분석하는 것이다.

임란 당시의 격문·통문을 가장 자세하게 수록하고 있는 자료는 조경남의 『난중잡록』이다. 조경남은 전라도 남원의 선비로 20대에 임란을 직접 경험하였고 정유재란시에는 직접 의병으로 활약했던 인물이다. 『난중잡록』은 임진왜란이 끝난 후 자신이 평소대로 써오던 일록에다가 수집한 다양한 자료에 입각하여 국가의 중요한 사실을 날짜순으로 엮은 것이다. 이 자료는 조경남 자신의 거주지인 전라도 지역에 국한되지 않고 전국의 상황을 잘 보여주고 있다. 그 중에서도 지금은 전하지 않는 『경상순영록慶尙巡營錄』을 많이 인용하여 경상도의 상황을 전하고 있는 것이 특기할 만하다. 『난중잡록』에 수록되지 못한 임란 당시의 격문류도 있으나 논의의 일관성을 담보하기 위해 일단 이 책에 수록된 것을 위주로 하였다. 그리고 경상도초유사의 직함을 띤 김성일의 경우는 의병장이 아니지만 창의를 유도하고 또 의병들의 지원이 임무였기 때문에 분석의 대상으로 포함시켰다.

본고에서 분석의 주된 대상이 된 격문과 통문은 모두 41편이다. 이를 표로 제시하면 다음과 같다.

〈표〉 임진왜란기 의병의 격문과 통문

연번	연월	작성자	격문·통문	핵심어(키워드)
1	1592.5	金誠一	招諭一道士民文	大義 忠孝 褒賞
2	1592.5	趙宗道 李魯	募兵通文	忠義 貞節 義利
3	1592.6	高敬命	檄道內書	大義 君恩
4	1592.6	高敬命	檄諸道書	忠心 義理
5	1592.6	高敬命	檄濟州節制使楊大樹書	軍馬
6	1592.6	高從厚 柳彭老	通諸道文	湖南 軍糧
7	1592.6	高敬命	移關本道列邑	募軍 忠義
8	1592.6	郭再祐	檄巡察使金睟文	金睟 罪目
9	1592.6	郭再祐	通諭道內列邑文	金睟 處罰
10	1592.6	高敬命	檄全羅巡察使書	湖南 巡察使督勵
11	1592.6	高敬命	檄海南康津兩使君書	錦山 合勢
12	1592.6	金誠一	通諭玄風士民文	義烈 賞罰
13	1592.7	趙憲	起義討倭賊檄	國土回復 湖西
14	1592.7	金覺 李埈	檄文	募軍 募糧
15	1592.7	李叔樑	布告列邑士民文	忠孝
16	1592.7	任啓英	檄列邑諸友文	湖南 鄕土防禦
17	1592.7	宋濟民	募兵湖南義兵文	高敬命 湖南保全
18	1592.8	任啓英	移長興士子檄	선비 公論
19	1592.8	任啓英	移本郡檄	義理 公論
20	1592.8	任啓英	移本府檄	敵愾 軍需
21	1592.8	任啓英	移檄列邑	責任 募糧
22	1592.9	李魯	通江右募糧文	募糧
23	1592.10	洪麟祥	江原道召募大將通文	大義 京城收復
24	1592.10	鄭仁弘	通諭江右士友	全羅義兵 募糧
25	1592.10	任啓英	移本道諸義兵檄	爲國 應援
26	1592.11	洪季男	爲復讎事文	復讎

27	1592.11	高從厚	通文	復讎
28	1592.11	高從厚	列邑義兵廳諸公書	復讎
29	1592.11	鄭仁弘	請湖南義兵文	嶺湖南 脣齒
30	1592.11	任啓英	左義兵通文	爲國 募糧
31	1592.11	尚義大將	通文	忠義 合勢
32	1592.11	吳澐	通文	募糧 義理
33	1592.12	鄭經世	檄告于左道列邑守宰及士林諸君子	痛憤 募糧
34	1592.12	金涌	募兵通文	義理 募兵 募糧
35	1593.5	湖南士子	通文	天兵 供饋
36	1593.9	金福億	通文	
37	1593.윤11	金德齡	敬告于道內列邑諸君子	
38	1593.12	湖南士子	通文	
39	1593.12	奇孝曾	通文	
40	1594.1	金德齡	移檄嶺南文	
41	1598.6	丁焰	通文	

위의 〈표〉에서 보듯이 『난중잡록』에 수록된 임란시기 의병의 격문과 통문은 모두 41편이다. 이 가운데 임진년인 1592년 한 해 동안 작성된 격문류가 34편으로 전체의 약 83%에 달한다. 이듬해인 1593년에는 5편, 1594년 1편, 1598년 1편 등으로 이후에는 그 수가 크게 감소하였다. 이는 임란 초기에 의병이 활발하게 일어났음이 격문의 빈도 분석을 통해서도 확인된다고 하겠다. 또한 의병의 순기능이 임란 발발 1년 정도에 그치며, 이후 의병은 점차 관군화하면서 해소되었다는 사실과도 합치되는 부분이라고 하겠다.

창의의 동기는 41편의 격문과 통문에 나타난 핵심어의 분석을 통해 짐작할 수 있다. 창의의 동기를 통해 창의에 영향을 미친 정신을 추출할 수 있을 것이고, 이를 선비 정신과 연결시켜 이해할 수 있을 것이다. 위 표에 제시된 격문과 통문 가운데 동기와 관련되어 주목되는 것은 대의 大義(義理), 충성忠誠(忠孝, 忠義), 위국爲國(爲民), 책임責任, 복수復讎 등이다. 위의 다섯 가지 정신은 완전히 다른 성질의 것이 아니라 상호 일정한 연관성을 가지고 있다. 그리고 하나의 격문에 위 다섯 가지 중 몇 가지가 함께 포함되어 있는 경우가 일반적이다. 아래에서는 각각의 동기에 대해 좀 더 구체적으로 살펴보도록 하자.

첫째, 선비의 대의이다. 격문이나 통문에서 창의의 당위성을 강조할 때 흔히 운위되는 단어는 대의 또는 의리였다. 의는 의로움이요 옳은 것이며, 나에게도 옳고 남에게도 옳은 것을 가리킨다. 곧 선비가 지향하고 지켜야 할 떳떳한 도리이다. 관군에 속하지 않아서 참전의 의무가 없는 사람일지라도 스스로 일어서는 것이 의로운 행위로 간주되었다. 의로움이 외적의 침입에 대응하여 의병 창의를 가능케 한 정신이었던 것이다.

의는 현실에서는 책임의식으로 발현되며, 실제 구체적 행동으로 연결되는 것을 소중하게 여겼다. 경상도 초유사 김성일은 군신간의 대의를 "하늘의 법도요 땅의 도리니 이른바 백성의 떳떳한 양성良性"이라고 규정하면서 의병의 궐기를 촉구했다. 대의를 군신간의 가장 근본적이고도 기본적인 윤리 규범으로 간주한 것이었다. 사실 신하에 대한 군주의 의리를 강조한 오륜의 하나인 '군신유의君臣有義'는 점차 군주의 절대권이 강해지면서 군주에 대한 신하의 의리를 일방적으로 강조하는 것으로 변해갔다. 조선왕조 때는 당연히 이러한 해석이 지배하고 있던 시기였다.

고경명의 일련의 격문들은 창의와 관련한 대의를 가장 잘 표현하고 있다.

근년 이래로 유도儒道가 크게 흥기하여 사람마다 뜻을 가다듬어 학문에 힘쓰고 있으니 임금을 섬기는 대의를 어느 누가 익히지 않았으리오.…… 지금은 적의 형세가 크게 꺾이고 왕의 영위靈威가 날로 신장되어 가니, 이때야말로 대장부가 공명을 세울 기회요, 군부君父에게 보답할 날이다.(『국역 제봉전서』중,(한국정신문화연구원, 1980) 檄道內書, 31쪽)

오직 신하로서 충의에 찬 마음은 지극한 본성에서 우러난 것으로서 존망의 위기에 임했을 때에 감히 미미한 몸을 아끼겠는가?…… 의리는 의당 나라 위해 죽는 것이니, 혹은 무기를 돕고, 혹은 군량을 도우며, 혹은 말에 올라 남보다 먼저 전장으로 달리고, 혹은 분연히 쟁기를 던지고 밭두렁에서 일어나되, 제 힘이 미치는 데까지 오직 의義로 돌아가라.(『난중잡록』 1, 1592년 6월, 檄諸道書)

고경명은 유학이 조선조에 크게 흥기함으로 인해 선비들이 모두 대의를 평소에 익힌 사실을 전제로 하여, 모두 대의를 쫓아 창의할 것을 주장하였다. 선비들로 하여금 오직 의리로 돌아갈 것을 촉구해마지 않았던 것이다. 창의는 선비가 지향한 의리정신의 발로였다.

둘째, 군주에 대한 충성이다. 군주에 대한 신하의 의리가 바로 충성이었다. 그 때문에 충성이 창의의 논리로 많이 거론되었다. 군주에 대한 충성은 근왕勤王으로도 표현되었다. '충'과 '의'를 합쳐 '충의忠義', '충의지사忠義之士'라는 말들이 흔히 사용되었으며, '충'과 '효'를 합쳐 '충효'도 함께 많이 거론되었다. 전제군주 국가에서 군주가 바로 나라를 의미하였기 때문에 군주에 대한 충성은 곧 나라에 대한 충성을 가리켰다.

경상도 예안의 이숙량은 고을의 선비들에게 포고한 격문에서 평소에 배우고 강론한 것이 바로 "신하로서 충성하다가 죽으며, 자식으로서 효도하다가 죽는 것"에 있음을 강조하면서 창의를 독려하였다. 전라도 고부의 유생들도 "마땅히 신하된 자가 충성을 다하여 목숨을 바칠 날"임을 환기시키면서 충군·애국의 마음을 가진 자들의 창의를 부르짖었다.

평안도 강동현에서 유배 중이었던 퇴계 이황의 제자 조호익이 사면과 동시에 창의한 사실을 높이 평가했던 동문인 류성룡은 다음과 같이 그의 충성심을 특기하였다.

> 조호익은 서생書生이어서 무예에 능통하지 않았지만, 오직 충의로써 병사들의 마음을 격려하였다. 동짓날에는 부하들을 데리고 임금 계신 곳을 향하여 네 번 절하고 밤새 통곡하였으니, 모든 병사가 이러한 사실을 알고 눈물 흘렸다.(류성룡 저, 김시덕 역해, 『교감·해설 징비록』, 아카넷, 2013, 322쪽)

셋째, 국가와 백성을 위한 창의였다. 의병을 일으킨 것은 외적의 침입으로부터 나라를 지키고 백성을 보호하기 위함이었다. 곧 국가적 위기에 대처하고 사회적 문제 해결에 앞장서려는 선비들의 의지에서 우러나온 행동이었다. 선비의 창의는 강한 사족 지배체제의 기반 위에서 가능한 것이었는데, 이는 평소 국가가 선비를 인정하고 길러왔기 때문이다.

경상도 초유사 김성일은 일본군이 조선에 들어온 뒤로 "그 해독이 사방에 두루 퍼지고 유혈이 천리에 낭자하니 백성들이 받는 재앙은 어찌 말로 다 하겠는가"라며 당시의 참상을 지적하면서 선비의 창의를 독려하였다. 송제민도 호남지역에서 의병을 모병하면서 쓴 격문에서 조상과 부모·자손, 그리고 이웃과 친구들이 숨쉬고 살던 고장을 지키는 일에 떨쳐 일어날 것을 강조하였다.

호서지역의 대표적 의병장인 조헌은 창의에 즈음하여, 창의의 목적이 국토수호와 국맥의 전승이라는 점을 강조하였다.

군사의 기세는 누차 꺾이어 한탄만 하고 민생이 다시 소생할 길이 끊어졌으니, 만약 그대로 내버려두면 반드시 썩어 문드러지게 되고 말 것이다. 장차 기자가 끼친 풍화를 영원히 야만으로 변해가게 한단 말인가?(『난중잡록』 1, 1592년 7월, 起義討倭賊檄)

전라좌도 의병장을 지낸 임계영은 여러 군현에 보낸 격문에서 국가와 백성을 위하여 창의할 것을 설파하면서, 한 지역의 요충지와 한 지역의 생명을 보호할 것을 다음과 같이 강조하고 있다.

기왕 죽을진대 어찌 나라를 위해 죽지 않겠는가? 하물며 만에 하나라도 중요한 길을 막아 지켜서 적의 세력을 저지시킨다면 사지에서 살아나는 것도 이 기회요, 부끄럼을 씻고 나라를 회복하는 것도 이 때라고 본다.…… 굳건히 요충지대를 지킨다면 위로 관군의 성원이 될 것이요, 아래로 한 지방의 생명을 지켜낼 것이다.(『난중잡록』 1, 1592년 7월, 檄列邑諸友文)

의거로 군사를 일으킴은 오로지 국가를 위하여 적을 토벌하려는 것이다.……

지금 만약 기회를 잃으면 어찌 회복의 공을 성취하여 남아있는 백성을 구하랴. 이때가 바로 의기 분발한 선비가 몸을 잊고 나라에 보답할 때이다.(『난중잡록』 1, 1592년 10월, 移本道諸義兵檄)

넷째, 선택받은 지배층으로서 지녀야 하는 책임 의식이다. 선비들은 지배층의 일원으로서 국가가 전도되고 군주가 욕을 보는 위기를 앉아서 보고만 있을 수 없다는 점을 많이 거론하였다. 나라가 망한 데에는 필부라도 책임이 있는 법인데, 하물며 지배층이라면 더 큰 책임감을 느껴야 마땅한 것이었다. 국난에 임한 선비는 어떤 형태로든 그 극복을 위해 돕는 것이 마땅한 책무였던 것이다.

경상도 함안 출신의 문신인 조종도 등은 모병을 위한 통문에서 선비들의 분발을 다음과 같이 촉구하였다.

임금의 고통을 급한 일로 여겨서 이적의 화를 물리치는 것은 충의 중에서도 급선무요, 국가의 위기에 처하여 죽고 사는 근심을 잊음은 정절 중에서도 큰 것이다. 만물 중에서 가장 영묘하여 사람이 되고, 다 같은 백성 중에서 뛰어나 선비가 된다. 왜 영묘하다 하는가? 사람은 군신과 부자의 윤리를 알기 때문이다. 왜 뛰어났다고 하는가? 선비는 의義와 이利의 향배를 분별하기 때문이다.(『난중잡록』 1, 1592년 5월, 募兵通文)

그는 선택받은 존재인 선비에게 더 무거운 책무가 부여됨을 설파하였다. 전라 좌의병장 임계영도 장흥 선비들의 창의를 독려하는 격문에서 "의병을 일으킴이 유생으로부터 주창된 까닭은 이름이 사류에 참예된 자는 마땅히 분기하여 사졸의 선봉이 되어야 하기 때문이다"라고 하여,

선비가 모범을 보일 것을 강조하였다. 이어 그는 의병을 일으키는 것이 공론이라는 점을 강조하는 한편, 그 공론에 따를 책임이 선비들에게 있음을 강조하면서 동참을 촉구하였다.

다섯째, 부모형제를 위한 복수였다. 이는 전쟁이 조금 진전된 이후 나타난 주장이었는데, 근본적으로는 부모에 대한 자식의 도리인 효에 근거하고 있다. 전쟁으로 인해 가장 고통을 겪으며 희생될 가능성이 많은 이들은 노약자들이었다. 이에 경상도 초유사 김성일도 창의를 독려하면서 군신의 도리 다음으로 강조한 것이 자식된 도리로서의 효였다. 전쟁이 진행될수록 왜적에 의해 죽은 부모, 형제, 가족이 늘어났다. 이에 따라 그 원수를 갚고자 하는 복수심이 효성에 따라 분출되어 함께 강조되었다. 충에 이어 효가 강조되기 시작한 것이다. 고경명의 아들 고종후, 홍언수의 아들 홍계남, 조헌의 아들 조완도의 경우에서 특히 두드러진다. 이들은 모두 전사한 의병장들의 아들이라는 점에서 공통점이 있었다. 이들은 격문에서 이 점을 드러내고 강조하면서 복수의 정당성을 확보함과 동시에 다른 이들의 협조를 구하고 동참을 호소하였다. 부모의 원수를 갚기 위한 복수군을 조직하자는 경기도 조방장 홍계남의 선창에 기꺼이 호응한 고종후는 다음과 같은 격문을 호남 지역으로 보내었다.

아 홀로 호남사람만이 일을 같이 할 수 있는 것이 아니다. 서울에서 남방으로 적을 피해 온 사람인들 어찌 부자 형제의 원수가 없겠는가. 비록 적의 칼날에는 요행히 면하였으나 풍상을 겪어 고생으로 죽은 이도 또한 이 적을 잊지 못하리라. 부모의 원수와는 한 하늘 밑에 살지 않으며, 형제의 원수와는 나라를 같이 하지 않으며, 벗의 원수는 칼을 돌리지 않는다는 의리

를 거듭 생각하기 바란다.(『난중잡록』 2, 1592년 10월, 通文)

이상 창의의 배경이 된 정신으로 다섯 가지 요소를 격문에서 추출해 살펴보았다. 선비들의 창의는 평소 자신들이 가지고 있던 선비정신의 발로였다고 할 수 있다. 선비들의 의병 활동은 선비정신의 현실 세계에서의 구현이자 적용이었던 것이다. 선비들은 창의의 당위성을 강조하고, 그들의 희생에 가치를 부여하는 격문을 통해 동참을 호소하였다. 이는 위기를 맞은 공동체가 나아가야 할 올바른 방향성을 부여한 행위로서, 지도자가 마땅히 취해야할 역할이었다. 궁극적으로 선비의 창의는 국가의 안정을 도모하기 위해 백성들의 힘을 이끌어내는 것이었다. 그러나 아무리 선비들이 내세운 창의 명분이 합당하다고 하더라도 많은 백성들을 의병 휘하에 모으고 거느리기 위해서는 의병장의 높은 명망이 요구되기 마련이었다. 선비의 명망이라고 하는 것은 타인의 모범이 되는 평소의 처신에서 비롯되는 만큼, 평소 학문을 닦으면서 인격 도야에 힘쓴 선비라야 가능한 일이었다.

한편 격문에는 나타나지 않는 창의의 동기에 대해서도 유의할 필요가 있다. 격문에 차마 나타낼 수 없지만 뚜렷한 동기로 작용한 것이 있을 수 있기 때문이다. 의병장들이 쓴 격문이나 통문에는 나타날 수 있는 성질의 것이 아닌 것이 오히려 더 현실적인 동기가 될 수도 있기 때문이다. 예컨대 공훈에 대한 보상 심리가 그것이다. 선비의 격문에서 직접적으로 드러내기는 어려운 것이나, 의병 참여의 현실적인 동기로 작용하였을 것으로 짐작된다. 조정에서는 적의 수급을 베는 수효에 따라 각종 포상을 내걸었기 때문에 더욱 그러한 현실적 동기가 있었을 것이다. 실제 경상도 초유사 김성일을 비롯하여 관료 또는 지방관으로 재임하던 이들은 각지의 선비들에게 의리로써 일어날 것을 권유하는 동시에 상벌에 대한 포상과 징벌도 아울러 강조하고 있었다.

3. 선비들의 의병 활동과 그 의미

육지의 관군은 대규모 일본군의 급작스런 침공으로 인해 일시적으로 혼란에 빠졌다. 침략로에 위치한 지역의 경우 행정체계와 군사체계가 동시에 붕괴되면서 통제 불능 상태가 되었다. 관군이 이처럼 제 구실을 하지 못하는 어지러운 상황 속에서 의병들이 분연히 일어났다. 전직관료와 유생들이 선비정신에 입각하여 의병을 일으켰다. 의병은 관군에 편입되지 않은 자들이거나 관군에 속하였다가 흩어진 이들이 주축을 이루었다.

임란 초기 의병 활동은 꺼져가던 국운에 희망의 불씨를 살리는 행위였다. 의병의 중요성을 인식한 조선 정부는 의병 창의를 독려하여 총력전을 펼침으로써 위기를 극복하고자 하였다. 영남을 비롯해서 호남·호서 지역에서 의병이 왜적에 맞서 싸우거나 왕실을 호위하기 위해 이동하면서 선비들이 창의한 소식들이 곳곳으로 전파되었다. 백성들은 이런 소식을 접하고서야 희망과 기대감을 가지고, 국가와 지배층을 믿고 따를 생각을 갖게 되었다. 미래에 대한 희망이야말로 무너져가는 나라를 지탱할 수 있는 잠재력이었다. 선비들은 의병 활동을 통해 행동으로 희망을 이끌어 낸 것이다.

우참찬 성혼은 시무상소에서 당시 의병의 공로를 다음과 같이 지적하고 있다.

6월 이후 남방에서 의병이 처음으로 일어나 군사를 이끌고 근왕勤王하였으므로, 도로에 말이 전해지고 그 성세聲勢가 크게 확장되었습니다. 그제야 이민吏民들이 바야흐로 국가를 향하는 마음이 있게 되었으며, 수령들도 그 호령이 조금 행해져 군사를 징발하면 주민들도 점차 응하게 되었습니다. 이러한 때를 당하여 조금이라도 백성의 뜻을 돌려세워 우리 국가가 있다는 것을 알도록 한 것은 남방 의병의 공로였습니다.(『선조수정실록』26, 25년 12월 1일 정해, 우참찬 성혼의 시무책)

『선조실록』에서도 여러 지역의 명문거족들이 창의함으로써 원근의 백성들이 격동되어 의병진에 모여들게 되었다고 평가하였다. 이로 인해 백성들의 인심이 더 이상 이반되지 않고 하나로 결집되었고, 결국 국가의 명맥이 유지될 수 있었다고 보았다. 비록 전투에서 두드러진 전과가 없었지만 의병의 활동은 국가의 명맥을 유지하는 데 크게 기여한 것만은 분명한 사실이다.

제도諸道에서 의병이 일어났다.…… 도내의 거족과 명사들이 유생들과 함께 조정의 명을 받들어 창의하여 일어나자, 듣는 사람들이 격동하여 원근에서 응모하였다. 크게 성취하지는 못했으나 인심을 얻었으므로 국가의 명맥이 그들 덕분에 유지되었다.(『선조수정실록』26, 25년 6월 1일 기축)

변란이 생긴 이후로 인심이 흩어졌습니다. 그러나 의사義士들이 한번 창의하자 군민軍民들이 호응하여 국가가 오늘날에도 있게 되었습니다. 이것은 모두 의병들의 힘이었습니다.(『선조실록』 32, 25년 11월 16일 임신)

선비들의 창의는 일본군에게 일방적으로 밀리던 전쟁의 흐름을 바꾸는 계기가 되었다. 조선의 내부로 깊숙이 침입해 들어온 일본군의 전선은 대단히 길어질 수밖에 없었다. 이렇게 길어진 전선의 유지를 위해서는 군사적·경제적 부담도 덩달아 커져갔다. 의병은 바로 그 약점을 놓치지 않고 파고들어 일본군의 후방을 교란하기 시작하였다. 일본군은 보급로를 방어하기 위해 군사력을 분산시켜야 하였으며, 일부 보급로는 포기하여야 하였다. 보급로와 퇴각로가 안전하게 확보되지 않는 상황에서, 최전선에 배치된 일본군 주력 부대들은 주춤거릴 수밖에 없었다.

의병의 활약으로 전열을 가다듬어 반격할 시간을 번 조선 정부는 차츰 육지의 관군을 수습하여 재정비할 수 있었다. 마침내 전열을 가다듬은 관군은 일본군과 전면전을 벌일 수 있을 만큼 상태를 회복하게 되었다. 때마침 명의 원군도 도착하였다. 명의 참전은 외면상 조선측의 청원에 의한 구원의 성격을 띠었지만, 내면적으로는 조선 땅에서 왜를 차단함으로써 명을 지키려는 의도도 있었다. 조명연합군은 이후 본격적으로 일본군을 격퇴하기 시작하였다. 조명연합군은 평양성을 탈환함으로써 전세를 뒤집었다. 이때 이후 명군과 조선 관군은 전쟁의 주도권을 잡게 되었다. 관군의 전력이 강화되면서 민심도 차차 안정되어 갔다. 마침내 점령당하였던 대부분의 국토를 회복하고 일본군을 경상도 동남해안지역으로 몰아넣는 데 성공하였다. 그런 점에서 의병 활동은 전쟁의 흐름을 조선에 유리하게 전환하는 데 초석을 마련하였다는 점에서 그 의의가 지대하였다.

의병은 근본적으로 근왕정신에 입각하여 왜적을 물리치는 것에 주된 목적을 두었다. 해당 지역에 당장 격퇴해야 할 일본군이 있느냐 없느냐에 따라 각 지역 의병들의 목표가 달랐다. 자신의 지역에서 싸울 것인지, 아니면 일본군이 있는 다른 지역으로 이동할 것인지가 결정되었다. 각 지역 의병들의 활동 목표가 단순한 전술상의 차이에 불과하였기 때문에 그 차이는 단기간에 그쳤다. 고경명은 처음에는 선조가 있는 북쪽을 향해 나아갔으나 결국 전라도 주변에 출몰한 일본군을 맞이하여 지역에서 전투를 벌일 수밖에 없었다.

그런 점에서 각 지역에서 활동했던 임란 의병들은 창의의 목적과 정신이 근본적으로 달랐다고 보기는 어렵다. 권역별로 저명한 의병장으로는 경상도의 곽재우·김면·정인홍·정세아·권응수·김해, 전라도의 고경명·김천일·임계영·최경회, 충청도의 조헌, 경기도의 우성전, 황해도의 이정암, 평안도의 조호익 등을 들 수 있다.

특히 경상도 지역의 경우는 일본군의 침입로 상에 위치하였을 뿐 아니라 일본군이 주요 지점 곳곳에 진을 치고 머물러 있었기 때문에 지역 내에서 일본군을 격퇴하는 활동에 전념할 수밖에 없었다. 국왕 선조가 영남지역의 군사들에게 내린 교서의 지침도 여기에 초점을 맞추었다. 이에 경상도 지역에서는 자신이 살고 있는 지역을 중심으로 하여 게릴라 전술을 통해 적에게 타격을 주는 전략으로 임하였다.

곽재우가 가장 먼저 의령에서 창의하였다. 4월 22일에 가산을 털어 장정을 모아 창의하였으니, 왜란 발발 8일만의 일이었다. 거주지인 의령과 고향인 현풍, 그리고 낙동강 서쪽, 곧 경상우도를 중심으로 주로 활약을 하면서 크고 작은 전투에서 왜적을 격퇴하였다. 가장 큰 공적은 낙동강 하류의 정암진을 지켜 일본군의 전라도 침공을 방어한 것이었다. 이 공을 인정받아 그는 유곡찰방, 형조정랑에 이어 10월에는 정 3품 당상관인 절충장군의 품계를 받아 조방장에 제수되었다. 그는 1597년 정유재란 당시에는 경상도 좌방어사에 임명되어 화왕산성에서 지역 관군들을 지휘하였다. 그렇지만 일본군이 교전을 회피한 탓에 군사와 물력을 보전할 수 있었다.

김면이 이어 창의하였다. 김면은 고령에서 의병을 규합하기 시작하여 5월 11일 정식으로 기병하였다. 이후 거창으로 옮겨 그곳을 중심으로 2,000여 명의 군사로 창의하였다. 그는 주위 고을인 안음, 함양, 산음, 단성, 삼가, 의령 등지의 유력 사족들에게 통문을 보내어 거병을 독려함으로써 주변 지역을 통괄하는 위치에 있었다. 점차 규모를 키운 김면군은 5,000명에 이르는 대군을 형성함으로써 경상우도에서 가장 규모가 큰 의병집단을 이루었다. 이에 1592년 11월 조정에서는 그에게 의병도대장義兵都大將이라는 칭호를 내림으로써, 경상도 전체 의병의 총괄 임무를 맡겼다. 조정으로부터 인정을 받아 명분과 권위를 확보하였지만, 한편으로는 조정의 통제하에 놓이게 된 것이었다. 1593년 1월에는 경상우도 병마절도사에 제수됨으로써 경상우도의 관군 최고 지휘관의 지위에까지 올랐다. 김면군의 가장 큰 공적은 일본군의 전라도 침입을 차단하였다는 점이다. 그렇지만 더 큰 활약이 기대되었던 김면은 안타깝게도 1593년 3월에 병사하였다.

합천의 정인홍도 경상우도를 대표하는 의병장이었다. 선조대에 산림으로 징소되어 사헌부 장령으로 재직한 바 있던 그는 임진왜란 발발 즈음에는 낙향하여 제자들을 양성하고 있었다. 전란 이후 그와 김면은 거창에 있던 경상도관찰사 김수를 찾아가 방어 계책을 논의하였다. 그렇지만 김수의 소극적인 대응에 실망한 두 사람은 창의를 결심하게 되었다. 정인홍은 5월10일경 뜻을 같이하는 주변의 인사들과 제자들을 규합하여 1,000여 명으로 창의하였다. 다음 달에는 의병의 규모가 3,000여 명으로 늘어났다. 그는 합천을 중심으로 고령, 성주 등지에서 크고 작은 전투를 벌이면서 일본군의 진입을 막거나 격퇴하였다. 그 또한 전공을 인정받아 진주목사, 제용감정, 성주목사 등의 관직에 제수되었다. 일본군이 동남해안으로 밀려나고 소강 상태에 접어든 1593년 가을 이후 그는 수하의 군사들을 모두 관군에 배속시키고 의병장에서 물러났다.

경상우도 지역을 대표하던 곽재우, 김면, 정인홍의 의병부대는 관군과 불편한 관계에 있었고, 이로 인해 서로 갈등을 빚기도 하였다. 특히 곽재우는 관군과 매우 심각한 갈등을 빚었다. 그가 경상도 방어를 제대로 하지 못한 책임을 물어 경상도 관찰사 김수를 처단하겠다는 발언을 공공연하게 하였기 때문이다. 이를 중재한 이가 경상도초유사慶尙道招諭使로 내려온 김성일이었다. 그는 얼마 뒤 영천 지역의 의병장 정세아·권응수와 경상좌도병마절도사 박진 사이의 갈등도 조정한 바 있었다. 그리고 해당 지역의 관군을 정인홍과 김면의 의병부대에 각각 소속시켜 그

절제를 받게 함으로써 갈등의 요소를 미연에 차단하기도 하였다. 예컨대 김성일은 삼가, 초계, 성주, 고령의 군사들을 정인홍의 휘하에 배속시켰으며, 김수 휘하의 김준민으로 하여금 전사한 손인갑을 대신하여 정인홍 부대에서 군사를 지휘케 하기도 하였다. 신뢰에 바탕한 김성일의 미더운 조처로 인해 의병과 관군은 자신들의 역량을 오로지 일본군 격퇴에 집중시킬 수 있었다. 이로써 임란 초기 어수선했던 경상도는 비로소 안정되기 시작하였으며, 한 도의 인심이 그에게 크게 의지하게 되었다.

경상좌도 지역에서도 크고 작은 의병들이 일어났다. 좌도 지역 퇴계학파를 대표하던 유수한 인물들은 당시 조정에서 관직생활을 하던 인물이 많았다. 류성룡은 정승으로 선조를 호종하면서 전시 체제를 총괄하였고, 김성일은 경상도초유사에 임명되어 경상우도 지역에서, 그리고 김륵은 경상도 안집사安集使에 임명되어 경상좌도 지역에서 활약하고 있었다.

그런 가운데 조목과 류성룡의 문인인 예안의 류종개는 의병 수 백 명을 모아 의병장이 되었다. 그는 문과에 급제한 후 관직 생활을 하다가 부친상을 당하여 처가인 봉화에 내려와 있던 중 임란을 맞았다. 마침 태백산을 타고 넘어 경상도 북부지역을 침공하던 일본군과 맞붙어 격전을 치른 끝에 그는 봉화 소천에서 전사하였다. 그의 의병부대에는 김중청·임흘 등 퇴계학파에 속한 인물들이 많았다.

경상좌도 의병장 류종개가 적을 만나 패하여 전사하였다.⋯⋯ 이로부터 향인鄕人들이 군사를 꺼리게 되었는데, 안집사 김륵이 김성일과 서로 호응하여 함께 격문으로 타이르니, 시골에 살고 있는 사대부들이 비로소 곳곳에

서 군사를 모으기는 하였으나 모두 군대를 형성하지 못하고 그쳤다.(『선조
수정실록』 26, 25년 8월 1일 무자)

안동 지역의 여러 선비들이 창의 논의를 시작한 것은 대개 1592년
6월경이었다. 경상도 안집사로 내려온 김륵의 권유에 힘입어 안동을 위
시한 경상도 북부의 선비들이 곳곳에서 자체 격문을 내면서 의병을 규합
하기 시작하였던 것이다. 이 때 김륵은 영주와 안동 주변 고을에서 도망
가고 없는 수령을 대신하여 임시 수령을 임명하여 지역을 지키게 하였다.
조금 뒤에 도착한 경상도초유사 김성일의 초유문도 창의에 큰 힘이 되었
다. 먼저 예안에서 김해를 대장으로 하여 300여 명이 창의하였다. 퇴계의
문인인 김부의의 아들로서 문과에 급제한 후 한림 벼슬을 역임한 바 있던
김해는 예안 지역의 선비들을 망라하여 의병진용을 편성하였다.

8월에 접어들면서 안동 인근의 크고 작은 의병 부대들은 통합의 필요
성을 느끼고 안동 남쪽의 일직에 모여 열읍 의병의 동맹을 결성하게 되었
다. 안동, 예안, 의성, 의흥, 군위 등의 의병들이 이 곳에 모여 김해를
대장으로 추대하고 이정백과 배용길이 각각 좌우부장을 맡았다. 의진은
'안동별읍향병安東別邑鄕兵'이라 칭하고 본진을 안동에 두었다. 김면이 경
상도 의병을 총괄하는 의병도대장에 임명된 사실을 알게 된 안동 향병은
그에게 의병 관련 문서를 보내었다. 10월부터는 일본군이 굳게 지키고
있던 상주 당교를 여러 차례 공격하여 전투를 벌였다. 당교 공략은 이듬
해 4월까지 이어졌는데, 이 때 경상도 전역의 관군과 의병이 합동 작전을
펼친 바 있었다. 김해는 이후 양산을 거쳐 경주에서 싸우다가 진중에서

병사하였다.

다음으로 상주는 일본군의 직접적인 침략로였을 뿐 아니라 일본군이 상주하는 거점 지역이어서 의병이 일어나기 어려운 지역이었다. 이러한 사정에도 불구하고 상주 지역 선비들도 경상도초유사 김성일의 격문, 각지 의병의 거병 소식, 기의를 권하는 국왕 선조의 교서 등에 힘입어 창의하게 되었다. 상주에는 세 부류의 의병 조직이 지역적으로 분산되어 공존하였다. 7월에 이봉을 대장으로 한 창의군이 결성되었고, 8월에는 김홍민을 대장으로 한 충보군이 속리산을 중심으로 결성되었다. 그리고 9월에는 김각을 대장으로, 그리고 정경세와 이준이 참여한 상의군이 조직되었다. 이들 의병은 모두 100여 명 정도의 소규모였기 때문에 소규모 적에 대해 매복이나 야습에 만족하여야 하였다. 상주지역의 전세는 그 해 10월 정기룡이 상주판관에 임명되면서 크게 달라졌다. 그의 부임이후 관군의 전열이 재정비되었으며, 11월에는 상주성을 탈환하기에 이르렀다. 이후 상주지역의 의병은 관군과 합동으로 작전을 수행하는 일이 잦아졌으며, 의병은 점차 관군의 지휘를 받아 준관군화하였다.

영천의 의병장 정세아는 퇴계 문인 정윤량의 아들로서 비교적 빠른 시기인 5월경에 창의하여 900명에 달하는 의병을 모았다. 그는 영천 주변의 작은 적들을 물리치면서 차츰 명성을 쌓았다. 이후 그의 의병들을 관군에 포함시키려는 지방관의 시도로 말미암아, 의병과 관군 사이는 여러 가지 마찰과 갈등이 생겨났다. 이런 상황에서 정세아는 경상도초유사 김성일에게 조정을 요청하였고, 그의 중재로 영천 의병은 관군의 절제를 받지 않는 독자성을 확보할 수 있었다. 영천 의병은 7월 관군과 연합하여 마침내 영천성을 탈환하는 데 성공하였다. 이 때 의병으로는 영천 의병장 정세아와 신령 의병장 권응수가, 관군으로는 경주판관 박의장, 영천군수 김윤국 등이 공을 크게 세웠다. 영천성 탈환은 일본군 침략로의 한 방면을 봉쇄하고, 또 경주에 주둔하던 적을 칠 수 있는 발판을 마련하였다는 점에서 쾌거였다. 정세아는 관군과 합동으로 펼친 8월의 경주성 탈환전에도 참가하였는데, 경주성은 결국 경주판관 박의장에 의해 9월 탈환되었다. 영천성과 경주성의 수복으로 경상도 동북부 지역이 온전하게 보전될 수 있었다.

다음으로 전라도와 충청도 지역에서의 대표적인 의병활동을 살펴보도록 하자. 호남지역은 임진왜란 초기 유일하게 왜군의 침입을 받지 않은 곳이었다. 따라서 조선의 공적인 행정체계가 제대로 작동하고 있던 곳이었다. 그에 따라 4월말 전라도관찰사가 인솔한 8천명의 관군이 근왕을 위해 충청도 공주까지 진격하기도 하였다. 그렇지만 관찰사 이광은 서울이 이미 적의 수중에 들어갔다는 소식을 접하고 임의로 군대를 해산시켰다. 5월 하순에는 전라도와 충청도의 관군이 주축이 되고 경상도의 일부 관군이 가세한 하삼도 연합 관군 2만명이 다시 서울을 향해 진격하였다가 용인 근처에서 소수의 일본군에게 일격을 당하여 궤산되었다. 이렇게 호남지역의 관군은 두 차례에 걸쳐 의욕적으로 군사를 일으키기는 하였으나 효과적으로 대응하지 못하였다. 이 때문에 관군에 대한 불신감만 커지고 불안감만 키우고 만 꼴이 되었다.

이에 호남지역의 선비들은 관군을 지원하던 데에 머물지 않고 전면에 나서서 직접 창의하기에 이르렀다. 대표적인 인물이 고경명과 김천일이었다. 고경명은 문과에 장원급제한 인재로서 청요직을 두루 거친 후 지방관을 역임하다가 고향에 물러나 있었다. 김천일은 이항의 문하에서 학문을 닦은 뒤 학행으로 천거되어 벼슬에 나아가 여러 지방관을 역임한 바 있었다. 김천일은 나주 지역의 소수의 의병부대를 이끌고 급하게 서울을 향해 경기도 방향으로 진격하였다. 고경명은 좀 더 시간을 두고 전라도 남부지역 여러 고을의 의병을 모아 약 6천명에 이르는 병력을 이끌고 북상하기 시작하였다. 일본군의 침공을 받지 않았던 호남지역의 의병들이 서울이나 임금이 있는 곳을 목표로 하여 진군하는 것은 당연한 일이었다. 고경명의 의병부대는 전주를 거쳐 6월말 충청도 은진까지 진출하였다. 그렇지만 충청도 황간에 거점을 두고 있던 일본군이 전라도 경계인 금산을 공격하고, 또 전주를 침공하려 한다는 정보를 입수하고는 전주 수호로 목표를 수정하였다. 그는 7월 초순 전라방어사군과 함께 금산에 들어온 일본군을 선제공격하기로 약속하였다. 7월 10일 의병은 금산 읍성의 서문을 맡고, 관군은 북문을 맡아 공격을 개시하였다. 그러나 일본군의 강한 반격에 부딪쳐 고경명을 위시한 의병의 핵심 지도층은 모두 장렬하게 전사하고 말았다.

고경명의 의병은 첫 번째 대규모 작전에서 패하고 말았지만 결과적으로는 전주를 보호함으로써 일본군의 호남 침공을 저지하였다는 점에서 의미가 있었다. 호남을 보호할 수 있었던 것은 고경명의 금산 전투를 위시하여, 비슷한 시기에 관군과 의병이 협력하여 수행한 진안 부근의 웅치 전투, 관군이 수행한 금산 서쪽의 이치 전투 등 세 곳 전투에서 힘입은 바가 컸다.

한편 충청도에서 의병을 일으킨 대표적인 이는 조헌이었다. 그는 이이와 성혼에게 수학한 후 문과에 급제하여 벼슬에 나아갔으나, 수차에 걸친 과격한 상소로 인해 관직에서 물러나 있었다. 그는 임란 발발 직후부터 의병을 규합하고자 시도하였으나 여러 가지 사정으로 성공하지 못하였다. 그러다가 7월경에 호서 지역에 널리 분포된 문인을 중심으로 창의에 성공하였다. 당시 충청도 지역은 이미 왜군의 주력부대가 영동, 옥천, 청주를 거쳐 서울 쪽으로 북상한 후였다. 그들이 거쳐 간 거점에는 후발 부대의 병력이 배치되어 주변 지역으로 영향력을 확대해가고 있었다. 그는 8월 관군과 승병장 영규가 이끄는 승군과 연합하여 청주성을 공격, 혈전 끝에 성을 수복하였다. 관군과 연합하여 거점 성을 공격하여 탈환하였다는 점에서 엄청난 성과였다. 청주성은 호서 지역 방어의 중심지 구실을 하는 곳이며, 동시에 호남으로 통하는 길목에 해당하는 곳이기 때문에 더욱 그러하다.

이어 한양 수복을 위한 북상에 앞서 배후에 해당하는 금산 지역의 일본군 본거지를 소탕하는 것이 우선적인 과제로 떠올랐다. 전라도 관찰사 권율이 이끄는 관군과 합동으로 금산을 공격하려는 계획 아래, 조헌은 의병 700명을 이끌고 출진하였다. 그러나 준비를 제 때에 갖추지 못한 권율로부터 작전 연기 통보를 받았을 때, 그의 부대는 금산의 적진에 너무 가까이 접근하고 있었다. 8월 중순 후원군이 없는 상태에서 고립무원의 조헌군은 일본군의 기습을 받기에 이르렀다. 결국 격렬한 전투 끝에 조헌을 위시하여 승장 영규 등 700명의 의병들은 장렬하게 전사하였다. 이들의 강렬한 저항과 장렬한 죽음으로 호서와 호남지역이 온전하게 될 수 있었다는 점에서 금산전투의 의의가 있었다.

고경명의 전사 이후 호남의 의병을 이끈 이는 임계영과 최경회, 그리고 고종후였다. 임계영은 퇴계학맥을 이어받은 박광전의 영향을 받은 동인으로 보성과 장흥을 중심으로 하여 전라좌의병을 결성하였다. 최경회는 고경명 휘하의 잔여 병력을 수습하고 광주, 화순, 능주를 중심으로 전라우의병을 결성하였다. 전라좌우의 의병은 결성 직후 각각 남원에서 합세한 후 장수를 거점으로 금산의 일본군을 대상으로 작전을 전개하였다. 9월 이후 금산의 일본군은 마침내 퇴각하여 영남 지역으로 남하하였다. 영남 지역에서 일본군과 대치하면서 전투를 벌이던 경상우순찰사 김성일과 의병장 김면, 정인홍 등은 임계영과 최경회에게 지원을 요청하였다. 이들은 각각 전라좌우 의병을 이끌고 경상도에 들어가 영남 지역 의병장들과 합세하였다. 이후 이들은 함양, 단성, 개령, 성주, 거창 등 곳곳에서 전투를 벌이면서 활약하였다. 1593년 6월 제 2차 진주성 전투에서는 마침 경상우병사에 임명된 최경회가 이끄는 전라우의병 주력과 전라좌의병의 일부가 진주성에 들어가 항전하다가 성의 함락과 함께 운명을 같이 하였다. 이로써 전라좌우 의병의 세력은 현저히 약화되었다.

한편 고종후는 부친의 사후 복수 의병을 조직하였다. 순절한 의병장 홍언수의 아들인 홍계남, 조헌의 아들인 조완 등과 함께 부친의 원수를 갚기를 약속하고 복수 의병을 창의하였던 것이다. 고종후는 1천 여 명의 의병부대를 이끌고 영남지역에서 활약하다가 제 2차 진주성 전투에 참가하여 항전하다가 순절하였다.

호남 의병의 대미를 장식한 인물은 김덕령이었다. 그는 1593년 12월 광주에서 의병을 일으켰다. 이즈음에는 관군이 전열을 재정비하였고, 명의 구원군이 도착하였으며, 전쟁의 장기화에 따른 군량 확보의 어려움이 극심하던 때였다. 이에 따라 의병의 존립이 어려웠을 뿐 아니라 의병 가운데 일부가 떼도둑으로 변하는 경우도 있었다. 이 때문에 의병에 대한 인식도 이전과는 크게 달라졌다. 김덕령은 소강상태에 접어든 전황 탓에 특별한 전공을 올리지는 못하였으나, 조정으로부터 충용장忠勇將에 임명되면서 전국의 의병을 총괄하는 역할을 맡았다. 의병을 관군화하려는 조정 정책의 일환이었다. 그러나 때마침 일어난 이몽학의 난에 억울하게 연루되어 국문을 받던 중 장살되었다. 이후 의병은 다시 일어나지 못하였다.

다음은 경기·황해·평안도 지역의 의병활동이다. 경기도에서 활약한 의병으로는 우성전이 대표적이다. 우성전은 젊은 시절 안동판관이던 아버지를 따라 안동에 머물었을 때 이황에게 수학하여 문인이 되었다. 문과에 급제하여 벼슬하다가 일시 실각하여 고향인 경기도 수원에 머물고 있던 중 임란을 맞이하였다. 그는 곧바로 수원을 중심으로 수 천 명의 의병을 모집하여 추의군秋義軍을 결성하였다. 이 부대는 경기도 지역의 대표적인 의병 부대로서 군세와 활약도 매우 출중하였다. 김천일이 이끄는 의병부대와 함께 연합작전을 펴면서 강화도에 들어가 크게 전공을 세웠다. 권율의 관군과 연합하여 서울 수복작전에 참여하였고, 황해도로 진격하여 큰 전과를 올리기도 하였다. 퇴각하는 일본군을 추격하여 멀리 경상도 의령까지 내려가는 적극성을 보이기도 하였다. 그렇지만 그는 귀환 도중 과로로 병을 얻어 진중에서 세상을 떠났다.

경기도에서 활약한 인물로 김천일을 빼놓을 수 없다. 김천일은 고경명과 같은 시기에 나주에서 거병한 후 300명의 의병을 이끌고 바로 서울을 향해 북상하였다. 호서지역을 지나는 동안 패잔 관군의 합류로 군세는 1천여 명으로 크게 불어났다. 수령을 역임했던 수원에 서 더욱 군세를 보강하였고, 마침내 독성산성을 거점으로 본격적인 군사 활동을 전개하기 시작하였다. 7월 하순에는 전라병사 최원과 합세하여 본거지를 강화로 이동하였다. 조정에서는 그에게 창의사倡義使라는 칭호를 내려 격려하였다. 그는 이후 강화를 중심으로 서울의 서쪽 한강변에서 주로 활동하였다. 눈에 띄는 큰 전공은 비록 세우지 못하였지만 그는 장기간 강화에 주둔하면서 그 지역을 보존하였고, 또 서해안 지역을 소통시키는 역할을 하였다. 이듬해 조명연합군이 서울탈환 작전을 펼칠 때도 참가하였으며, 특히 행주산성 전투가 벌어질 때는 외곽에서 성원함으로써 대첩의 일익을 담당하였다.

그 후 김천일은 300여명의 의병을 이끌고 도주하는 일본군을 추격하여 경상도로 내려왔다. 이 때 일본군은 경상도의 동남 해안지역에 왜성을 축조하여 거점을 구축하였다. 이후 일본군은 전날의 패배를 설욕하고자 진주성을 공략하려 하였기 때문에 진주성이 매우 위급한 상태였다. 이에 김천일은 진주성을 지키는 것을 자신의 사명으로 삼아 수적 열세를 돌보지 않고 여러 관군, 의병들과 함께 수성전에 임하였다. 그리고 격전 끝에 성의 함락과 함께 그는 장렬하게 순절하였다.

황해도에서 활약한 대표적인 의병은 이정암이었다. 이정암은 문과에 급제하여 여러 차례 근시직과 지방 수령을 역임한 바 있었다. 임진왜란 당시 이조참의로 재직하던 그는 피난가는 선조를 뒤늦게 호종扈從하였다. 아우인 개성유수 이정형과 함께 개성을 수비하려 했으나 임진강의 방어선이 무너짐으로써 무위에 그쳤다. 그 뒤 황해도로 들어가 초토사招討使가 되어 의병을 모집해 연안성을 지켰다. 일본군 6천의 공격을 받았으나 주야 4일간의 치열한 공방전 끝에 수성에 성공하였다. 이 공으로 그는 황해도관찰사에 임명되었다. 그 뒤 여러 관직을 역임하다가 정유재란 때는 해서초토사海西招討使에 임명되어 해주의 수양산성을 지켰다.

평안도에서 의병을 일으킨 조호익은 이황의 뛰어난 문인 가운데 한 명이었다. 창원에 거주하던 젊은 시절 관의 명령을 어긴 토호로 간주되어 평안도 강동에서 귀양살이를 하고 있었다. 18년간에 걸친 유배기간 중에도 학문에 정진하면서 유풍을 진작하고 문인들을 길러내는 데 힘쓰는 등 선비정신에 투철하였다. 평안도로 피난온 선조로부터 사면을 받은 후 그는 그곳에서 양성한 문인들을 중심으로 하여 의병을 일으켰다. 평안도 지역에서 여러 차례 공을 세웠던 그는 이후 함경도, 경기도, 경상도까지 넘나들면서 크게 활약하였다.

이상과 같이 임진왜란이라는 미증유의 국난을 당하여 전국의 선비들은 나라를 지키려는 대열에 앞장섰다. 관직을 가진 자는 자신에게 주어진 직분에 충실하였고, 향촌에 머물던 자는 의병이 되어 떨쳐 일어났다. 혹 자산을 털어 군량으로 내놓기도 하였다. 이들 선비들의 충의 정신은 선비정신의 모범 사례로 후세에 전승되었다.

전세가 안정되어간 1593년 1월 이후에는 정부가 의병을 통제하여 관군의 지휘체계 안으로 묶어두려는 시도가 나타났다. 처음부터 의병에 대한 관군측의 시선은 곱지 않았고, 그로 인해 크고 작은 갈등이 일어나기도 하였다. 당시 의병을 일으킨 선비들은 그들의 부대를 적극적으로 관군에 편입시키지는 않았다. 이들은 국가의 통제는 최소화하면서 부대의 자율성을 최대한 유지하고자 하였다.

의병 활동이 긍정적이었던 시기는 대체로 임란 초기 1년이 채 되지 않는 시기였다. 이 후 정부측에서는 의병의 한계를 여러 측면에서 지적하면서 우려하는 목소리가 점점 커져갔다. 이즈음 백 명, 또는 이백 명에 그치는 고만고만한 의병진들이 무려 일 백여 개에 달하였다. 그렇지만 이들에 대한 통제가 제대로 이루어지지 못하였을 뿐 아니라 주현의 관곡을 공급받으면서도 진퇴는 자신들의 마음대로 하여 군대로서의 효율성이 크게 떨어진다는 비난을 받았다.

이런 상황에서 비변사는 의병의 행태와 존재 자체를 문제삼기 시작하였다.

> 뜻이 있는 자들이 소매를 떨치고 의에 분발, 의병을 규합하여 스스로 한 부대를 만들고서 의를 명분으로 내걸고 제도諸道에서 창도하였습니다. 조정에서는 그들을 가상히 여겨 모든 논상에서 다른 군인들보다 특별히 우대하였습니다. 그러자 이름을 군부軍簿에 두고 있으면서도 난을 피해 도망하여 흩어진 자들까지도 각기 떼를 지어 관가官家에 매이기를 기피하면서, 이로우면 싸우고 강적을 만나면 흩어지는데, 이기면 높은 상을 받고 패하여도 죄를 받지 않습니다.(『선조수정실록』 30, 25년 9월 21일 무인)

관군과 의병은 각기 그 이해 관계가 있습니다.…… 그 가운데 더러는 이름이 관적官籍에 있는 자가 각자 숨었다가 오래 되면 죄를 입을까 두려워 무리를 모아 의병을 사칭하고, 관가官家를 위엄으로 제압하고, 부민富民을 겁략합니다. 그러다가 대적大敵을 보면 새처럼 흩어지고 하찮은 것을 만나면 저격해서, 패해도 죄를 입지 않고 이기면 큰 상을 받습니다. 그러니 의병을 관군에 비하면 해가 될지언정 도움이 없습니다.(『선조실록』 32, 25년 11월 1일 정사)

비변사에서 지적한 의병의 문제점은 다음과 같았다. 첫째 군적에 올라있어 마땅히 관군에 속하여야 할 사람이 관군에 메이기를 기피하는 수단으로 의병을 활용한다는 점, 둘째 이롭거나 하찮은 적을 만나면 싸우고 강한 대적을 만나면 흩어지는 등 진퇴를 임의로 한다는 점, 셋째 이기면 상을 받고 패하여도 죄를 받지 않는다는 점, 넷째 의병을 사칭하여 관을 압박하고 백성을 괴롭히는 경우도 있다는 점 등이다.

이쯤 되면 국가로서는 비록 일부 긍정적인 측면이 있더라도 의병의 존재 자체에 대해 재고하지 않을 수가 없었다. 정상적인 국가라면 어떤 형태로든 의병의 통제가 필요하였다. 그 결과 선조 27년 4월에 이르러 모든 의병을 혁파하는 정부의 조처가 반포되었다. 혁파한 의병들은 충용장 김덕령 부대로 편입되어 일원화하였다. 의병은 이처럼 준관군화의 단계를 거쳤지만, 이마저도 점차 해체되어 마침내 관군으로 흡수되었다. 국가가 제 기능을 발휘하는 한 의병은 일시적이고도 한시적인 존재여야 하였기 때문이다.

4. 선비정신의 의의

선비들의 임란 창의 격문과 통문의 분석을 통해 창의 정신을 추출하고, 그를 선비정신과 연결 지어 파악하였다. 『난중잡록』에 실린 총 41편에 달하는 격문과 통문이었다. 격문과 통문에 나타난 핵심어의 분석을 통해 창의의 동기를 짐작할 수 있었으며, 이를 통해 창의에 영향을 미친 선비들의 정신을 추출할 수 있었다. 추출된 선비 정신은 대의, 충성, 위국, 책임, 복수 등 다섯 가지였다.

선비들의 창의는 평소 자신들이 가지고 있던 선비정신의 발로였다. 선비들의 의병 활동은 선비정신의 현실 세계에서의 구현이자 적용이었던 것이다. 이는 위기를 맞은 공동체가 나아가야 할 올바른 방향성을 부여한 행위로서 지도자의 마땅한 역할이었다. 창의의 명분이 합당하다고 하더라도 많은 백성들을 의병 휘하에 모우고 거느리기 위해서는 높은 명망이 요구되었는데, 이는 평소 학문을 닦으면서 인격 도야에도 힘쓴 선비이기에 가능한 일이었다.

임란 초기 선비들의 의병 활동은 꺼져가던 국운에 희망의 불씨를 살리는 행위였다. 의병의 중요성을 인식한 조선 정부도 의병 창의를 독려하여 총력전을 펼침으로써 위기를 극복하고자 하였다. 무너져가는 나라를 지탱시킬 수 있는 힘인 희망을 선비들이 몸소 행동으로 이끌어 낸 것이다. 경상도의 곽재우 · 김면 · 정인홍 · 정세아 · 김해, 전라도의 고경명 · 김천일 · 임계영 · 최경회, 충청도의 조헌, 경기도의 우성전, 황해도의 이정암, 평안도의 조호익 등이 대표적인 선비 의병장이었다.

이들의 활동은 백성들의 인심이 더 이상 이반되지 않고 하나로 결집하는 계기가 되었으며, 일본군에게 일방적으로 밀리던 전쟁의 흐름을 바꾸는 일대 계기로 작용하였다. 의병의 활약으로 체제 정비를 위한 시간을 번 조선은 차츰 육지의 관군을 수습하여 전열을 정비해갔다. 비록 의병의 긍정적 활동이 단기간에 그쳤고 전투에서 크게 성취한 바가 없었다 하더라도 국가의 명맥이 이들의 활약 덕분에 유지될 수 있었음은 분명한 사실이다. 임진왜란기 선비들의 의병 항쟁을 통한 구국 활동은 이후에도 계승되었다.

왜란이 끝난 후 세월이 흐르면서 선비들의 창의 사실과 선비정신은 그 의미가 증폭되어 갔다. 죽은 이의 충렬을 위로하고 이를 통해 장래의 용사를 격려하는 것은 국가라면 조금이라도 소홀히 할 수 없는 일이었기 때문이다. 선비들의 창의는 군주에 대한 충성과 의리를 이끌어낼 수 있는 중요한 역사적 경험이자 자산이었다. 이러한 역사적 경험을 통하여 국가는 선비들의 충성심을 한층 고양시킬 수 있었다. 그리고 선비들은 그에 힘입어 사족으로서의 지배력을 유지할 수 있는 명분을 확보할 수 있었다. 국난 극복을 위해 창의 대열에 참여한 선비에 대해서는 큰 의미를 부여해야 마땅할 것이다.

한말 선비들의 절의정신과 실천

박걸순

(충북대 사학과)

1. 글머리

한말은 봉건적 요소의 척결과 외세에 대한 자주권의 수호가 시대적 과제로 제기된 가운데, 근대를 향한 자주적 개혁과 타율적 강제가 혼재한 격동의 시기였다. 이러한 시대적 상황을 배경으로 동학과, 위정척사와 개화사상이 등장하였다. 한말의 지성을 대표하는 선비들은 자신들의 사상과 이념에 따라 삶의 향방도 달리 나타났다. 사회진화론社會進化論이 한말을 풍미한 사상이 된 것은 선비들의 고뇌의 산물이었다.

선비들은 외세와 개화세력에 의해 전통적 가치와 질서가 와해되는 위기를 맞이하여 대응논리를 찾고 실천에 나섰다. 그것은 한말의 다양한 형태의 민족운동으로 나타났다.[1) 국권회복운동으로는 의병과 계몽운동이 전개되었다. 이를 주도한 것은 양반 유림계층이었다. 의병의 경우는 중기 이래 민중이 주도세력으로 부상하고 참여 주체가 되나, 계몽운동의 이념과 주력은 유생층이 중심이 되었다. 이처럼 다수가 참여하는 민족운동 외에, 개인적 차원의 투쟁인 자결 순국과 의열투쟁이 새로운 방략으로 대두되었다. 이는 선비들의 절의정신을 실천한 것으로써 일제강점기 독립운동으로 계승 발전되었다.

한말의 지성들이 사실상의 망국으로 여긴 것은 1910년의 경술국치가 아니라, 1904년의 한일의정서韓日議定書와 1905년 을사오조약乙巳五條約의 강제였다. 권덕규權悳奎는 한일의정서의 체결을 주권이 전실全失되고 일본의 부용附庸이 되어 국망의 사태로 여겼고, 류인식柳寅植은 을사오조약을 사실상의 망국으로 인식하였다.[2)

선비들의 시대인식과 처세를 집약적으로 보여주는 것은 화서학파華西學派에 의해 제기된 처변삼사處變三事였다. 국가가 망해가는 변란을 당해 유생들이 취할 방도를 논의한 처변삼사는 의병과 자결 순국투쟁으로 구현되고, 국외로 망명하여 독립군으로 발전하는 사상적 토대가 되었다.

끝내 국권회복운동은 성공하지 못하였고, 식민지가 되고 말았다.

---

1) 민족운동은 반봉건 근대화운동·반제 해방투쟁·민족통일운동이 포함되는 광의의 개념을 지닌 어의이다. 국권회복운동부터 반제 해방투쟁에 해당하는데, 경술국치를 기준으로 국권회복운동과 독립운동으로 구분하여 사용한다.
2) 박걸순, 『식민지시기의 역사학과 역사인식』, 경인문화사, 2004, 75, 285~286쪽.

그러나 1910년대는 다양한 사상적 모색기이자, 독립운동의 준비기였다. 이 시기를 주도해 나간 세력은 진화의 주체를 국가가 아닌 민족으로 상정한 민족주의자들이었다. 그 가운데 일부는 자정과 순국으로 식민지 민족이 되기를 거부하였다.[3] 또한 국외로 망명하여 후일을 도모하는 세력도 있었다. 그들은 독립운동선상에서 이탈한 부류들이 '일강족 一强族의 약자弱者'가 된 것으로 만족하며 '神聖한 약자弱者'가 되자는 요구[4]를 거부하였다.

본고는 망국으로 치닫는 한말과 일제강점기를 격정적으로 살았던 선비들의 절의정신에 토대한 시대인식과 그 실천을 사례를 중심으로 살펴보고자 하는 것이다. 사례는 학맥·신분·지역·방략 등을 감안하여 먼저 화서학파의 처변삼사를 논의하고, 호서의 홍범식洪範植·호남의 황현黃玹·영남의 류인식柳寅植을 선정하여 논의하기로 한다.

2. 처변삼사

1894년 6월(음) 21일 새벽, 중무장한 일본군이 경복궁을 습격한 갑오왜란甲午倭亂이 일어났다. 척사 유림적 성향을 지닌 선비들은 이를 용납할

---

3) 1910년대의 자결 순국자는 64명에 달하는데, 이 가운데 경술국치에 분개하여 자결한 사람은 洪範植을 위시하여 39명(61%)이며, 1911∼1921년간에 자결한 사람이 8명이나 되니 경술국치와 자결 순국과의 관계를 잘 알 수 있다(박걸순, 「安潚의 현실인식과 자정 순국」, 『한국근현대사연구』 제61집, 한국근현대사학회, 2012, 108∼110쪽).
4) 雪園生, 「忙中閑抄－神聖한 弱者」, ≪每日申報≫ 1919년 9월 14일자.

수 없는 침략행위로 인식하고 곧 반일투쟁에 나섰다. 그 첫 움직임은 한 달 뒤인 7월, 안동에서 공주 유생 서상철이 의병을 일으켰다. 서상철은 '삼천리강토에서 관을 쓰고 허리띠를 두르고 사는 마을에 혈기를 가진 사람이 한 사람도 없는가?'라고 개탄하며 의병으로 봉기하였다. 그는 격문에서 거의의 배경으로 임진왜란壬辰倭亂-병자호란丙子胡亂-갑오변란甲午變亂을 들었다.[5]

갑오변란은 유림과 지식인들에게 변란과 망국으로 인식되었다. 따라서 갑오변란은 전기의병의 중요한 봉기 원인으로 작용하였다. 상원 의병을 주도한 김원교金元喬가 발표한 격문에는 갑오변란을 '개화가 아니라 곧 역적의 매국이요 왜놈들이 멸국'하려는 것으로 규정하고, '하늘의 군사'로서 의병을 일으킴을 천명하였다.[6] 류인석 또한 격문에서 갑오변란으로 말미암아 '조선 삼천리강토가 없어졌노라'라고 개탄하였다.[7] 진주에서 거의한 노응규盧應奎도 갑오변란을 '6월의 변'이라고 하며 거의의 원인으로 제시하였다. 홍주의병을 주도했던 김복한金福漢과 이설李偰 역시 갑오변란에 충격을 받아 벼슬을 버리고 의병을 주도하게 되었다.[8]

갑오왜란 후 조선 조정의 정권은 김홍집 등 개화파 관리들에게 장악

---

5) 당시 유생들은 주로 甲午變亂이라는 용어를 사용하였다.

6) 『東京朝日新聞』 1895년 10월 8일 「長壽山暴匪檄文」.

7) 柳麟錫, 「檄告八道列邑」, 『昭義新編』 卷一.

8) 김상기, 『한말 전기의병』(한국독립운동의 역사 09), 한국독립운동사편찬위원회·독립기념관 한국독립운동사연구소, 2009, 15~23쪽.

되었다. 친일적 성향을 지닌 개화파는 '경장更張', '개혁改革'을 단행하였다. 이른바 갑오경장이 그것이다. 양반 유생들은 그들에 의해 추진된 일련의 개화정책을 망국정책으로 단정하고 대응책을 모색하였다. 특히 이른바 갑신변복령甲申變服令은 전국의 선비들을 분노케 하였다. 선비들은 선왕의 법복을 훼손하는 것은 오랑캐가 되는 첩경으로 인식하였다.

류인석의 스승 류중교柳重教는 한 가지의 일에라도 오랑캐의 제도가 있으면 곧 오랑캐가 되는 것이라고 하며, 법복 개정으로 '화하일맥華夏一脈'이 단절되었다고 통탄하였다.[9] 이는 화서학파의 인식을 대변하는 것으로, 류인석에게 그대로 계승되었다. 류인석은 4천년 화하정맥華夏正脈과 2천년 공맹대도孔孟大道와 5백년 조선의 예악전형禮樂典型이 단절된 것이라고 하며, '성토하다 죽고, 거의하다 죽고, 선왕의 도를 수호하다 죽는 것'이 선비의 의리라고 강조하였다.[10]

화서학파의 도맥을 계승한 류인석은 제자들에게 향음례鄉飮禮를 거행할 것을 명하였다. 류인석이 주관하는 향음례는 5월 2일(윤) 제천 장담서사에서 150~160명의 문생들이 모인 가운데 진지하고 엄숙한 분위기에서 거행되었다. 이 자리에서는 화서학파 문인들의 결속을 다지고 향후 대응책이 모색되었다.

1895년 8월 발발한 명성황후 시해사건은 '국수보부론國讐報復論'을 불러일으켰고, 이 또한 의병 봉기의 주요 동인이 되었다. 을미사변이 일어

---

9) 柳重教, 「甲申變服令後示書社諸子」, 『省齋集』 卷三四.
10) 柳麟錫, 「乙未毀服時立言」, 『昭義新編』 卷四.

난 지 불과 3개월만인 11월 흉흉한 소문으로 나돌던 단발령이 공표되었다. 류인식은 복식과 상투의 존재를 성리학적 가치의 상징으로 인식하고 있었다.

華夷綱常과 禮儀大道는 반드시 人身에 있으니 이 몸이 中華가 되고 오랑캐가 됨은 상투를 트는 것과 전통 복식에 달려 있다. 이 상투와 전통 복식의 유지 여부에 따라 중화와 오랑캐, 사람과 짐승이 구별되며…… 머리는 만 번이라도 갈라질지언정 상투는 한 번도 잘릴 수 없고, 몸은 만 번이라도 찢길지언정 복식의 전통은 한번이라도 훼손될 수 없다.[11]

이 같은 위기의식을 지닌 류인식은 제천 장담으로 문인들을 소집하여 국가의 변란에 대처하는 처변삼사處變三事를 제시하였다. 이는 당시 선비들의 현실과 위기인식을 잘 보여준다. 처변삼사는 첫째, 의병을 일으켜 왜적을 쓸어버릴 것(擧義掃淸), 둘째, 떠나서 옛 것을 지킬 것(去之守舊), 셋째, 목숨을 바쳐 뜻을 지킬 것(致命守志)이다.[12]

류인석은 이 세 가지 방안이 모두 성리학적 의리에 합당하니 자기 뜻대로 택해도 무방하다고 하였다. 그러나 '자정自靖'은 도를 위해 죽는 것으로 깨끗해 보이지만 모두 자결하면 도맥道脈이 끊기고, '거의擧義'는 국가의 원수를 갚고 백성을 보전하며 도를 받드는 것이므로 마음이 상쾌하지만 큰 역량이 없으면 목적이 달성할 수 없다고 하며, 자신은 '도해蹈

---

11) 柳麟錫, 『昭義新編』 卷四, 117쪽.
12) 柳麟錫, 「雜錄八條」, 『昭義新編』 卷二. 處變三事는 擧義·蹈海·自靖으로 불리기도 한다.

海'를 선택하였다. 즉, 요순의 땅인 중국으로 들어가 복식과 상투를 지키고 중화의 맥을 잇고자 한 것이다. 그가 이를 선택한 것은 마침 모친(덕수 이씨)의 상중이기도 하였기 때문이다. 그러나 문인 안승우安承禹 등은 거의의 뜻을 분명히 하였고, 심두환은 자정의 길을 택했다. 류인석은 의병이 단양에서 패했다는 소식을 듣고 요동행을 포기하고 영월로 와서 호좌의진을 편성하고 총대장에 추대되었다.

전기의병을 대표하는 의진은 처변삼사에 따라 봉기한 류인석의 제천의병이다. 제천의병은 전성기에 군사가 1만을 넘었고, 충주성을 점령하여 관찰사를 처단할 정도의 성세를 떨쳤다. 따라서 의진의 규모·전력·참여 세력·전투 양상·영향력·연합성 등에서 을미의병을 대표한다고 할 수 있다.[13]

처변삼사는 춘추대의에 입각한 충군애국이라는 성리학적 의리사상을 생명의 근간으로 인식한 조선 선비의 의리를 보여주는 것으로, 한말 수구파 지식인들의 기본적인 행동강령이 된 것으로 평가된다.

3. 호서의 선비 홍범식 – 국파군망國破君亡 불사하위不死何爲[14]

홍범식(1871~1910)은 충북 괴산 출신으로 자결 순국과 더불어 일제

---

13) 오영섭, 「을미 류인석의병 결성과 활동」, 『毅菴學硏究』 제7호, 한국근현대사학회, 2009, 136쪽.
14) 박걸순, 「一阮 洪範植의 자결 순국과 그 遺訓」, 『軍史』 제79호, 2011.

강점기 항일투쟁의 표상이 된 인물이다. 일제 강점기 그는 해마다 맞이하는 국치일國恥日에 대한민국 임시정부를 비롯한 독립운동 단체와 그 기관지, 해외 동포사회에서 발행되던 신문을 통해 기억과 기념의 대상이 되어 왔다.

그는 노론의 명문가에서 태어나 조부와 부친에 이어 과거에 급제하여 망족望族의 영예를 이어갔다. 그는 어려서부터 학문을 좋아하였으며 효제孝悌를 두터이 행하고 지절志節을 지키기에 힘썼다. 홍범식은 1888년 무자 식년시의 진사시에 급제 후 내부 주사, 혜민원 참서관을 거쳐 1907년 전북 태인 군수에 임명되었다.

당시는 의병이 전국적으로 봉기하였고, 특히 전북의 의병 활동이 왕성하였다. 이에 군수로 서임된 사람들이 임지 부임을 기피하여 지방관이 결원이 된 이른바 '광과曠窠', '과궐窠闕' 현상이 심각하였다. 그러나 그는 선비로서 나라가 어려울 때 회피하는 것은 도리가 아니라고 생각하였다. 그는 의병을 진압하기 위해 출동한 일본군 수비대장을 찾아가 백성을 함부로 죽이지 않도록 설득하여 많은 생명을 구하였다. 또한 그는 황정荒政이나 수리사업 등 백성을 이롭게 하는 일에 정성을 다하였고, 지방관의 가렴주구와 폐정이 없도록 유의하였다.

홍범식은 1905년 을사오조약이 강제 당한 이후 항상 비분강개하여 눈물을 흘리며 민영환의 순절을 칭송하곤 하였다.[15] 1910년 들어 일제가 일진회를 앞세워 우리나라를 병탄한다는 소식을 듣고는 "안타깝다.

15) 朴殷植, 『韓國痛史』, 大同編譯局, 1915, p.171(『白巖朴殷植全集』 제1권, 415쪽).

내가 백리의 땅은 지켜냈으나 나라가 망하는 것은 지켜낼 힘이 없구나. 나라가 망한다면 죽는 것이 마땅하다"라며 자결을 예시하였다.16)

홍범식의 자결 순국 과정은 정인보의 『담원문록』에 상세히 설명되어 있다. 그는 장차 국가에 변고가 있을 것을 예상하고 미리 그의 부자와 친우들에게 유서를 써두었으나 아무도 그의 자결 조짐을 눈치 채지 못하였다.17)

1910년 8월 29일, 결국 그는 망국의 소식을 듣게 되었다. 이 소식을 접한 그는 곧 자결을 결심한 뒤 재판소 서기 김지섭金祉燮에게 유서를 넣어 단단히 봉한 상자를 건네주며 집으로 가져가도록 당부하였다. 그날 밤 김지섭은 홍군수의 자결 소식을 들었다.

홍범식은 자결 직전 객사 벽에 '국파군망國破君亡 불사하위不死何爲'라는 여덟 자의 유서를 남겼다.18) 홍범식의 품안에 지니고 있던 유서는 일제의 염탐꾼이 뒤져 가져갔지만, 일제는 김지섭에게 부탁한 유서의 존재는 알지 못하고 있었다. 유서는 할머니와 부모로부터 부인과 자제, 며느리와 딸, 손자에게 이르기까지 십여 통이나 되었다. 손자 기문에게는 입신양명하여 자신의 유한을 달래 달라고 부탁하며, 몇 종형제가 되더

---

16) 金澤榮, 「洪範植傳」, 『韶濩堂文集』 卷十. 김택영은 『韓史綮』에서 그가 일제가 합병하기로 기약하였다는 소식을 듣고는 "관직이 封疆이 있으며 적을 능히 방어하지 못하였으니 살아서 무엇 하겠는가?'라고 탄식하였다고 서술하였다.

17) 홍범식 외손가에 전하는 유서(「두 며느리의게」)의 사본에는 작성일이 7월 23일로 되어 있다. 이는 음력일인데, 이로써 보면 홍범식은 이 유서를 자결하기 이틀 전인 8월 27일에 이미 작성해 두었음을 알 수 있다.

18) 朴殷植, 『韓國痛史』, 大同編譯局, 1915, p.171(『白巖朴殷植全集』 제1권, 415쪽).

라도 돌려서 읽어 보라고 명하였다.[19]

그의 자결 순국 소식이 알려지자 온 나라 사람이 깜짝 놀랐다. 사람들은 홍범식은 나라가 망하자 최초로 순국한 사람이며, 앞으로 그의 뒤를 따라 많은 관리와 신민들이 죽을 것이라고 칭송하였다.[20]

홍범식이 자결 순국하자 일제는 10일이 지난 9월 8일자 《조선총독부관보朝鮮總督府官報》의 「휘보彙報」의 관리사거官吏死去 부분에 '금산 군수 홍범식이 지난달 30일 사거하였다'라고 죽음의 원인을 밝히지 않고 단순하게 보도하였다.[21]

일제는 경술국치에 분개하여 자결한 사람이 생겼다는 소식을 들으면 곧 그 집 사람들 찾아가 절대 사실을 발설하지 못하도록 협박하였다.[22] 그러나 홍범식의 경우, 일제는 그의 순국이 미칠 파장을 우려하여 그의 자결 원인조차 비열하게 왜곡하였다. 즉, 일제는 그의 순국이 일제의 침략에 분개하여 결행한 것이 아니라 '본래 있던 광증이 발하여' 자살한 것으로 폄하하였던 것이다.[23]

그러나 그의 자결 순국 소식은 순식간에 국내외로 전해지며 엄청난 반향을 일으켰다. 《신한민보新韓民報》는 그의 자결 순국 사실을 「그래

---

19) 洪起文, 「故園紀行」(「洪起文朝鮮文化論選集」, 380쪽).

20) 金澤榮, 「洪範植傳」, 『韶濩堂文集』卷十.

21) 《朝鮮總督府官報》, 1910년 9월 8일자. 순국일자도 의도적으로 하루 늦게 발표하였다.

22) 朴殷植, 『韓國獨立運動之血史』, 維新社, 1920, p.29(『白巖朴殷植全集』 제2권, 109쪽).

23) 《新韓民報》, 1910년 10월 12일자. 일제는 이미 이한응의 순국 때에도 원인을 왜곡한 바 있다.

도 하나 있다」라는 제목으로 신속하게 미주 동포사회에 보도하였고, 그 이후에도 몇 차례 더 보도하며 칭송하였다.[24]

그의 순국은 독립운동 단체나 해외 동포사회에서 8월 29일의 국치일을 맞이하여 독립투쟁의 결의를 다지는 기억과 기념의 상징적 소재가 되었다. 상해의 동제사同濟社는 1913년 8월 29일의 국치일을 맞이하여 홍범식 추도회를 개최하였고,[25] 《신한민보新韓民報》 역시 이날을 맞이하여 「대치욕 합병 기사」에서 '홍태수의 강개 순국'이 민족정기가 인멸치 않은 증거라고 그의 순국을 기렸다.[26] 한편 《독립신문獨立新聞》은 1922년 8월 29일자 「국치일의 해설」 기사에서 홍범식의 자결 순국을 최초의 순국으로 칭송하였고,[27] 한국국민당 기관지 《한민韓民》도 1936년의 국치일에 그를 순국열사의 수위首位에 두고 설명하였다.[28]

무엇보다도 그의 자결 순국은 아들 홍명희에게 '가슴에 큰 못이 박혀'진 것 같은 깊은 충격과 영향을 주어 조선 천하가 모두 왜노倭奴의 수하가 되더라도 홍명희만은 절대로 그럴 수 없었던 것이다.[29]

홍명희는 부친의 삼년상을 마치자마자 중국과 남양으로 방랑의 길을 떠나 7년여를 보내다가 귀국하였다. 그는 부친이 유서에서 당부한대로 친일을 하지 않고 부친을 욕되게 하지 않게 살고자 하였다.[30] 그는 월북

---

24) 《新韓民報》, 1910년 9월 21일자.

25) 鄭元澤, 『志山外遊日誌』, 1913년 7월 28일자(陽 8. 29).

26) 《新韓民報》, 1913년 8월 29일자.

27) 《獨立新聞》, 1922년 8월 29일자, 「國恥日의 解說」.

28) 《韓民》, 1936년 8월 29일자, 「流芳百歲의 殉國 諸烈士」.

29) 朴學甫, 「洪命憙論」, 『新世代』 1946년 3월호(통권 제1권 제1호), 85～87쪽.

한 후에도 자신의 책상 왼쪽 벽에 부친이 남긴 유서를 액자에 담아 걸어 두었는데, 아침저녁으로 올려다보며 마음을 다잡고 깨끗하게 살려고 노력하였다고 한다. 또 자신은 일생동안 애국자라는 명예를 잃을까봐 그 명예에 티끌조차 묻을세라 마음을 쓰며 살아왔다고 말하였다고 한다.[31]

홍명희는 1919년 3월 19일, 충북 최초의 3·1운동인 괴산 장터의 만세시위를 주도하였고, 이후에도 신간회를 조직하고 주도하는 민족운동의 길을 걸었다. 또한 동생 홍용식과 손자 홍기문도 민족운동의 길을 걸었다.

홍범식의 순국으로 인해 민족운동의 길을 걸은 것은 가족뿐만이 아니었다. 일제는 충북지방 3·1운동 발발 원인의 하나로써, 당시 양반과 유생층을 중심으로 홍범식의 자결 순국을 찬양하는 풍조를 지적한 바 있다. 즉, 홍범식의 자결 순국이 양반과 유생들의 만세시위에 끼친 영향을 주목하였던 것이다.[32]

그의 자결 순국의 유훈은 후손이라는 혈연적 연고와 충북이라는 공간적 범주에만 머물지 않았다. 전국의 많은 우국지사들이 그의 뒤를 따라 자결로써 일제의 침략에 항거하였고, 그를 본보기로 하여 민족운동에 투신하였다.

추강秋岡 김지섭金祉燮(1884~1928)은 그 대표적 인물이라 할 수 있다.

---

30) 洪起文, 「아들로서 본 아버지」, 『朝光』 2권 2호, 1936.5, 181~190쪽.

31) 현승걸, 「통일 염원에 대한 일화」, 『통일예술』 창간호, 광주출판사, 1990, 319쪽.

32) 朝鮮憲兵隊司令部, 1919, 『朝鮮騷擾事件狀況』(독립운동사편찬위원회, 『독립운동사 자료집』 제6집, 1973, 472~474쪽).

김지섭의 독립운동 참여는 홍범식의 자결 순국 과정을 곁에서 지켜보고, 또한 그로부터 유서를 부탁받아 비밀리에 가족에게 전하며 잠자던 민족의식이 각성되고 독립의식이 고양된 것과 관련이 깊은 것으로 평가된다.[33] 또한 미주지역에서 활동한 송철宋哲(1896~1986)도 주목된다. 당시 전주 신흥중학교에 재학 중이던 송철은 고향이 금산으로 홍범식의 죽음을 직접 목도하며 일본에 대한 적개심에 비분강개하여 살아있는 동안 원수를 갚겠다고 결심하고 학업에 전념하고 이후 망명하여 독립운동에 나섰다고 회고한 바 있다.[34] 홍범식의 죽음은 동료 군수들에게도 충격으로 작용하였다. 당시 이천 군수로 재임하던 조용하趙鏞夏(1882~1937)는 대한민국 임시정부의 삼균주의三均主義를 정립한 조소앙의 형이었는데, 그는 같은 군수직에 있던 홍범식의 자결 순국 소식을 듣고는 자괴감을 느끼고 독립운동에 나섰다.[35]

따라서 홍범식의 사례에서 분명히 알 수 있듯이 의열투쟁으로서의 자결 순국은 단순히 개인적 차원의 봉건적, 소극적 투쟁이 아닌 것이다. 곧 자결 순국 투쟁은 개인의 극적 희생을 통해 민족적 각성을 촉구하고 민중의 봉기와 투쟁을 유발한 적극적이고 효율적 투쟁으로 평가하여 마땅하다. '역사가들이 자결 순국자들을 대서大書 특서特書하여 입전立傳케 하여야 한다'고 한 박은식의 주장[36]은 지극히 타당한 것이다.

33) 金容達, 「秋岡 金祉燮의 生涯와 獨立運動」, 『安東史學』 제6집, 2001, 135~181쪽.
34) 이상수, 『송철 회고록』, 키스프린팅, 1985, 29~30쪽.
35) 「趙鏞夏 聽取書(第一回)」, 1932년 12월 19일, 神戶地方裁判所 檢事局(『韓民族獨立運動史資料集』 42, 국사편찬위원회, 2000, 111쪽).

4. 호남의 선비 황현 – 난작인간식자인難作人間識字人[37]

황현(1855~1910)은 전라도 광양 출신으로 호남 선비의 절의를 대표하는 인물이다. 그의 이념과 사상의 바탕을 이루고 있는 것은 성리학적 가치였다. 그러나 그는 위정척사적 사고의 틀 속에만 매몰되어 있지 않고 '개화지본開化之本'을 주장하였다. 그러나 그가 상정한 개화는 개화파 인사들이 추구한 서양화나 문명화가 아니라, 유교적 질서를 바탕으로 한 군주 중심의 중세적 통치 질서 강화책으로서 그의 화이관적 세계관을 보여주는 논의이다. 그는 개혁의 필요성은 인정하되, 정부 주도의 개혁을 지지한 것으로 이해된다. 그는 정통 유생으로서 보수적 사고를 크게 탈피하지 못한 인물이었다. 따라서 개화관에 일부 진보적 부분이 있다 하여 근대 지향적 인물로 해석하는 것은 과도한 평가이다.

그의 현실인식이 집약적으로 반영되어 있는 것은 『매천야록梅泉野錄』이다. 『매천야록梅泉野錄』은 황현이 동학농민운동의 발발에 충격을 받아 1894년경부터 본격적으로 정리한 당대사로서, 일제 침략사와 망국사에 관해 자료적 가치가 높은 사료이다.

매천은 淸에 대해서 일본이나 러시아와는 달리 침략성을 경계하거나 주체성을 강조하려 하지 않았다. 그는 말년에 이르러 다소간 의식의 변

---

36) 朴殷植, 『韓國痛史』, 171쪽(『白巖朴殷植全集』 제1권, p.415).
37) 박걸순, 「매천 황현의 당대사 인식을 둘러싼 논의」, 『한국근현대사연구』 제55집, 2010.

화를 보이기도 하나, 끝내 전통 유학자로서의 체질적 한계를 극복하지 못하고, 화이관적 세계관에서 벗어나지 못하였다. 그러나 일본의 침략적 본질은 명확히 간파하고 있었다. 그는 일본의 정치적 침략은 물론 경제적 침탈도 날카롭게 비판하였다. 독도 영유권을 주장하는 부분에서는 강렬한 영토주권의식을 엿볼 수 있다. 러시아에 관한 인식은 청에 대한 것처럼 우호적이지는 않았으나, 일본에 대한 것보다는 상대적으로 덜 비판적이었다.

매천의 서양에 대한 인식은 그리 철저하지 못하다. 특히 초기 부분은 '양구洋寇'나 '이적夷狄'의 수준을 넘지 못하였다. 그의 서양 인식은 서학에 대한 부정적 서술에서 극명하게 드러난다. 그러나 1904년을 전후하여 한국 침략의 주체를 일본으로 확신하며, 서양에 대한 기술은 비교적 객관적으로 되었다.

『매천야록梅泉野錄』은 망국사와 민족운동사에 관한 당대 최고의 기록이라 해도 과언이 아닐 정도로 다양한 민족운동에 대해 상세히 기술하였다. 그런데 매천이 한말의 국권회복운동을 어떻게 평가하고, 어느 방법론을 주류로 인식하였는가 하는 논의가 계속되고 있다.

한말의 국권회복운동은 개인적 의열투쟁, 계몽운동, 의병항쟁의 형태로 전개되었다. 이 가운데 그는 개인적 의열투쟁인 자결의 방법을 택하였다. 매천처럼 비평정신이 투철한 인사가 을사늑약 후 계몽운동과 의병투쟁이 격동하는 분위기 속에서 아무런 행동도 없이 『매천야록梅泉野錄』만 쓰면서 칩거한 것에 대해 문제를 제기하는 견해도 있다.[38] 그러나 그는 계몽운동과 의병투쟁을 긍정적으로 인식하였음은 물론 일정하게 연계하고 있었고, 끝내 자결 순국의 의열투쟁을 선택함으로서 결국 민족운동에 합류한 것으로 해석함이 타당하다.

매천은 「절명시絶命詩」에서 자신의 자결 행위를 '인仁을 이룸이요 충忠은 아니다'라고 자평하였다. 그리고 자신이 '단지 윤곡尹穀을 따르는 데 그치고 진동陳東을 따르지 못함이 부끄럽다'고 하였다. 곧 그는 자결의 방법이 적극적 민족운동은 아닌 것으로 여긴 것이다. 그가 「유자제서遺子弟書」에서 말한 바와 같이 자신이 반드시 죽어 의義를 지켜야 할 까닭이 없음에도 자결한 것은 '식자인識字人'의 의무를 다하고자 한 것으로 평가하여야 할 것이다.

매천이 자결 순국을 어떻게 인식하고 있었는가 하는 것은 이시원李是遠의 순사殉死에 대한 기술부분에 잘 나타난다. 이시원은 이건창의 조부로 성품이 강직하여 늘 순국의 뜻을 지니고 있었는데, 병인양요 때 강화도가 점령되자 동생 이지원李止遠과 함께 독약을 마시고 순국한 인물이다. 이 부분의 기술은 그와 이건창의 친교관계로 인해 다소 장황하고 주견이 개입된 부분도 보인다.[39]

그는 송병선宋秉璿의 순사와 관련된 기술에서도 '실록實錄'이란 표현을 사용하였다. 매천은 송병선이 최익현 등 학자들과는 달리 가문의 후광으로 빈사賓師의 자리까지 올랐으나, 명론名論이 별로였고 청렴하지 못하다는 비방을 받았지만 그가 순사하자 사람들의 감복하여 '완인完人'으로 추

---

38) 愼鏞廈, 「『黃玹全集』 解題」, 『黃玹全集』 上, 아세아문화사, 1978, 6쪽.
39) 黃玹, 『梅泉野錄』, 8쪽.

대하였다고 평가하였다. 또한 평소 송병선을 대단치 않게 여기던 사람이 그의 죽음을 '마감법磨勘法'이라고 표현한 편지의 내용을 소개하며, 당시 사람들이 이 표현을 '실록實錄'이라 여겼다고 하였다.[40] 이는 '세상사람' 들의 평가를 전한 것이나, 그가 자결이 지니는 의미와 가치를 어떻게 인식하고 있었는가를 잘 보여주는 것으로 생각된다.

매천은 이한응의 순국부터 관료나 양반은 물론 평민과 노비에 이르 기까지 다양한 계층의 자결 순국을 상세히 기술하였다. 또한 전명운 장 인환 의거와 안중근 의거 등 개인의 의열투쟁에 관해서도 상세하게 서술 하였다. 『매천야록梅泉野錄』은 의열투쟁 기록의 보고寶庫로서, 본서가 아 니면 세상에 묻힐 내용도 많다.

결국 매천은 자신이 택한 자결 순국의 의열투쟁을 다른 방법론에 비 해 적극적 투쟁이 아닌 소극적 항쟁으로 여기면서도, 의열투쟁에 관한 매우 상세한 기록을 통해 이를 당당한 민족운동의 한 갈래로 간주하였음 을 알 수 있는 것이다.

많은 연구자들이 주목하였듯이 매천은 의병에 관해 매우 상세한 기 록을 남겼다. 그는 전국 각지에서 봉기한 의병의 활약상을 빠짐없이 기 록하려 하였고, 그들의 상소문이나 격문도 가급적 모두 수록하였다. 그 가 1908년 1월부터 매월 「의보義報」를 따로 정리한 것은 의병에 대한

---

40) 黃玹, 『梅泉野錄』, 369쪽. 그는 송병선의 순사 소식을 들은 최익현이 죽는 것은 참으로 좋은 것이나, 사람들이 모두 죽는다면 나라를 위할 자 누구인가 라고 탄식하 며 그 때부터 더욱 식사를 잘하여 기운을 돋워 사방으로 사람을 불러 모을 계책을 세웠다는 사실도 소개하였다.

관심을 잘 보여준다. 그는 일부 의병의 의식적 한계나 무기와 기율 등 전략적 취약성을 지적하면서도,[41] 의병의 승전이 일제의 은폐로 알려지지 못함을 안타까워하였다.[42]

그는 의병에 동참하지 않은 유림들을 질타하였다. 한편으로는 의병 봉기의 한계도 절감하고 있었다. 다음은 그런 인식을 잘 보여주는 부분이다.

> 최익현이 의병을 일으킬 적에 서신을 보내 곽종석을 맞아들이려고 하였으나 곽종석은 君父에게 화를 재촉하고 백성에게 독을 끼칠 뿐이라고 하여 호응하지 않았다. 또 기우만에게 담양의 산사에서 회합하여 함께 거사할 것을 요청하였으나 그도 사절하였다.…… 실제 기우만과 박봉양이 모구 관망만 할 줄은 몰랐다. 비록 서로 앞뒤를 이어서 호응을 했더라도 단지 지방의 피폐함만 더하였을 뿐이었다.[43]

그는 계몽운동의 한계를 인식하고 있었음에도 불구하고 직접 계몽운동에 나서기도 하였다. 마찬가지로 그는 의병투쟁의 한계를 인식하면서도, 함께 기의하지 않은 곽종석과 기우만의 행위를 비판하였던 것이다. 매천은 의병과 일정한 교분이 있었던 것으로 보인다. 그는 최익현 의병부대의 거의일기擧義日記를 저술하거나, 고광순 의병장의 약사를 정리해

---

41) 河宇鳳, 「黃玹의 歷史意識에 대한 研究」, 143~1441쪽.

42) 黃玹, 『梅泉野錄』, 372, 429쪽.

43) 黃玹, 『梅泉野錄』, 382~383쪽. 그는 곽종석이 왕의 徵召를 피하는 등 의리에 처함이 분명치 못하여 영남 사람들이 그의 행동을 부끄럽게 여겼다고 비판하였다.(364쪽)

두었고, 면암을 대신하여 「창의격소(倡義檄疏」를 작성하기도 하였다.

　매천은 당시 사람들의 인식의 변화를 인정하고, 계몽운동이 전개되는 시대적·사회적 상황을 긍정하면서도 그 효용에 대해서는 부정적으로 여겼다. 그리고 계몽운동이 효용을 발휘하지 못하게 된 주요 원인으로 일제의 탄압과, 주도계층의 한계를 지적한 것은 주목되는 견해이다. 그는 1907년 자신이 직접 신학문 수용을 바탕으로 호양학교壺陽學校를 설립하여 애국적 인재 양성에 나섰다. 그는 나라와 백성이 패망하지 않으려면 약육강식의 상태를 벗어나야 하고, 그 방법은 서양의 부강함과 학문을 받아들이는 것이라고 여겼다.[44] 이 시기 그는 의병에 대해 상당한 관심을 기울이면서도 정작 본인은 계몽운동을 주도하였던 것이다. 이는 그의 국권회복운동 방법론의 다변적 인식을 보여주는 것으로 이해된다. 즉, 특정 방법론에 편중되기 보다는 국권회복을 위해서는 총체적 대응의 필요성을 깨닫고 있었던 것으로 해석함이 타당할 듯하다.

　곧, 매천은 1907년 이후 일제의 침략이 더욱 격화되며 일제에 직접 맞서는 의병투쟁에 깊은 관심을 표하고 의병과 일정한 교분을 갖는 한편, 실력양성과 계몽운동에도 직접 참여하였던 것이다. 그것은 두 운동 계열의 한계를 명확히 인식하고 있었기 때문에 어느 하나의 방법론만으로는 국권을 회복할 수 없다고 믿었기 때문으로 보인다. 따라서 그는 특정 이념이나 방법론에 매몰되지 않고 국권회복을 최우선의 과제로 설정하고 그

---

44) 金項句, 「黃玹의 新學問 受容과 '壺陽學校' 設立」, 『文化史學』 21號, 한국문화사학회, 2004, 1003~1005쪽.

해결에 진력하였던 것으로 이해하는 것이 타당할 듯하다. 그러나 끝내 망국에 처하자, 자신의 의지만으로 실천이 가능한 자결 순국의 의열투쟁을 결행함으로써 '식자인識字人'으로서의 의무를 다하고자 하였던 것이다.

5. 영남의 선비 류인식 – 수시변역隨時變易[45)]

류인식(1865~1928)은 경북 안동시 예안면 주진리 삼산마을에서 태어나, 일생을 격정적인 민족운동으로 일관한 인물이다. 그는 민족운동의 첫출발인 을미의병에 참여하였으나, 이후 과감히 개화사상으로 전회하여 '혁신 유림'으로서 고난의 역정을 걸어 나갔다. 그 어느 곳보다도 보수적 성격이 강한 안동에서, 위정척사衛正斥邪가 아닌 사상을 수용하기 어려운 척사 유림들의 틈바구니에서, 그는 외롭고 고통스러웠지만 당당하게 계몽운동을 펼쳤다.

그 길에는 엄청난 고통이 따랐다. 아버지로부터는 자식의 인연을 끊기는 의절을 당하였고, 스승으로부터는 절교와 파문을 당하며 괴로워하기도 하였다. 그의 아버지는 서파西坡 류필영柳必永(1841~1924)으로 정재학파의 적통을 계승하여, 후일 영남유림들로부터 '남곽북유南郭北柳'(남쪽에는 곽종석 북쪽에는 류필영)이라는 찬사를 들을 만큼 학문적으로 높은 평가

---

45) 박걸순, 「東山 柳寅植의 歷史認識」, 『韓國史學史學報』 2, 한국사학사학회, 2000; 『시대의 선각자 혁신유림 류인식』, 지식산업사, 2009.

를 받았다. 그는 철저한 위정척사적 사상을 소유하고 있었기 때문에, 개화 계몽운동을 벌이려던 아들에게 의절을 선언했던 것이다. 그의 스승은 척암 김도화(1825~1912)로, 퇴계로부터 시작하여 이상정-남한조-류치명의 적통을 이은 인물이다. 따라서 그가 계몽운동으로 전환한 제자를 파문한 것은 당연한 일이었다.

그는 유신을 위해서는 형식부터 바꿔야 한다고 역설하였다. 그는 털이 몸에 붙어 있으니 소중한 것이라고 하면서도, 장차 몸이 없어지려는 판국에 털이 뭐가 그리 소중하냐고 되물었다. 이는 겨레가 죽음과 멸망의 길로 내몰려 있는데, 상투가 무슨 소용이냐는 비유적 표현이다. 심지어 그는 나라가 이 지경에 이르기까지는 스승의 책임도 있다고 지적하였다. 그것은 나라를 망하게 한 데에는 유림의 죄가 크다는 인식에서 비롯된 것이다. 그는 서북지방의 사교(기독교도: 필자)들도 나라를 구하려고 일어나는 형국에 예의의 고장인 영남에서 그런 사람이 한 사람도 없으니 영남 유림을 대표하는 스승의 책임이 크다고 지적한 것이다. 그리고 스승에게 자제와 문생 중 뛰어난 젊은이들을 학교로 보내고 신학에 종사하게 하여 국민으로서의 도리를 다하게 하도록 해야 한다고 권유하였다. 만약 스승이 그렇지 않고 구학에만 매달려 망해가는 나라와 죽어가는 겨레에 도움이 되지 않는다면 먼 훗날 날카로운 비판을 받을 것이라는 고언을 서슴지 않았다.

그는 구학舊學과 신학新學은 같은 성격의 것이라고 인식하였고, 구학을 혁신의 대상으로 설정하되 구학에 바탕을 두고 신학을 지향한 유학 개신론자였다. 그는 "차라리 한 고을의 완고한 유림들에게는 죄를 지을

지언정 한 나라와 사회에는 죄를 짓지 않겠으며, 일시 고향의 유림들에게는 죄를 지을지언정 백세百世의 공의公義에는 죄를 짓지 않겠다"는 신념을 가지고 계몽운동에 헌신하였다.

류인식은 을미의병 참여를 시작으로, 세상을 떠나기 한 해 전인 1927년 신간회 안동지회 초대 회장으로 추대될 때까지 30여 년을 오로지 국권회복과 민족의 독립을 모색하는 데에만 힘을 쏟았다. 그가 활동한 지역은 안동을 중심으로 하되, 중앙과 국외에까지 미쳤다. 그렇기 때문에 그는 민족운동사의 방법론에서는 혁신성과 다양성을, 공간적으로는 전국적 대표성을, 시간적으로는 한 순간도 일제의 침략과 식민지 지배를 인정하지 않는 지구성을 지니고 투쟁한 한국독립운동사의 대표적 지도자의 한 사람이라 할 수 있을 것이다.

1895년 일제가 을미사변을 일으키고 단발령을 공포하자, 안동을 비롯하여 각지에서 을미의병이 일어났다. 그는 이 때 종형과 함께 비분강개하여 "오백년 종사가 드디어 망하려는데 삼천리 강역에 한 명의 義士도 없다는 말인가?'라고 개탄하며 의병을 일으켰다. 이 때 조정에서 관군을 보내 의병을 진압하려 하자, 그는 "선비는 욕을 당하여서 안 되고, 나라의 치욕은 설욕하지 않으면 안 된다"고 하며 동지들과 함께 청량산으로 들어가 의병항쟁을 펼쳤다. 정재학파의 동문인 류시연과 김도현도 청량산에서 함께 의병으로 활동하였으나 결국 실패하고 말았다.[46]

그의 생애와 활동에는 두 차례의 커다란 전기가 있었다. 가장 중요한

---

46) 「略歷」, 『東山文稿』, 143쪽.

전기는 1903년 신채호와의 만남을 통해 완전히 다른 세상과 사상을 경험하며 개화사상가로 변신하여 철저한 계몽운동을 펼치게 된 것이다. 그는 이 같은 자기 자신의 변화에 대해 "창자가 바뀌고 얼굴이 바뀌고 말과 행동이 전날의 내가 아니다"고 말할 정도로 이전과는 완전히 다른 사람으로 탈바꿈했다.[47] 당시 그의 개화사상 형성에 큰 영향을 끼친 것은 양계초의 『음빙실문집飮氷室文集』이었다. 이 사실은 그의 저술 중 교육구국사상이 잘 나타나 있는 「학범學範」과 「이퇴계선생력사대개李退溪先生歷史大槪」가 양계초의 『음빙실문집』에 수록된 「시무학당학약時務學堂學約」과 「남해강선생전南海康先生傳」의 체재와 내용을 거의 모방하고 있음에서 확인할 수 있다.

류인식의 현실인식과 계몽사상은 스승 김도화金道和에게 보낸 「상김척암선생上金拓菴先生」에 잘 나타나 있다. 여기에서 그는 자신이 처해 있던 당시를 '불행하게도 신구교체新舊交替의 시기'라고 보았다. 그리고 당시의 세계정세를 '약육강식弱肉强食 우승열패優勝劣敗의 대변국大變局'으로 진단하였다.[48] 그는 자신의 계몽운동으로 인해 부친인 류필영柳必永으로부터 의절 당하고 스승인 김도화金道和로부터 파문을 당하는 현실을 괴로워하기도 하였다. 그러나 그는 자신이 문하門下에서 끊어진 것이 아니라 스스로가 끊은 것이라고 하였다. 또한 나라가 이 지경에 이르기까지는

---

47) 「上金拓菴先生」, 『東山文稿』, 9~10쪽.
48) 「上金拓菴先生」, 『東山文稿』, 9쪽. 한편 그는 「與鄭可範」, 『東山文稿』, 13쪽에서도 優勝劣敗 弱肉强食의 시대를 당하여 革新만이 국가와 민족을 보존할 수 있을 것이라고 강조하였다.

스승의 책임도 있는 것이라고 당당하게 말하였고,[49] 『주역』의 '수시변역 隨時變易'을 거론하며 유신維新할 것을 건의하기도 하였다.[50] 결국 그는 시세에 합당한 것은 유신을 하는 것이며, 그 방법은 신학을 교육하는 것이라고 믿었다. 그는 교육과 사회발달, 국권회복과의 관계를 다음과 같이 설명하였다.

> 社會를 組織하고 人心을 團結하여 教育을 발전시키고 人才를 양성하여 民權을 신장시키고 學術을 진흥시키며 農業을 진작시키고 工務와 商利를 발달시켜 국민의 실력을 기른 후에라야 民族을 維持할 수 있으며 國權을 回復할 수 있는 것이다.[51]

그는 자신의 사상思想 전회轉回의 논리를 고전에서 찾았다. 그는 스승에게조차 지금은 신구가 교체하는 시기라고 하고, 『주역』에 나오는 '시대에 따라 변하고 바꿔어라'(隨時變易)는 구절을 거론하며 유신할 것을 건의하였다. 마침내 그는 시세에 합당한 것은 유신을 하는 것이며, 그 방법은 신학을 교육하는 것이라고 믿고 이를 실천하였다.

1903년 이후 류인식은 개화사상을 지니고 계몽운동에 진력하였다. 신문화를 수용하여 계몽운동가로 전환한 류인식은 먼저 교육구국운동에

---

49) 「上金拓菴先生」, 『東山文稿』, 11쪽.
50) 「上金拓菴先生」, 『東山文稿』, 11쪽. 류인식이 『周易』의 '隨時變易'를 사상변동의 논리로 삼은 것은 朴殷植의 경우와 같다.(「讀恒卦」, 『朴殷植全書』 中, 東國大學校出版部, 1975, 429~430쪽)
51) 「答李炳鯤」, 『東山文稿』, 25쪽.

착수하였다. 류인식의 교육운동은 보수적인 유림들의 반발로 좌절을 겪기도 하였으나, 1907년 이상룡李相龍・김동삼金東三 등과 협심하여 협동학교協東學校를 설립하기에 이르렀다.52) 이와 함께 1900년대에 류인식이 전개한 민족운동으로 대한협회大韓協會의 발기와 안동지회의 설립(1907), 교남교육회嶠南敎育會의 조직(1908)도 특기할만하다. 그러나 류인식은 1910년 의병들이 협동학교를 습격하여 교사를 살해하는 참상을 겪으며 放聲號哭하는 비운도 겪었다.53)

한편 그가 1908년 노비를 해방시킨 것도 주목하여야 할 사건이다. 그는 인류의 평화를 부르짖는 시대에 계급의 차별이 있는 것은 인도적 견지에서 볼 때 실로 모순이며 국력 단합에도 해독이 매우 크다고 여겼다. 따라서 그는 노비를 해방시키고 적자와 서자의 구분을 타파하고자 하였다. 그가 1920년대에 노비의 신분해방운동인 형평운동을 지원했음은 물론이다.

1910년 나라가 망하자, 그는 발해의 옛 땅이 우리들이 돌아갈 곳이라고 판단하고 만주로 망명할 것을 결심하였다. 만주로의 망명 계획은 그 자신의 독자적 판단이 아니라, 신민회의 독립군기지 건설 계획과 관련된 것이다. 그리고 이상룡・김대락・김동삼 등 안동의 동지들과 협의하여 진행한 것이었다. 1910년 말, 이상룡이 문중을 인솔하여 먼저 출발하고,

---

52) 協東學校에 대하여는 趙東杰, 「安東儒林의 渡滿經緯와 獨立運動上의 性向」 및 金喜坤, 「安東 協東學校의 독립운동」, 『于松趙東杰敎授停年紀念論叢 II 韓國民族運動史研究』, 나남출판, 1997 참조.
53) 《皇城新聞》 1910년 7월 23일자 「弔協東學校」 및 「略歷」, 『東山文稿』, 145쪽.

이어 이듬해 1월 김동삼을 비롯한 내앞 문중들도 떠났다. 안동 유림들의
만주 망명은 척족 인맥을 중심으로 실행된 점에서 한국독립운동사에서
특이한 사례로 평가된다.

류인식은 경학사 교무부장에 임명되었다. 이는 협동학교를 건립하고
운영한 경험과 관련이 있다. 그러나 그는 1912년 일시 귀국하였다가 일
제에 피체되어 다시는 만주로 돌아가지 못하였다. 그의 현실인식과 역사
인식은 『대동사大東史』에 고스란히 담겨져 있다. 1912년부터 1917년경까
지 안동에서 집필한 『대동사』는 단군 이래 경술국치까지의 통사를 편년
체의 순한문으로 정리한 사서이다. 본서는 3권 11책으로 구성되었으며,
「단씨조선기檀氏朝鮮紀」-「남북조기南北朝紀」-「고려기高麗紀」-「조선기朝
鮮紀」 순으로 정리하였다. 본서는 종족과 영토 중심의 역사서술, 단군에
대해 적극적 해석, 독특한 남북조南北朝 사관 등 1910년대의 민족주의사
학을 대표하는 사서로 평가된다.

류인식은 을미의병 참여를 시작으로, 사거할 때까지 30여 년을 오직
국권회복과 독립운동의 외길을 걸은 인물이다. 따라서 그는 망국과 식민
치하에 영남 선비의 절의를 실천한 대표적 인물의 한 사람이라 평가할
수 있을 것이다.

6. 마무리

본고는 한말 선비들의 절의정신과 실천을 사례를 중심으로 살펴본

것이다. 한말은 봉건적 요소의 척결과 외세의 배격이 시대적 과제로 제기된 격동기였다. 그 과정에서 전통적 가치관과 질서가 위협 당하였고, 당대의 지성인 선비들은 위기의식을 느끼고 대처 방안을 모색하였다.

류인석이 중심된 화서학파는 국가의 변란에 대처하기 위한 '처변삼사'로 거의소청擧義掃淸·거지수구去之守舊·치명수지致命守志를 제시하였다. 이는 춘추대의에 입각한 충군애국이라는 성리학적 의리사상을 생명의 근간으로 인식한 조선 선비의 의리를 보여주는 것으로, 한말 수구파 지식인들의 기본적인 행동강령이 된 것으로 평가된다.

호서의 선비 홍범식은 군수라는 고위 관인으로서 일제의 침략에 비분강개하다가 경술국치를 당하여 최초로 자결 순국한 인물이다. 그는 군수로서 선정을 베풀고, 특히 의병이 치성한 호남에서 군수로 재임하며 의병을 보호하기에 힘썼다. 그러나 경술국치 당일 '나라가 파멸하고 임금이 망하니 죽지 않고 어찌 하리'(國破君亡 不死何爲)라는 말을 남기고 자결함으로써 관인 선비의 처세를 가장 선연히 보여준다.

호남의 선비 황현은 기본적으로는 성리학적 가치를 존숭하였지만, 위정척사적 사고에만 매몰되지 않고 개화에도 유연한 인식을 지닌 인물이었다. 그러나 망국에 이르자 '인간 세상에 글 아는 사람 구실하기 힘들구나'(難作人間識字人)라고 고뇌하다가 끝내 '나라가 망하는 날에 한 사람도 국난에 죽는 자가 없다면 어찌 통탄할 일이 아니겠는가'(國亡之日. 無一人死難者. 寧不痛哉)라며 자결 순국하였다.

영남의 선비 류인식은 을미의병 참여를 시작으로 30여 년을 오로지 국권회복과 민족의 독립을 모색하는 데에만 힘을 쏟은 인물이다. 그는 사상을 전회하여 부친과 스승으로부터 의절과 파문을 당하는 곤경에도 좌절하지 않고 '때에 따라 변하여라'(隨時變易)라는 고전을 신봉하며 유림의 개혁과 국권회복에 나섰다. 그는 망국과 식민치하에 영남 선비의 절의를 실천한 대표적 혁신유림으로 평가할 수 있을 것이다.

요컨대 한말의 선비들은 성리학적 가치관의 수호를 기본 이념으로 하되, 때로는 사상을 전회하면서까지 다양한 민족운동에 나섰다. 이는 한말 선비의 절의정신을 실천하고자 한 지행합일知行合一의 시대적 소명으로서 일제강점기 독립운동으로 계승되었다.